COMPILATION OF POLICIES AND REGULATIONS ON THE SHARING AND OPEN OF GOVERNMENT DATA RESOURCES

政府数据资源共享开放政策与法规汇编

赵需要 ◎ 主 编

侯晓丽 彭 靖 张 玲 ◎ 副主编

海洋出版社

2018 年 · 北京

图书在版编目（CIP）数据

政府数据资源共享开放政策与法律汇编/赵需要主编 . —北京：海洋出版社，2018.6

ISBN 978-7-5210-0136-5

Ⅰ.①政… Ⅱ.①赵… Ⅲ.①电子政务-信息管理-政策-汇编-中国②电子政务-信息管理-法规-汇编-中国 Ⅳ.①D922.169

中国版本图书馆 CIP 数据核字（2018）第 135268 号

责任编辑：杨海萍　张　欣
责任印制：赵麟苏

海洋出版社　　出版发行

http://www.oceanpress.com.cn

北京市海淀区大慧寺路 8 号　邮编：100081

北京朝阳印刷厂有限责任公司印刷　　新华书店北京发行所经销

2018 年 9 月第 1 版　2018 年 9 月第 1 次印刷

开本：787 mm×1092 mm　1/16　印张：26.25

字数：427 千字　定价：68.00 元

发行部：62132549　邮购部：68038093　总编室：62114335

海洋版图书印、装错误可随时退换

前　言

随着信息社会化和社会信息化的深入发展，新一代信息技术与经济社会各领域进行着深度融合，数据正在以超凡的速度呈现爆炸式增长。大数据时代引发数"聚"反应，变革人类社会的生产生活方式，刷新政府治理理念，再造政府治理流程，内化为助推政府治理体系与治理能力现代化的驱动力，大数据已成为社会生活和工业生产不可或缺的基础性战略资源。发达国家相继制定了实施大数据战略的文件，持续推动信息技术创新，不断加快经济社会数字化进程，运用大数据推动经济发展、完善社会治理、提升政府服务和监管能力。发展中国家以信息化促进转型发展，积极谋求掌握发展主动权。世界各国加快网络空间战略布局，围绕关键资源获取、国际规则制定的博弈日趋尖锐复杂，建设数字国家、智慧政府已成为全球共识。

我国经济社会信息化建设正在快速推进，特别是党的十八大以来，我国信息化取得了长足的发展，"互联网+"行动计划稳步推进，这与我国政府对大数据的强力重视密切相关。中共中央总书记习近平强调，"推动实施国家大数据战略，加快完善数字基础设施，推进数据资源整合和开放共享，保障数据安全，加快建设数字中国，更好服务我国经济社会发展和人民生活改善。"从国家信息化政策法规颁布的时间轴线上来看，我国 2006 年发布了《2006—2020 年国家信息化发展战略》（中办发〔2006〕），2011 年发布了《国家电子政务"十二五"规划》（工信部规〔2011〕567 号）。2015 年 8 月 19 日，国务院总理李克强主持召开国务院常务会议，通过《关于促进大数据发展的行动纲要》

（以下简称《行动纲要》），该《行动纲要》于 9 月 5 日正式发布。《行动纲要》作为我国推进大数据发展的战略性、指导性文件，充分体现了国家层面对大数据发展的顶层设计和统筹布局，为我国大数据应用、产业和技术的发展提供了行动指南，这标志着大数据在我国的发展与应用已经上升至国家战略层面。同时赋予了大数据作为建设数据强国、提升政府治理能力推动经济转型升级的战略地位。《行动纲要》明确要求在 2018 年底前建成国家政府数据统一开放平台，实现政府公共数据资源合理适度向社会开放。到 2020 年，电子政务支撑国家治理体系和治理能力现代化坚实有力，信息化成为驱动现代化建设的先导力量。到 2025 年，电子政务应用和信息惠民水平大幅提高。2016 年 12 月国务院通过了《"十三五"国家信息化规划》，提出要打破各种信息壁垒，推动信息跨部门跨层级共享共用。2018 年 3 月 20 日上午，十三届全国人大一次会议闭幕后，国务院总理李克强会见中外记者提问时提到"政务服务一网办通"，这有赖于政府数据的开放与透明，推动大数据资源在全社会的共享、共用，使之取之于民，用之于民，并为民所用。

大数据时代的到来，给政府管理变革带来了新的契机与挑战。各级政府单位作为大数据战略最重要的参与者，不仅承担着政策研究、标准制定、宏观调控等传统职能，同时肩负着深入挖掘政府大数据价值的使命。大数据战略的顺利实施，有赖于政府数据的共享与开放，推动政府数据开放共享，促进社会事业数据融合和资源整合，将极大提升政府整体数据分析能力，为有效处理复杂社会问题提供新的手段。政务数据的开放与共享是了解社会与公民意愿的新手段和实现智慧公共决策的重要基础，也会对我国经济和产业的转型升级注入新的动力。迫切需要以"大数据思维"加强对政务大数据的认识，充分重视政务数据资源的经济与社会价值的开发利用。目前，我国在大数据发展和应用方面已具备一定基础，拥有丰富的数据资源和应用市场优势，大数据部分关键技术研发已取得突破，涌现出一批互联网创新企业和创新应用，一些地方政府已陆续启动大数据开发与应用相关工作。

"共享开放"是大数据的重要社会属性，政府数据开放法律制度不健全是现阶段大数据发展的最大制约因素。推动政府数据资源开放共享，制定政府数据资源共享管理办法，加快大数据部署，深化大数据应用，已成为稳增长、促改革、调结构、惠民生和推动政府治理能力现代化的内在需要和必然选择。政府数据资源开放共享趋势已经在全国范围内铺开，各省市或制定政府数据资源共享管理办法，或发布了政府数据资源共享实施方案或实施意见。这些规范性文件指导着各地政府数据资源开放共享实践，其内容也愈发具体和细化。但是仍存在着政府数据开放共享不足、产业基础薄弱、缺乏顶层设计和统筹规划、法律法规建设滞后、创新应用领域不广等问题。比较典型和突出的一个现象是，各地政府数据资源共享开放工作质量良莠不齐，进度不一。这当然与各省市所在区位，民俗风情，实际情况不同不无联系。为了让各省市政府数据开放共享相关部门及时知晓业内发展现状与未来动态，使政府间相互学习，彼此完善，协同发展。基于此，编者对全国各地政府数据资源开放共享管理的政策与法规文件进行收集汇编，旨在为相关部门的文件制定、战略规划、工作实践等方面提供指导，同时也可以让公众或专家学者对政府数据开放共享方面的规范性文件进行集中查阅，有助于了解政府数据资源开放共享管理的工作与研究。

搜集方法上，因该类规范性文件基本上都属于对公众直接公开的信息，故笔者通过搜索引擎进行检索，运用关键词"省市名+数据开放"、"省市名+数据共享"以及"省市名+信息共享"等策略，并对检索结果页面进行逐一查看，从中挑选出由行政机关官方网站提供的规范性文件原文，同时为了提高搜集的准确性和权威性，编者还标注了各规范性文件的文件编号、发布时间及发布机关，以便读者查核。纵观文件的发布时间，大部分集中在2015年以后，也有极少数发布时间较早，主要原因是最新版本的文件尚未发布于官方网站上（比如：北京市）。因精力与时间有限，近期此类文件出台的频度也日渐提升，编者暂无法穷尽所有相关文件，故挑选出其中具代表性的文件进行收录。一方面希望能够引发普通公众对"政务大数据"的兴趣和关注，另一方面希望该汇编能够对各地政府的数据管理工作和相关领域专家学者的研究提供方便，最后编者以此作抛砖引玉之用，期冀对各位读者有所启迪。

此汇编的顺利出版，获得了"西安石油大学优秀学术著作出版基金"、"西安石油大学油气资源经济管理研究中心出版基金"的合力资助，在此予以感谢。同时，该汇编是国家社科基金项目"政府开放数据生态链演化机制与优化策略研究"（17BZZ069）的前期文献调研成果，也是教育部人文社会科学研究青年基金项目"我国政府数据开放保密审查体系构建及保障机制研究"（15YJCZH237）的阶段性研究成果。

编者

2018 年 4 月

目　次

上编：国务院及部委文件汇编

文件编号：国发〔2016〕51 号
发布时间：2016 年 9 月 5 日
发布机关：国务院

政务信息资源共享管理暂行办法

第一章　总　则

第一条　为加快推动政务信息系统互联和公共数据共享，增强政府公信力，提高行政效率，提升服务水平，充分发挥政务信息资源共享在深化改革、转变职能、创新管理中的重要作用，依据相关法律法规和《国务院关于印发促进大数据发展行动纲要的通知》（国发〔2015〕50 号）等规定，制定本办法。

第二条　本办法所称政务信息资源，是指政务部门在履行职责过程中制作或获取的，以一定形式记录、保存的文件、资料、图表和数据等各类信息资源，包括政务部门直接或通过第三方依法采集的、依法授权管理的和因履行职责需要依托政务信息系统形成的信息资源等。

本办法所称政务部门，是指政府部门及法律法规授权具有行政职能的事业单位和社会组织。

第三条　本办法用于规范政务部门间政务信息资源共享工作，包括因履行职责需要使用其他政务部门政务信息资源和为其他政务部门提供政务信息资源的行为。

第四条　促进大数据发展部际联席会议（以下简称联席会议）负责组织、指导、协调和监督政务信息资源共享工作，指导和组织国务院各部门、各地方政府编制政务信息资源目录，组织编制国家政务信息资源目录，并指导国家数据共

3

享交换平台建设、运行、管理单位开展国家政务信息资源目录的日常维护工作。

各政务部门按本办法规定负责本部门与数据共享交换平台（以下简称共享平台）的联通，并按照政务信息资源目录向共享平台提供共享的政务信息资源（以下简称共享信息），从共享平台获取并使用共享信息。

第五条 政务信息资源共享应遵循以下原则：

（一）以共享为原则，不共享为例外。各政务部门形成的政务信息资源原则上应予共享，涉及国家秘密和安全的，按相关法律法规执行。

（二）需求导向，无偿使用。因履行职责需要使用共享信息的部门（以下简称使用部门）提出明确的共享需求和信息使用用途，共享信息的产生和提供部门（以下统称提供部门）应及时响应并无偿提供共享服务。

（三）统一标准，统筹建设。按照国家政务信息资源相关标准进行政务信息资源的采集、存储、交换和共享工作，坚持"一数一源"、多元校核，统筹建设政务信息资源目录体系和共享交换体系。

（四）建立机制，保障安全。联席会议统筹建立政务信息资源共享管理机制和信息共享工作评价机制，各政务部门和共享平台管理单位应加强对共享信息采集、共享、使用全过程的身份鉴别、授权管理和安全保障，确保共享信息安全。

第六条 各政务部门应加强基于信息共享的业务流程再造和优化，创新社会管理和服务模式，提高信息化条件下社会治理能力和公共服务水平。

第二章　政务信息资源目录

第七条 国家发展改革委负责制定《政务信息资源目录编制指南》，明确政务信息资源的分类、责任方、格式、属性、更新时限、共享类型、共享方式、使用要求等内容。

第八条 各政务部门按照《政务信息资源目录编制指南》要求编制、维护部门政务信息资源目录，并在有关法律法规作出修订或行政管理职能发生变化之日起15个工作日内更新本部门政务信息资源目录。各地方政府按照《政务信息资源目录编制指南》要求编制、维护地方政务信息资源目录，并负责对本级各政务部门政务信息资源目录更新工作的监督考核。

国家发展改革委汇总形成国家政务信息资源目录，并建立目录更新机制。国家政务信息资源目录是实现国家政务信息资源共享和业务协同的基础，是政务部门间信息资源共享的依据。

第三章　政务信息资源分类与共享要求

第九条　政务信息资源按共享类型分为无条件共享、有条件共享、不予共享等三种类型。

可提供给所有政务部门共享使用的政务信息资源属于无条件共享类。

可提供给相关政务部门共享使用或仅能够部分提供给所有政务部门共享使用的政务信息资源属于有条件共享类。

不宜提供给其他政务部门共享使用的政务信息资源属于不予共享类。

第十条　政务信息资源共享及目录编制应遵循以下要求：

（一）凡列入不予共享类的政务信息资源，必须有法律、行政法规或党中央、国务院政策依据。

（二）人口信息、法人单位信息、自然资源和空间地理信息、电子证照信息等基础信息资源的基础信息项是政务部门履行职责的共同需要，必须依据整合共建原则，通过在各级共享平台上集中建设或通过接入共享平台实现基础数据统筹管理、及时更新，在部门间实现无条件共享。基础信息资源的业务信息项可按照分散和集中相结合的方式建设，通过各级共享平台予以共享。基础信息资源目录由基础信息资源库的牵头建设部门负责编制并维护。

（三）围绕经济社会发展的同一主题领域，由多部门共建项目形成的主题信息资源，如健康保障、社会保障、食品药品安全、安全生产、价格监管、能源安全、信用体系、城乡建设、社区治理、生态环保、应急维稳等，应通过各级共享平台予以共享。主题信息资源目录由主题信息资源牵头部门负责编制并维护。

第四章　共享信息的提供与使用

第十一条　国家发展改革委负责组织推动国家共享平台及全国共享平台体系建设。各地市级以上地方人民政府要明确政务信息资源共享主管部门，负责组织本级共享平台建设。共享平台是管理国家政务信息资源目录、支撑各政务部门开展政务信息资源共享交换的国家关键信息基础设施，包括共享平台（内网）和共享平台（外网）两部分。

共享平台（内网）应按照涉密信息系统分级保护要求，依托国家电子政务内网建设和管理；共享平台（外网）应按照国家网络安全相关制度和要求，依托国家电子政务外网建设和管理。

各政务部门业务信息系统原则上通过国家电子政务内网或国家电子政务外网承载，通过共享平台与其他政务部门共享交换数据。各政务部门应抓紧推进本部门业务信息系统向国家电子政务内网或国家电子政务外网迁移，并接入本地区共享平台。凡新建的需要跨部门共享信息的业务信息系统，必须通过各级共享平台实施信息共享，原有跨部门信息共享交换系统应逐步迁移到共享平台。

第十二条　使用部门应根据履行职责需要使用共享信息。属于无条件共享类的信息资源，使用部门在共享平台上直接获取；属于有条件共享类的信息资源，使用部门通过共享平台向提供部门提出申请，提供部门应在 10 个工作日内予以答复，使用部门按答复意见使用共享信息，对不予共享的，提供部门应说明理由；属于不予共享类的信息资源，以及有条件共享类中提供部门不予共享的信息资源，使用部门因履行职责确需使用的，由使用部门与提供部门协商解决，协商未果的由本级政务信息资源共享主管部门协调解决，涉及中央有关部门的由联席会议协调解决。

提供部门在向使用部门提供共享信息时，应明确信息的共享范围和使用用途（如，作为行政依据、工作参考，用于数据校核、业务协同等），原则上通过共享平台提供，鼓励采用系统对接、前置机共享、联机查询、部门批量下载等方式。

各政务部门应充分利用共享信息。凡属于共享平台可以获取的信息，各政务部门原则上不得要求自然人、法人或其他组织重复提交。

第十三条　按照"谁主管，谁提供，谁负责"的原则，提供部门应及时维护和更新信息，保障数据的完整性、准确性、时效性和可用性，确保所提供的共享信息与本部门所掌握信息的一致性。

第十四条　按照"谁经手，谁使用，谁管理，谁负责"的原则，使用部门应根据履行职责需要依法依规使用共享信息，并加强共享信息使用全过程管理。

使用部门对从共享平台获取的信息，只能按照明确的使用用途用于本部门履行职责需要，不得直接或以改变数据形式等方式提供给第三方，也不得用于或变相用于其他目的。

第十五条　建立疑义、错误信息快速校核机制，使用部门对获取的共享信息有疑义或发现有明显错误的，应及时反馈提供部门予以校核。校核期间，办理业务涉及自然人、法人或其他组织的，如已提供合法有效证明材料，受理单位应照常办理，不得拒绝、推诿或要求办事人办理信息更正手续。

第五章　信息共享工作的监督和保障

第十六条　联席会议负责政务信息资源共享的统筹协调，建立信息共享工作评价机制，督促检查政务信息资源共享工作落实情况。

第十七条　国家发展改革委、国家网信办组织编制信息共享工作评价办法，每年会同中央编办、财政部等部门，对各政务部门提供和使用共享信息情况进行评估，并公布评估报告和改进意见。

第十八条　国务院各部门、各省级人民政府和国家共享平台管理单位应于每年2月底前向联席会议报告上一年度政务信息资源共享情况，联席会议向国务院提交政务信息资源共享情况年度报告。

第十九条　国家标准委会同共享平台管理单位，在已有政务信息资源相关标准基础上，建立完善政务信息资源的目录分类、采集、共享交换、平台对接、网络安全保障等方面的标准，形成完善的政务信息资源共享标准体系。

第二十条　国家网信办负责组织建立政务信息资源共享网络安全管理制度，指导督促政务信息资源采集、共享、使用全过程的网络安全保障工作，指导推进政务信息资源共享风险评估和安全审查。

共享平台管理单位要加强共享平台安全防护，切实保障政务信息资源共享交换时的数据安全；提供部门和使用部门要加强政务信息资源采集、共享、使用时的安全保障工作，落实本部门对接系统的网络安全防护措施。

共享信息涉及国家秘密的，提供部门和使用部门应当遵守有关保密法律法规的规定，在信息共享工作中分别承担相关保障责任。

第二十一条　国家发展改革委、财政部、国家网信办建立国家政务信息化项目建设投资和运维经费协商机制，对政务部门落实政务信息资源共享要求和网络安全要求的情况进行联合考核，凡不符合政务信息资源共享要求的，不予审批建设项目，不予安排运维经费。

国家发展改革委负责在国家政务信息化建设规划制定、项目审批、投资计划安排、项目验收等环节进行考核。财政部负责在国家政务信息化建设项目预算下达、运维经费安排等环节进行考核。国家网信办负责在网络安全保障方面进行考核。

政务信息化项目立项申请前应预编形成项目信息资源目录，作为项目审批要件。项目建成后应将项目信息资源目录纳入共享平台目录管理系统，作为项目验收要求。

政务信息资源共享相关项目建设资金纳入政府固定资产投资，政务信息资源共享相关工作经费纳入部门财政预算，并给予优先安排。

第二十二条　审计机关应依法履行职责，在国家大数据政策的贯彻落实、政务信息资源共享中发挥监督作用，保障专项资金使用的真实性、合法性和效益性，推动完善相关政策制度。

第二十三条　各政务部门应建立健全政务信息资源共享工作管理制度，明确目标、责任和实施机构。各政务部门主要负责人是本部门政务信息资源共享工作的第一责任人。

第二十四条　国务院各部门、各省级人民政府有下列情形之一的，由国家发展改革委通知整改；未在规定时限内完成整改的，国家发展改革委要及时将有关情况上报国务院：

（一）未按要求编制或更新政务信息资源目录；

（二）未向共享平台及时提供共享信息；

（三）向共享平台提供的数据和本部门所掌握信息不一致，未及时更新数据或提供的数据不符合有关规范、无法使用；

（四）将共享信息用于履行本单位职责需要以外的目的；

（五）违反本办法规定的其他行为。

第六章　附　　则

第二十五条　本办法由国家发展改革委负责解释。

第二十六条　本办法自印发之日起施行。

文件编号：国办发〔2017〕97 号
发布时间：2017 年 12 月 28 日
发布机关：国务院

关于推进公共资源配置领域政府
信息公开的意见

各省、自治区、直辖市人民政府，国务院各部委、各直属机构：

按照党中央、国务院决策部署和《中共中央办公厅 国务院办公厅印发〈关于全面推进政务公开工作的意见〉的通知》等文件要求，为进一步推进公共资源配置领域政府信息公开，经国务院同意，现提出如下意见。

一、指导思想

全面贯彻党的十九大精神，坚持以习近平新时代中国特色社会主义思想为指导，统筹推进"五位一体"总体布局和协调推进"四个全面"战略布局，牢固树立和贯彻落实创新、协调、绿色、开放、共享的发展理念，不断推进国家治理体系和治理能力现代化，按照党中央、国务院关于全面推进政务公开工作的重要部署要求，推进公共资源配置决策、执行、管理、服务、结果公开，扩大公众监督，增强公开实效，努力实现公共资源配置全流程透明化，不断提高公共资源使用效益，维护企业和群众合法权益，为稳增长、促改革、调结构、惠民生、防风险作出贡献，促进经济社会持续健康发展。

二、主要任务

本意见所称公共资源配置，主要包括保障性安居工程建设、保障性住房分配、国有土地使用权和矿业权出让、政府采购、国有产权交易、工程建设项目招标投标等社会关注度高，具有公有性、公益性，对经济社会发展、民生改善有直接、广泛和重要影响的公共资源分配事项。各地区、各部门要根据区域、行业特点，进一步明确本地区、本行业公共资源配置信息公开范围，细化公开事项、内容、时限、方式、责任主体、监督渠道等，纳入主动公开目录清单。

（一）突出公开重点

1. 住房保障领域。在项目建设方面，主要公开城镇保障性安居工程规划建设方案、年度建设计划信息（包括建设计划任务量、计划项目信息、计划户型）、建设计划完成情况信息（包括计划任务完成进度、已开工项目基本信息、已竣工项目基本信息、配套设施建设情况）、农村危房改造相关政策措施执行情况信息（包括农村危房改造政策、对象认定过程、补助资金分配、改造结果）；在住房分配方面，主要公开保障性住房分配政策、分配对象、分配房源、分配程序、分配过程、分配结果等信息。

2. 国有土地使用权出让领域。主要公开土地供应计划、出让公告、成交公示、供应结果等信息。

3. 矿业权出让领域。主要公开出让公告公示、审批结果信息、项目信息等信息。

4. 政府采购领域。主要公开采购项目公告、采购文件、采购项目预算金额、采购结果、采购合同等采购项目信息，财政部门作出的投诉和监督检查等处理决定、对集中采购机构的考核结果，违法失信行为记录等监督处罚信息。

5. 国有产权交易领域。除涉及商业秘密外，主要公开产权交易决策及批准信息、交易项目信息、转让价格、交易价格、相关中介机构审计结果等信息。

6. 工程建设项目招标投标领域。主要公开依法必须招标项目的审批核准备案信息、市场主体信用等信息。除涉及国家秘密、商业秘密外，招标公告（包括招标条件、项目概况与招标范围、投标人资格要求、招标文件获取、投标文件递交等）、中标候选人（包括中标候选人排序、名称、投标报价、工期、评标情况、项目负责人、个人业绩、有关证书及编号、中标候选人在投标文件中填报的资格能力条件、提出异议的渠道和方式等）、中标结果、合同订立及履行等信息都应向社会公布。

（二）明确公开主体

按照"谁批准、谁公开，谁实施、谁公开，谁制作、谁公开"的原则，公共资源配置涉及行政审批的批准结果信息由审批部门负责公开；公共资源项目基本信息、配置（交易）过程信息、中标（成交）信息、合同履约信息由管理或实施公共资源配置的国家机关、企事业单位按照掌握信息的情况分别公开。此外，探索建立公共资源配置"黑名单"制度，逐步把骗取公共资源等不良行为的信息纳入"黑名单"，相关信息由负责管理的部门分别公开。

（三）拓宽公开渠道

充分发挥政府网站第一平台作用，及时发布公共资源配置领域各类信息，畅通依申请公开渠道。积极利用政务微博微信、新闻媒体、政务客户端等拓宽信息公开渠道，开展在线服务，提升用户体验。构建以全国公共资源交易平台为枢纽的公共资源交易数据共享平台体系，推动实现公共资源配置全流程透明化，各类依法应当公开的公共资源交易公告、资格审查结果、交易过程信息、成交信息、履约信息以及有关变更信息等在指定媒介发布后，要与相应的公共资源交易平台实现信息共享，并实时交互至全国公共资源交易平台汇总发布。公共资源配置领域的信用信息要同时交互至全国信用信息共享平台，并依托"信用中国"网站及时予以公开。要把公共资源交易平台与其他政务信息系统进行整合共享，实现公共资源配置信息与其他政务信息资源共享衔接。

（四）强化公开时效

坚持以公开为常态、不公开为例外，公共资源配置过程中产生的政府信息，除涉及国家秘密、商业秘密等内容外，应依法及时予以公开。确定为主动公开的信息，除法律法规另有规定外，要严格按照《中华人民共和国政府信息公开条例》规定，自政府信息形成或变更之日起 20 个工作日内予以公开，行政许可、行政处罚事项应自作出行政决定之日起 7 个工作日内上网公开。对于政府信息公开申请，要严格按照法定时限和理由予以答复。

三、保障措施

（一）强化组织领导

各级政府和有关部门要高度重视公共资源配置领域的政府信息公开工作，加强组织领导，狠抓任务落实，以此作为深化政务公开工作的有效抓手。各级政府要建立健全协调机制，明确分工，夯实责任，政府办公厅（室）作为组织协调部门，要会同发展改革、工业和信息化、财政、国土资源、环保、住房城乡建设、交通运输、水利、农业、商务、卫生计生、审计、国有资产监督管理、税务、林业、铁路、民航等部门以及公共资源交易相关监管机构，提出明确工作目标和具体工作安排，认真组织实施并做好政务舆情监测和回应，确保任务逐项得到落实。

（二）加强监督检查

各级政府要定期对公共资源配置领域政府信息公开工作进行检查，主要包括政府信息公开情况、公开时效、交易平台掌握信息报送和公开情况等。各有关部门每年要将本领域工作进展情况报同级政务公开主管部门，并在政府信息公开年度报告中公布，接受社会公众、新闻媒体的监督。

（三）做好考核评估

地方各级政府要按照政务公开工作绩效考核相关规定，把公共资源配置领域政府信息公开工作纳入政务公开工作绩效考核范围，加大考核力度，并探索引入第三方评估机制，推动工作有效开展。建立健全激励约束机制，对未按照相关规定和要求履行公开职责的，要通报批评，并在年度考核中予以体现；对工作成效突出的，给予通报表扬。

文件编号：国办发〔2017〕39号
发布时间：2017年05月27日
发布机关：国务院办公厅

政务信息系统整合共享实施方案

一、总体要求

（一）指导思想

全面贯彻党的十八大和十八届三中、四中、五中、六中全会精神，深入贯彻习近平总书记系列重要讲话精神和治国理政新理念新思想新战略，认真落实党中央、国务院决策部署，紧紧围绕统筹推进"五位一体"总体布局和协调推进"四个全面"战略布局，牢固树立和贯彻落实创新、协调、绿色、开放、共享的发展理念，以人民为中心，紧紧围绕政府治理和公共服务的改革需要，以最大程度利企便民，让企业和群众少跑腿、好办事、不添堵为目标，加快推进政务信息系统整合共享，按照"内外联动、点面结合、上下协同"的工作思路，一方面着眼长远，做好顶层设计，促进"五个统一"，统筹谋划，锐意改革；另一方面立足当前，聚焦现实问题，抓好"十件大事"，重点突破，尽快见效。

（二）基本原则

按照"五个统一"的总体原则，有效推进政务信息系统整合共享，切实避免各自为政、自成体系、重复投资、重复建设。

1. 统一工程规划。围绕落实国家政务信息化工程相关规划，建设"大平台、大数据、大系统"，形成覆盖全国、统筹利用、统一接入的数据共享大平台，建立物理分散、逻辑集中、资源共享、政企互联的政务信息资源大数据，构建深度应用、上下联动、纵横协管的协同治理大系统。

2. 统一标准规范。注重数据和通用业务标准的统一，开展国家政务信息化总体标准研制与应用，促进跨地区、跨部门、跨层级数据互认共享。建立动态更新的政务信息资源目录体系，确保政务信息有序开放、共享、使用。

3. 统一备案管理。实施政务信息系统建设和运维备案制，推动政务信息化建设和运维经费审批在同级政府政务信息共享主管部门的全口径备案。

4. 统一审计监督。开展常态化的政务信息系统和政务信息共享审计，加强对政务信息系统整合共享成效的监督检查。

5. 统一评价体系。研究提出政务信息共享评价指标体系，建立政务信息共享评价与行政问责、部门职能、建设经费、运维经费约束联动的管理机制。

（三）工作目标

2017 年 12 月底前，整合一批、清理一批、规范一批，基本完成国务院部门内部政务信息系统整合清理工作，初步建立全国政务信息资源目录体系，政务信息系统整合共享在一些重要领域取得显著成效，一些涉及面宽、应用广泛、有关联需求的重要政务信息系统实现互联互通。2018 年 6 月底前，实现国务院各部门整合后的政务信息系统接入国家数据共享交换平台，各地区结合实际统筹推进本地区政务信息系统整合共享工作，初步实现国务院部门和地方政府信息系统互联互通。完善项目建设运维统一备案制度，加强信息共享审计、监督和评价，推动政务信息化建设模式优化，政务数据共享和开放在重点领域取得突破性进展。

纳入整合共享范畴的政务信息系统包括由政府投资建设、政府与社会企业联合建设、政府向社会购买服务或需要政府资金运行维护的，用于支撑政府业务应用的各类信息系统。

二、加快推进政务信息系统整合共享的"十件大事"

（一）"审""清"结合，加快消除"僵尸"信息系统

结合 2016 年国务院第三次大督查、2015 年审计署专项审计的工作成果，组织开展政务信息系统整合共享专项督查，全面摸清各部门政务信息系统情况。

2017 年 6 月底前，通过信息系统审计，掌握各部门信息系统数量、名称、功能、使用范围、使用频度、审批部门、审批时间、经费来源等（审计署牵头，国务院各有关部门配合）。2017 年 10 月底前，基本完成对系统使用与实际业务流程长期脱节、功能可被其他系统替代、所占用资源长期处于空闲状态、运行维护停止更新服务，以及使用范围小、频度低的"僵尸"信息系统的清理工作（国务院各有关部门负责）。

（二）推进整合，加快部门内部信息系统整合共享

推动分散隔离的政务信息系统加快进行整合。整合后按要求分别接入国家电子政务内网或国家电子政务外网的数据共享交换平台。2017 年 6 月底前，国务院各部门根据自身信息化建设实际情况，制定本部门政务信息系统整合共享清单。2017 年 12 月底前，各部门原则上将分散的、独立的信息系统整合为一个互联互通、业务协同、信息共享的"大系统"，对以司局和处室名义存在的独立政务信息系统原则上必须整合（国务院各有关部门负责）。

（三）设施共建，提升国家统一电子政务网络支撑能力

加快推进国家电子政务内网政府系统建设任务落实（国务院办公厅牵头，各地区、各部门负责）。完善国家电子政务外网，健全管理体制机制，继续推进国家电子政务外网二期建设，拓展网络覆盖范围，逐步满足业务量大、实时性高的网络应用需求。2018 年 6 月底前，基本具备跨层级、跨地域、跨系统、跨部门、跨业务的支撑服务能力（国务院办公厅、国家电子政务外网管理中心负责）。除极少数特殊情况外，目前政府各类业务专网都要向国家电子政务内网或外网整合（国务院办公厅牵头，各地区、各部门负责）。

（四）促进共享，推进接入统一数据共享交换平台

加快建设国家电子政务内网数据共享交换平台，完善国家电子政务外网数据共享交换平台，开展政务信息共享试点示范，研究构建多级互联的数据共享交换平台体系，促进重点领域信息向各级政府部门共享（国务院办公厅、国家电子政务外网管理中心、各级数据共享交换平台建设管理单位负责）。2017 年 9 月底前，依托国家电子政务外网数据共享交换平台，初步提供公民、社会组织、企业、事业单位的相关基本信息，同时逐步扩大信息共享内容，完善基础信息资源库的覆盖范围和相关数据标准，优化便捷共享查询方式（国家发展改革委、公安部、民政部、工商总局、中央编办等负责）。2018 年 6 月底前，各部门推进本部门政务信息系统向国家电子政务内网或外网迁移，对整合后的政务信息系统和数据资源按必要程序审核或评测审批后，统一接入国家数据共享交换平台（国务院办公厅会同国家发展改革委牵头组织，各有关部门负责）。

（五）推动开放，加快公共数据开放网站建设

依托国家电子政务外网和中央政府门户网站，建设统一规范、互联互通、安全可控的数据开放网站（www.data.gov.cn）。基于政务信息资源目录体系，构建公共信息资源开放目录，按照公共数据开放有关要求，推动政府部门和公共企事业单位的原始性、可机器读取、可供社会化再利用的数据集向社会开放，开展中国数据创新系列活动，鼓励和引导社会化开发利用（国家发展改革委、国家网信办、国务院办公厅等按职责分工负责）。

（六）强化协同，推进全国政务信息共享网站建设

依托国家电子政务外网，建设完善全国政务信息共享网站（data.cegn.cn），将其作为国家电子政务外网数据共享交换平台的门户，支撑政府部门间跨地区、跨层级的信息共享与业务协同应用。2017 年 7 月底前，全国政务信息共享网站正式开通上线，按照"以试点促建设、以普查促普及、以应用促发展"的工作思路，加强共享网站推广（国家发展改革委、国家电子政务外网管理中心负责）。2017 年 12 月底前，实现信用体系、公共资源交易、投资、价格、自然人（基础数据以及社保、民政、教育等业务数据）、法人（基础数据及业务数据）、能源（电力等）、空间地理、交通、旅游等重点领域数据基于全国政务信息共享网站的共享服务（国家发展改革委牵头组织，各有关部门按职责分工负责）。2018 年 6 月底前，实现各部门政务数据基于全国政务信息共享网站的共享服务（国务院各有关部门负责）。

（七）构建目录，开展政务信息资源目录编制和全国大普查

落实《政务信息资源共享管理暂行办法》有关要求，加快建立政务信息资源目录体系。2017年6月底前，出台《政务信息资源目录编制指南》（国家发展改革委、国家网信办负责）。组织完成面向各地区、各部门的政务信息资源目录体系建设试点和信息共享专题培训工作（国家发展改革委牵头，各有关地区、部门配合）。2017年12月底前，开展对政务信息系统数据资源的全国大普查（国务院办公厅、国家发展改革委牵头，各有关地区、部门配合）。逐步构建全国统一、动态更新、共享校核、权威发布的政务信息资源目录体系。

（八）完善标准，加快构建政务信息共享标准体系

建立健全政务信息资源数据采集、数据质量、目录分类与管理、共享交换接口、共享交换服务、多级共享平台对接、平台运行管理、网络安全保障等方面的标准，推动标准试点应用工作。2017年10月底前，完成人口、法人、电子证照等急需的国家标准的组织申报和立项（国家标准委牵头，国家数据共享交换平台建设管理单位等配合）。

（九）一体化服务，规范网上政务服务平台体系建设

加快推动形成全国统一政务服务平台，统筹推进统一、规范、多级联动的"互联网+政务服务"技术和服务体系建设。加快推动国家政务服务平台建设，着力解决跨地区、跨部门、跨层级政务服务信息难以共享、业务难以协同、基础支撑不足等突出问题（国务院办公厅牵头）。各地区、各部门要整合分散的政务服务系统和资源，2017年12月底前普遍建成一体化网上政务服务平台。按照统一部署，各地区、各部门政务服务平台要主动做好与中央政府门户网站的对接，实现与国家政务服务平台的数据共享和资源接入（各地区、各部门负责）。

（十）上下联动，开展"互联网+政务服务"试点

围绕"互联网+政务服务"的主要内容和关键环节，组织开展培训交流和试点示范（国务院办公厅、国家发展改革委牵头）。加快实施信息惠民工程，在80

个城市大力推进"一号一窗一网"试点。2017 年 7 月底前，完成试点城市 2016 年工作评价（国家发展改革委牵头）。2017 年 12 月底前，试点城市初步实现跨地区、跨部门、跨层级的政务服务（各有关省级政府、试点城市政府负责）。

三、加大机制体制保障和监督落实力度

（一）加强组织领导

各级政府要建立健全政务信息系统统筹整合和政务信息资源共享开放管理制度，加强统筹协调，明确目标、责任、牵头单位和实施机构。强化各级政府及部门主要负责人对政务信息系统统筹整合和政务信息资源共享工作的责任，原则上部门主要负责人为第一责任人。对责任不落实、违反《政务信息资源共享管理暂行办法》规定的地方和部门，要予以通报并责令整改（各地区、各部门负责，国务院办公厅会同国家发展改革委督查落实）。

（二）加快推进落实

各地区、各部门要按照《政务信息资源共享管理暂行办法》有关要求，把信息共享有关工作列入重要日程，按照本方案要求统筹推动本地区、本部门政务信息系统整合共享工作，抓紧制定推进落实的时间表、路线图，加强台账和清单式管理，精心组织实施，每年 2 月底前向促进大数据发展部际联席会议报告上一年度政务信息资源共享情况（包括政务信息资源目录编制情况、政务信息系统接入统一共享平台进展、数据对接共享和支撑协同应用情况等，报告请径送联席会议办公室〔国家发展改革委〕），切实保障工作进度（各地区、各部门负责），经汇总后向国务院提交政务信息资源共享情况年度报告（促进大数据发展部际联席会议负责）。加强经费保障，政务信息资源整合共享相关项目建设资金纳入政府固定资产投资（各级发展改革部门牵头），政务信息资源整合共享相关工作经费纳入部门预算统筹安排（各级财政部门牵头）。

（三）强化评价考核

充分发挥国家电子政务工作统筹协调机制作用，建立政务信息共享工作评价

常态化机制，督促检查政务服务平台体系建设、政务信息系统统筹整合和政务信息资源共享工作落实情况。2017 年 12 月底前，组织制定政务信息共享工作评价办法，每年对各部门提供和使用共享信息情况进行评估，并公布评估报告和改进意见（国务院办公厅、国家发展改革委、国家网信办、中央编办、财政部等负责）。

（四）加强审计监督

审计机关要依法履行职责，加强对政务信息系统的审计，保障专项资金使用的真实性、合法性和效益性，推动完善相关政策制度，审计结果及时报国务院（审计署牵头）。探索政务信息系统审计的方式方法，2017 年 12 月底前形成具体工作方案（审计署牵头，国家发展改革委、国家网信办配合）。

（五）优化建设模式

推动政务信息化建设投资、运维和项目建设模式改革，鼓励推广云计算、大数据等新技术新模式的应用与服务，提升集约化建设水平（国家发展改革委、财政部牵头）。2017 年 9 月底前，修订《国家电子政务工程建设项目管理暂行办法》，进一步简化审批流程，完善社会投资参与的相关规定（国家发展改革委牵头）。2017 年 12 月底前，制定电子政务服务采购管理相关办法，完善政府购买信息系统、数据中心、数据资源等信息化服务的相关政策（财政部牵头）。

（六）建立备案制度

相关部门申请政务信息化项目建设和运维经费时，应及时向同级政府政务信息共享主管部门全口径备案。加强项目立项建设和运行维护信息采集，掌握项目名称、建设单位、投资额度、运维费用、经费渠道、数据资源、应用系统、等级保护和分级保护备案情况等内容，在摸清底数的前提下，加大管理力度。对不符合共建共享要求的项目，相关部门不予审批，不拨付运维经费。加大对国家统一电子政务网络、数据共享交换平台等公共性基础性平台的运维经费保障力度，逐步减少直至取消信息孤岛系统和利用程度低的专网的运维经费。2017 年 12 月底前，研究建立政务信息化项目建设投资审批和运维经费审批的跨部门联动机制

（国务院办公厅、国家发展改革委、财政部、中央编办等负责）。

（七）加强安全保障

强化政务信息资源共享网络安全管理，推进政务信息资源共享风险评估，推动制定完善个人隐私信息保护的法律法规，切实按照相关法律法规要求，保障政务信息资源使用过程中的个人隐私（国家网信办牵头）。加强政务信息资源采集、共享、使用的安全保障工作，凡涉及国家秘密的，应当遵守有关保密法律法规的规定（各地区、各部门负责）。加强统一数据共享交换平台安全防护，切实保障政务信息资源共享交换的数据安全（各级数据共享交换平台建设管理单位负责）。

文件编号：发改高技〔2017〕1529 号
发布时间：2017 年 8 月 18 日
发布机关：国家发展改革委　中央网信办
　　　　　中央编办　财政部　审计署

加快推进落实《政务信息系统整合共享实施方案》工作方案

一、工作目标

2017 年年底前，围绕制约"放管服"改革深入推进的"信息孤岛"问题，初步实现各部门整合后的政务信息系统统一接入国家数据共享交换平台（以下简称"共享平台"）。一是部门内部信息系统数量大幅压缩，实现内部信息共享；二是各部门、各地区接入共享平台，实现跨部门信息系统基本联通；三是重点领域数据共享初步实现，率先实现人口、法人等基础信息的共享；四是为"放管版"改革重点领域提供数据服务，实现共享平台对跨部门业务应用的支撑，变"群众跑腿"为"数据跑路"。在完成阶段性 4 个目标的基础上，逐步拓展政务信息系统共享范围，深化信息资源应用，进一步支撑"放管服"改革，提升政府治理能力。

二、重点任务

按照"先联通，后提高"的原则，在落实推进《政务信息系统整合共享实施方案》（国办发〔2017〕39 号，以下简称《实施方案》）各项工作的基础上，2017 年年底前应完成的重点任务和进度安排如下：

2017 年 9 月底前，全面摸清政务部门信息系统和数据情况，加快部门内部信息系统清理。

【重点任务之一：掌握系统底数】

开展政务信息系统自查。2017 年 8 月底前，国务院各部门就本部门政务信息系统建设应用情况进行全面自查，内容包括但不限于：信息系统数量、名称、功能、使用范围、使用频度、审批部门、审批时间、经费来源等，形成自查报告。同时，提出本部门清理整合的信息系统清单和接入共享平台的信息系统清单。2017 年 9 月底前，提出需要其他部门提供共享的信息资源需求。

开展信息系统专项审计。2017 年 8 月底前，审计署牵头，补充完成对国务院所有部门的政务信息系统审计，实现部门全覆盖，全面摸清各部门政务信息系统的底数，为政务信息系统整合清理工作奠定基础。

【重点任务之二：摸清数据底数】

编制政务信息资源目录。2017 年 8 月底前，开展全国政务信息资源大普查，各部门、各地区依据《政务信息资源目录编制指南》（发改高技 ［2017］ 1272 号，国家发展改革委、中央网信办联合印发）编制完成政务信息资源目录，梳理所掌握信息资源，摸清数据底数，明确可共享的信息资源。

【重点任务之三：消除"僵尸"信息系统】

2017 年 9 月底前，各有关部门基本完成对系统使用与实际业务流程长期脱节、功能可被其他系统替代、所占用资源长期处于空闲状态、运行维护停止更新服务，以及使用范围小、频度低的"僵尸"信息系统的清理工作。

【重点任务之四：加快建设共享开放网站】

2017 年 8 月 15 日前，国家电子政务外网管理中心负责，正式开通上线全国政务信息共享网站，完善在线政务信息资源目录管理、整合清理工作进展填报与统计排名等功能。

2017 年 9 月底前，国家发展改革委、国家电子政务外网管理中心、中央网信办等负责，完成数据开放网站的设计工作，2017 年年底前试运行。

【重点任务之五：完善共享相关标准】

2017 年 8 月 15 日前，国家电子政务外网管理中心完善并印发国家电子政务外网及共享平台（外网）接入相关技术标准指南。2017 年 8 月 20 日前，国家标准委、国家发展改革委、中央网信办会同有关部门，研究制定政务信息系统定义、范围的国家标准草案，作为国务院各部门政务信息系统清理整合以及需接入国家数据共享交换平台的依据。2017 年 9 月底前，国家标准委牵头，按照"基础先行、急用先上"的原则，完成人口、法人、电子证照等急需的国家标准的组织申报和立项工作，同步开展相关标准草案试验验证工作。

2017 年 12 月底前，各部门、各地区信息系统实现互联互通，重点领域数据实现共享，项目和资金管理机制得到进一步完善。

【重点任务之六：加快部门内部信息系统整合】

2017 年 10 月底前，各有关部门原则上将分散、独立的信息系统整合为一个互联互通、信息共享、业务协同的"大系统"，杜绝以单个司局、处室名义存在的独立信息系统。

【重点任务之七：构建共享交换基础设施】

2017 年 11 月底前，进一步完善共享平台功能。国家数据共享交换平台（外网）基本具备跨层级、跨地域、跨系统、跨部门、跨业务的支撑服务能力。加快推动政府内网和数据共享交换平台（内网）建设，今年年底明年年初实现试运行，初步具备接入条件。

【重点任务之八：推动重点领域信息共享】

国家发展改革委、公安部、民政部、工商总局、中央编办、人力资源和社会保障部、教育部、交通运输部、旅游局、能源局等按职责分工负责，推动信用体系、公共资源交易、投资、价格、自然人（基础数据以及社保、民政、教育等业务数据）、法人（基础数据及业务数据）、能源（电力等）、空间地理、交通、旅游等重点领域数据接入全国政务信息共享网站。2017 年 9 月底前，各重点领域提交基于共享网站提供服务的方案。11 月底前，各重点领域实现数据基于共享网站的共享服务。

【重点任务之九：接入统一数据共享交换平台】

2017 年 12 月底前，各部门、各地区统一接入共享平台（外网），通过全国统一的数据共享交换平台体系实现跨部门、跨层级、跨区域的信息共享。2018 年起，凡已明确须接入而实际未接入共享平台的部门政务信息系统，中央财政原则上不予安排运维经费。

【重点任务之十：加强项目和资金管理】

优化建设模式。2017 年 10 月底前，国家发展改革委牵头，修订《国家电子政务工程建设项目管理暂行办法》。12月底前，财政部牵头，制定电子政务服务采购管理相关办法。对政府内网数据共享交换平台、数据开放网站、国家政务服务平台等重要基础平台建设，国家发展改革委会同有关部门进一步简化审批流程，直接审批实施方案，加快推动工程实施。

强化审批联动。2017年8月15日前，国家发展改革委印发实施《"十三五"国家政务信息化工程建设规划》（以下简称《规划》），同步推进《规划》宣贯实施工作。12月底前，国家发展改革委、财政部、中央编办等负责，在现有体制机制下，加强政务信息化项目建设投资审批和运维经费审批的跨部门协商，建立联动机制。推动政务信息化建设在同级政府部门的全口径备案，掌握项目名称、建设单位、投资额度、运维费用、经费渠道、数据资源、应用系统等内容，在摸清底数的前提下，加大管理力度。国务院各部门新增信息化建设需求，原则上必须按照《规划》开展项目建设，并合理安排建设、运维资金。

【重点任务之十一：加强安全保障】

中央网信办牵头，强化政务信息资源共享网络安全管理，推进政务信息资源共享风险评估，推动制定完善个人隐私信息保护的法律法规。工业和信息化部、公安部牵头，提出政务信息系统整合共享工作与党政机关电子公文系统安全可靠应用试点工作衔接的网络安全保障方案。各部门、各地区负责开展本单位运营、使用的政务信息系统的信息安全等级保护工作，公安机关加强对有关工作的监督检查和指导。各部门、各池区加强政务信息资源采集、共享、使用的安全保障工作，加强统一数据共享交换平台安全防护，完善安全防护机制，不断提高核心设备自主可控水平。

三、加强组织领导和工作保障

（一）建立工作机制

成立政务信息系统整合共享推进落实工作领导小组，建立部际协调工作机制，重点在工作层面、操作层面、执行层面加强统筹协调，有序推动工作。领导小组组长为国家发展改革委负责人，成员包括：中央网信办、中央编办、工业和信息化部、公安部、审计署、国资委、国家标准委、国办电子政务办、国家电子政务外网管理中心等部门和单位负责人。

推进落实领导小组下设织织推进组、技术支撑组、专家咨询组等 3 个工作组。

1. 组织推进组：设在国家发展改革委高技术产业司，中央网信办、中央编办、工业和信息化部、公安部、财政部、审计署、国资委、国家标准委等部门有关司局和国家电子政务外网管理中心参加。负责定期召开工作推进会，梳理阶段性问题，协商解决方案，制定重点工作推进计划，推进整合共享考核工作，及时掌握反馈整合共享工作进展及考核情况。

2. 技术支撑组：设在国家电子政务外网管理中心，工业和信息化部、公安部、保密局、国家密码局、国家标准委等部门有关司局参加。负责组织起草相关标准规范，为各部门、各地区开展目录编制、政务网络和共享平台接入、安全防护与管理、等保分保测评等工作提供技术支撑和培训指导。

3. 专家咨询组：由国家发展改革委、中央网信办牵头，在国家电子政务工程建设指导专家组等基础上，组建专家咨询组，加强对政务数据共享与开放、政务信息系统整合清理、政务信息资源目录编制、电子政务公共基础设施建设、跨部门跨区域业务协同应用等方面的专家咨询指导。

（二）明确落实责任

各部门、各地区要建立层层责任制，主要负责人为第一责任人，制定明确的时间表和路线图，分解任务，细化责任清单，签署责任状。各部门、各地区要建立推进落实工作机制，加强对各自任务的推进落实力度（重点任务责任清单详见附件）。整合共享工作所需经费由各部门、各地区自行解决。对于确需相关工作经费支持的，充分利用结转资金，按规定程序统筹安排。

（三）加强考核评价

加强对政务信息系统整合共享工作的考核评价，建立跟踪监测机制，重点对各部门、各地区的政务信息系统整合数、共享信息数、协同应用数、系统联通率、重点任务进展、应用实效等方面进行考核。各部门、各地区从 2017 年 9 月起，每月 5 日前向国家发展改革委（高技术司）、国务院办公厅（电子政务办）

报送各项任务进展情况（其中，非涉密政务信息系统的自查清理、整合共享等进展情况，可通过全国政务信息共享网站在线填报，并实时更新）。加强引导激励，对于整合共享工作完成情况较好的部门和地区，予以表扬。加大约束惩戒，对于未按要求完成任务的部门和地区，予以通报并责令整改。针对不符合共建共享要求的已建设项目，视情况不再安排后续建设、运维经费。国家发展改革委、中央网信办组织编制信息共享工作评价办法，按程序报批后印发。

（四）加强督查落实

成立督查工作组，设在国务院办公厅，中央网信办、中央编办、国家发展改革委、财政部、审计署、国家标准委、国家电子政务外网管理中心参加，负责《实施方案》的督查工作，同时将政务信息系统专项审计的整改落实情况纳入督查范围。

（五）强化技术支撑

国家电子政务外网管理中心等单位负责，为切实保障政务信息系统整合共享工作顺利实施，加强网络与共享平台接入、目录编制、数据对接、工作进度填报等工作的技术支撑保障力度。国家电子政务外网管理中心、国家标准委等单位负责，组织做好有关技术、标准培训工作。

附件：重点任务责任清单

四、重点任务责任清单

一、部门责任（7项）

国务院各部门作为国务院政务信息系统整合共享的主体责任部门，要确保按时完成"自查、编目、清理、整合、接入、共享、协同"等7个方面工作。（1）自查：完成政务信息系统建设应用情况自查，结合审计署专项审计，摸清自身系统和数据底数。（2）编目：按照《政务信息资源目录编制指南》要求，编制完成政务信息资源目录，明确能共享的数据清单、能接入统一平台的政务信息系统清单。（3）清理：对本部门存在的"僵尸"信息系统进行清理，停止其系统服务，回收或报废相关硬件资源。（4）整合：部门原则上将分散的、独立的信息系统整合为互联互通、业务协同、信息共享的"大系统"，要杜绝以单个司局、处室名义存在的独立信息系统。（5）接入：将本部门信息系统接入全国统一数据共享交换平台。（6）共享：依据共享数据清单，实现清单内的数据资源都能通过统一的数据共享交换平台实施共享。（7）协同：按照协同治理和服务需求，列出跨部门协同应用的信息需求，并以此推动跨部门的业务协同办理。

二、地方责任（8 项）

参照部门的 7 项责任。同时，各省（区、市）要加大整合力度，明确本级数据共享交换平台管理单位，原则上每个省、每个地市要分别整合形成统一的数据共享交换平台，并实现国家、省、市数据共享交换平台的逐级对接。

三、平台责任（4 项）

（1）标准规范：明确各部门、各地区接入国家数据共享交换平台的接口技术标准。国家电子政务外网管理中心在已有标准基础上，抓紧完善政务外网及共享平台（外网）接入相关技术标准指南。

（2）平台功能：确保国家数据共享交换平台（外网）具备跨层级、跨地域、跨系统、跨部门、跨业务的支撑服务能力。加快推动政府内网和数据共享交换平台（内网）建设，具备初步接入条件。

（3）网站建设：正式开通上线全国政务信息共享网站，数据开放网站实现试运行。

（4）技术支撑：国家电子政务外网管理中心组建专门技术支撑团队，确保各部门、各地区遇到的技术问题得到及时响应解决。

文件编号：发改高技〔2017〕1272号

发布时间：2017年7月14号

发布机关：国家发展改革委

中央网信办

政务信息资源目录编制指南（试行）

1 引言

为规范和指导政务信息资源目录的编制，依据《政务信息资源共享管理暂行办法》和国家相关制度与标准的规定，编制本指南。

2 范围

本指南适用于指导国家政务信息资源目录的编制，以及对基于国家数据共享交换平台、国家政务数据开放网站的政务信息资源进行管理、共享交换和开放发布等。各地政务信息资源目录的编制、管理等，可参照本指南执行。

3 规范性引用文件

下列文件中的条款通过本指南的引用而成为本指南的条款。凡是已经标注日期的引用文件，仅所注明日期的版本适用于本指南。凡是未标注日期的引用文件，其最新版本（包括所有的修改单）适用于本指南。

《政务信息资源共享管理暂行办法》（国发〔2016〕51号）

GB/T 7027-2002 信息分类编码的基本原则和方法

GB/T 21063.1-2007 政务信息资源目录体系第1部分：总体框架

GB/T 21063.3-2007 政务信息资源目录体系第3部分：核心元数

GB/T 21063.6-2007 政务信息资源目录体系第6部分：技术管理要求

4 术语和定义

GB/T 21063 中确立的以及下列术语和定义适用于本指南。

4.1 政务信息资源

政务信息资源是指政务部门在履行职责过程中制作或获取的，以一定形式记录、保存的文件、资料、图表和数据等各类信息资源，包括政务部门直接或通过第三方依法采集的、依法授权管理的和因履行职责需要依托政务信息系统形成的信息资源等。

4.2 元数据

元数据是描述信息资源特征的数据。其中，核心元数据是描述数据基本属性与特征的最小集合，一般包括信息资源的名称、内容摘要、提供方、发布日期等。

4.3 政务信息资源目录

政务信息资源目录是通过对政务信息资源依据规范的元数据描述，按照一定的分类方法进行排序和编码的一组信息，用以描述各个政务信息资源的特征，以便于对政务信息资源的检索、定位与获取。

5 概述

政务信息资源目录是实现政务信息资源共享、业务协同和数据开放的基础，是各政务部门之间信息共享及政务数据向社会开放的依据。

政务信息资源目录编制工作包括对政务信息资源的分类、元数据描述、代码规划和目录编制，以及相关工作的组织、流程、要求等方面的内容。

6 政务信息资源目录

6.1 政务信息资源目录分类

政务信息资源目录分类包括资源属性分类、涉密属性分类、共享属性分类和层级属性分类等。

6.1.1 政务信息资源目录的资源属性分类

政务信息资源目录按资源属性分为基础信息资源目录、主题信息资源目录、部门信息资源目录等三种类型。

基础信息资源目录是对国家基础信息资源的编目。国家基础信息资源包括国家人口基础信息资源、法人单位基础信息资源、自然资源和空间地理基础信息资源、社会信用基础信息资源、电子证照基础信息资源等。

主题信息资源目录是围绕经济社会发展的同一主题领域，由多部门共建项目形成的政务信息资源目录。主题领域包括但不限于公共服务、健康保障、社会保障、食品药品安全、安全生产、价格监管、能源安全、信用体系、城乡建设、社区治理、生态环保、应急维稳等。

部门信息资源目录是对政务部门信息资源的编目。部门信息资源包括：党中央、全国人大常委会、国务院、全国政协、最高人民法院、最高人民检察院的政务部门信息资源，省（自治区、直辖市）、计划单列市以及其下各级政务部门信息资源。

6.1.2 政务信息资源目录的涉密属性分类

政务信息资源目录按照信息资源涉密属性，分为涉密政务信息资源目录和非涉密政务信息资源目录。

涉密政务信息资源目录和非涉密政务信息资源目录的梳理、编制、管理、应用等，应分别依托国家数据共享交换平台（政务内网）、国家数据共享交换平台（政务外网）开展。

涉密政务信息资源目录和非涉密政务信息资源目录，应当按照本指南的资源属性分类、元数据、目录代码等要求分别编制。

6.1.3 政务信息资源目录的共享属性分类

政务信息资源目录按共享类型分为无条件共享、有条件共享、不予共享等三种类型。

可提供给所有政务部门共享使用的政务信息资源对应目录属于无条件共享类。可提供给相关政务部门共享使用或仅能够部分提供给所有政务部门共享使用的政务信息资源对应目录属于有条件共享类。不宜提供给其他政务部门共享使用的政务信息资源对应目录属于不予共享类。

6.1.4 政务信息资源目录的层级属性分类

政务信息资源目录按其编制层级分为部门政务信息资源目录、国家政务信息资源目录。

部门政务信息资源目录由政务部门参照本指南的相关要求编制。

国家政务信息资源目录由国家发展改革委组织汇总编制。

6.2 政务信息资源元数据

政务信息资源元数据包括核心元数据和扩展元数据。其中，核心元数据包括：

（1）信息资源分类

参照相关国家标准规定的基本原则和方法，对政务信息资源进行类、项、目、细目的四级分类。

（2）信息资源名称

描述政务信息资源内容的标题。

（3）信息资源代码

政务信息资源唯一不变的标识代码。

（4）信息资源提供方

提供政务信息资源的政务部门。原则上，中央政务部门细化到内设司局或所属行政事业单位，地方政务部门细化到内设机构和所辖政务部门。

（5）信息资源提供方代码

提供政务信息资源的政务部门代码。信息资源提供方细化到内设司局或机构的，其代码仍使用政务部门代码。代码采用《国务院关于批转发展改革委等部门法人和其他组织统一社会信用代码制度建设总体方案的通知》中规定的法人和其他组织统一社会信用代码。

（6）信息资源摘要

对政务信息资源内容（或关键字段）的概要描述。

（7）信息资源格式

对政务信息资源存在方式的描述。

（8）信息项信息

对结构化信息资源的细化描述，包括信息项名称、数据类型。

（9）共享属性

对政务信息资源共享类型和条件的描述，包括共享类型、共享条件、共享方式。

共享类型，包括：无条件共享、有条件共享、不予共享三类。

共享条件，无条件共享类和有条件共享类的政务信息资源，应标明使用要求，包括作为行政依据、工作参考，用于数据校核、业务协同等；有条件共享类的政务信息资源，还应注明共享条件和共享范围；对于不予共享类的政务信息资源，应注明相关的法律、行政法规或党中央、国务院政策依据。

共享方式，获取信息资源的方式。原则上应通过共享平台方式获取；确因条件所限可采用其他方式，如邮件、拷盘、介质交换（纸质报表、电子文档等）等方式。

（10）开放属性

对政务信息资源向社会开放，以及开放条件的描述，包括是否向社会开放、开放条件。

（11）更新周期

信息资源更新的频度。分为实时、每日、每周、每月、每季度、每年等。

（12）发布日期

政务信息资源提供方发布共享、开放政务信息资源的日期。

（13）关联资源代码

提供的任一政务信息资源确需在目录中重复出现时的关联性标注，在本元数据中标注重复出现的关联信息资源代码。

各核心元数据的定义、数据类型、注释和说明详见附录1，形成的政务信息资源目录模板详见附录2。

6.3 政务信息资源代码

参照 GB/T 21063.4-2007《政务信息资源目录体系第4部分：政务信息资源分类》的代码结构规则，政务信息资源代码结构由前段码、后段码组成。前段码由"类"、"项"、"目"、"细目"组成，作为政务信息资源的分类码；后段码为政务信息资源的顺序码。

6.3.1 政务信息资源分类码

（1）信息资源"类"，即信息资源的一级分类，用1位阿拉伯数字表示。采用"6.1.1 政务信息资源目录的资源属性分类"规定的分类方法，"1"代表基础信息资源类，"2"代表主题信息资源类，"3"代表部门信息资源类。

（2）信息资源"项"，即信息资源的二级分类，共2位，原则上用阿拉伯数字表示。如，基础信息资源类中的人口、法人信息资源等分类；主题信息资源类中的公共服务、全民健康、全民社保等分类；部门信息资源类中的党中央、全国人大常委会、国务院、全国政协、最高人民法院、最高人民检察院，以及省级地方（含计划单列市）等分类。

（3）信息资源"目"，即信息资源的三级分类，共3位，原则上用阿拉伯数字表示。

（4）信息资源"细目"，不定长度，原则上用阿拉伯数字表示，供信息资源提供方进行具体的信息资源分类。"细目"可根据需要设置多级分类。

6.3.2 政务信息资源顺序码

政务信息资源顺序码，采用不定长度，原则上以1为起始、连续的阿拉伯数字表示。

政务信息资源分类码与政务信息资源顺序码的组合，形成完整的政务信息资源代码。编码示例详见附录3。

政务信息资源代码结构见图1。

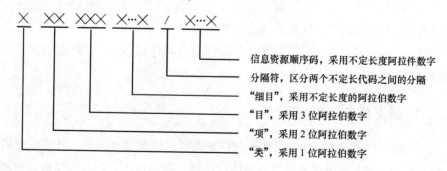

图1 政务信息资源代码结构

7 政务信息资源目录编制要求

7.1 政务信息资源目录编制责任分工

基础信息资源目录由各基础信息资源库的牵头建设部门负责编制和维护；主题信息资源目录由主题信息化共建工程、公共服务主题事项等的牵头部门负责编制和维护；部门信息资源目录由各政务部门负责编制和维护（以下以"责任部门"代表各类信息资源目录编制维护的负责单位）。

国家政务信息资源目录由国家发展改革委组织汇总编制；国家政务信息资源目录的日常维护由国家数据共享交换平台建设运行管理单位（以下简称"共享平台管理单位"）具体负责。

7.2 政务信息资源目录编制流程

政务信息资源目录编制流程包括：前期准备、目录编制与报送、目录汇总与管理、目录更新四个过程。

7.3 前期准备

7.3.1 组织准备

各责任部门应明确政务信息资源目录编制工作的领导机构和工作机制，负责政务信息资源目录的组织规划、编目审查、目录报送等工作。各责任部门应明确政务信息资源目录的组织实施机构，负责具体目录规划制定、信息资源调查、信息资源目录编制和维护更新等工作。

7.3.2 目录规划

各政务部门按照中共中央办公厅、国务院办公厅《关于推行地方各级政府工作部门权力清单制度的指导意见》等文件要求，结合本部门"三定方案"确定的政务职权、工作依据、行使主体、运行流程、对应责任等，在梳理本部门权责清单的基础上，梳理部门政务信息资源，并按照本指南要求，重点从政务信息资源"类"、"项"、"目"、"细目"分类的角度，制定本部门政务信息资源目录规划。

基础信息资源和主题信息资源的目录规划制定工作，由牵头部门负责，在所有参与单位范围内开展。

7.3.3 资源调查

依据政务信息资源目录规划，各责任部门组织开展资源调查工作，梳理部门、所属机构（单位）或共同参与单位的政务信息资源，结合已建信息系统中的信息资源，细化完善目录规划，全面掌握政务信息资源情况。

7.4 目录编制与报送

7.4.1 政务信息资源目录的编制

各责任部门根据在目录规划、资源调查阶段形成的政务信息资源目录规划和资源情况，按照政务信息资源目录元数据要求，编制生成基础类、主题类和部门类的政务信息资源目录。

7.4.2 政务信息资源目录的报送

各责任部门应按要求，在对基础类、主题类和部门类的政务信息资源目录进行复核、审查后，及时报送本级政务信息资源共享主管部门。报送的信息资源目录为目录编制工具导出的统一格式文件，或者et、xls、xlsx等电子表格文件。各责任部门应同时完成政务信息资源目录在目录管理系统中的在线填报，做好相关数据对接，保障国家数据共享交换平台按照信息资源目录顺利调取相关的信息资源。

7.5 目录汇总与管理

7.5.1 政务信息资源目录的审核汇总

国家发展改革委负责国家政务信息资源目录的审核和汇总工作，在审核各责任部门提交的政务信息资源目录后，汇集整合形成基础类、主题类和部门类的国家政务信息资源目录。各级政务信息资源共享主管部门负责本级政务信息资源目录的审核和汇总工作。

在审核汇总过程中，如发现政务信息资源目录不符合要求，则退回责任部门整改；如发现有重复采集的数据内容，由本级政务信息资源共享主管部门负责协商明确该数据内容的第一采集部门，并将相关信息更新至本级政务信息资源目录。

7.5.2 政务信息资源目录的管理维护

共享平台管理单位负责建设完善国家数据共享交换平台目录管理系统，为各责任部门接入共享平台提供技术支持，承担国家政务信息资源目录的注册登记、发布查询、维护更新等日常管理工作。

7.6 目录更新

各责任部门应对本单位发布的政务信息资源目录进行及时更新维护。

8 附录

附录1 元数据说明

表1 政务信息资源元数据说明

元数据	说明
1 信息资源分类	定　　义：说明政务信息资源分类的类目信息。信息资源分类参照相关国家标准规定的基本原则和方法，采用混合分类法。具体分类详见 6.1 政务信息资源分类。 数据类型：字符型。 注　　解：必选项；最大出现次数为1。 说　　明：政务信息资源分类包括：类、项、目、细目四级。其中，"类、项、目"由本指南确定；"细目"由信息资源提方依本指南规则进行规划提出。 （1）基础信息资源"类"下设置"项"，包括国家人口基础信息资源、法人单位基础信息资源、自然资源和空间地理信息资源、电子证照基础信息资源等"项"下设置"目"，如法人库"项"下设置行政、事业、企业、社会团体等法人基础信息资源；"目"下设置"细目"，如行政单位法人"目"下设置基准信息资源、统计信息资源等。 （2）主题信息资源"类"下设置"项"，包括但不限于政务信息化"十二五"规划和"十三五"规划的全民健康保障、全民住房保障等共建工程主题信息，以及行政许可审批、政府内部审批、便民服务等公共服务主题信息；"项"下设置"目"，如行政许可审批"项"下设置工商行政许可审批、税务行政许可审批等事项信息；"目"下设置"细目"，如工商行政许可审批事项 "目"下设置企业名称登记审批、外商投资企业设立登记等。 （3）部门信息资源"类"下设置"项"，中央层面为党中央、全国人大常委会、国务院、全国政协、最高人民法院、最高人民检察院等；"项"下设置"目"，即相关政务部门，如国务院组成部门：外交部、发展改革委等；"目"下设置"细目"，由政务部门自行编制部门信息资源分类，可根据需要设置多级分类。地方层面，"项"之下按省（自治区、直辖市）和计划单列市展开。

续表

元数据	说明
2. 信息资源名称	定　　义：缩略描述政务信息资源内容的标题。 数据类型：字符型。 注　　解：必选项；最大出现次数为1。 说　　明：缩略描述对应政务信息资源具体内容的标题。
3. 信息资源代码	定　　义：政务信息资源的唯一不变的标识代码。 数据类型：字符型。 注　　解：必选项；最大出现次数为1。 说　　明：信息资源代码规则详见6.3。按照6.3.1分类码、6.3.2顺序码和附录3政务信息资源代码结构的规则进行编码。
4. 信息资源提供方	定　　义：提供政务信息资源的政务部门。 数据类型：字符型。 注　　解：必选项；最大出现次数为1。 说　　明：具体提供信息资源的部门和单位，原则上中央政务部门细化到司局或所属行政事业单位，地方政务部门细化到内设机构和所辖政务部门。
5. 信息资源提供方代码	定　　义：提供政务信息资源的政务部门代码。 数据类型：字符型。 注　　解：必选项；最大出现次数为1。 说　　明：代码采用《国务院关于批转发展改革委等部门法人和其他组织统一社会信用代码制度建设总体方案的通知》中规定的法人和其他组织统一社会信用代码。信息资源提供方代码采用资源分类"项"中的政务部门代码，而非部门内设机构和直属单位代码。
6. 信息资源摘要	定　　义：对信息资源内容（或关键字段）的概要描述。 数据类型：字符型。 注　　解：必选项；最大出现次数为1。 说　　明：对资源内容进行概要说明（或关键字段）的描述。

元数据		说明
7. 信息资源格式		定　　义：信息资源的存在方式（可多选）。信息资源提供方应尽可能提供可机读的电子格式及相关软件版本信息，如只有纸质介质，应尽量提供电子扫描格式。电子格式的信息资源，可采用但不限于：电子文件的存储格式为 OFD、wps、xml、txt、doc、docx、html、pdf、ppt 等；电子表格的存储格式为 et、xls、xlsx 等；数据库类的存储格式为 Dm、KingbaseES、access、dbf、dbase、sysbase、oracle、sql server、db2 等，同时需明确具体的数据库表结构定义（可细化至"信息项信息"元数据中）；图形图像类的存储格式为 jpg、gif、bmp 等；流媒体类的存储格式为 swf、rm、mpg 等；自描述格式，由提供方提出其特殊行业领域的通用格式，如气象部门采用的"表格驱动码"格式。 数据类型：字符型。 注　　解：必选项；最大出现次数为 1。 说　　明：按定义的多种格式选择确定。
8. 信息项信息	8.1 信息项名称	定　　义：描述结构化信息资源中具体数据项的标题。适用于格式为数据库、电子表格类等的信息资源。 数据类型：字符型。 注　　解：可选项；最大出现次数为 1。 说　　明：描述电子表格、数据库，以及具有结构化数据内容资源中的各数据项（字段）标题，采用中文表示。
	8.2 数据类型	定　　义：标明该信息项的数据类型。其中，属于文本类信息的，应标明所采用的字符集和编码方式，推荐使用 GB13000-2010 及其后续版本字符集和 UTF-8 或 UTF-16 方式编码；属于结构化数据的，应标明数据类型及数据长度，包括：字符型 C、数值型 N、货币型 Y、日期型 D、日期时间型 T、逻辑型 L、备注型 M、通用型 G、双精度型 B、整型 I、浮点型 F 等。 数据类型：字符型。 注　　解：必选项；最大出现次数为 1。 说　　明：对应"信息项名称"逐一描述其数据类型。

元数据		说明
9. 共享属性	9.1 共享类型	定　　义：根据《政务信息资源共享管理暂行办法》的规定，政务信息资源的共享类型包括：无条件共享、有条件共享、不予共享三类。值域范围对应共享类型排序分别为1、2、3。 数据类型：数值型。 注　　解：必选项；最大出现次数为1。 说　　明：对每个政务信息资源按不同共享类型进行描述。
	9.2 共享条件	定　　义：不同共享类型的政务信息资源的共享条件。 数据类型：字符型。 注　　解：必选项；最大出现次数为1。 说　　明：无条件共享类和有条件共享类的政务信息资源，应标明使用要求，包括作为行政依据、工作参考，用于数据校核、业务协同等；有条件共享类的政务信息资源，还应注明共享条件和共享范围；对于不予共享类的政务信息资源，应注明相关的法律、行政法规或党中央、国务院政策依据。
	9.3 共享方式	定　　义：获取信息资源的方式。原则上通过共享平台方式获取；确因条件所限可采用其他方式，如邮件、拷盘、介质交换（纸质报表、电子文档等）等方式。 数据类型：字符型。 注　　解：必选项；最大出现次数为1。 说　　明：按定义要求进行描述。
10. 开放属性	10.1 是否向社会开放	定　　义：信息资源面向社会开放的属性，包括"是和"否"，对应取值分别为1和0。 数据类型：数值型。 注　　解：必选项；最大出现次数为1。 说　　明：按定义要求进行描述。
	10.2 开放条件	定　　义：对向社会开放资源的条件描述。当"是否向社会开放"取值为1时，描述开放条件。 数据类型：字符型。 注　　解：可选项；最大出现次数为1。 说　　明：按定义要求进行描述。

续表

元数据	说明
11. 更新周期	定　　义：信息资源更新的频度。分为实时、每日、每周、每月、每季度、每年等。 数据类型：字符型。 注　　解：必选项；最大出现次数为1。 说　　明：属于结构化数据资源的，按更新频度较快的信息项进行描述；属于非结构化数据资源的，则对信息资源整体进行描述。
12. 发布日期	定　　义：政务信息资源提供方发布共享、开放政务信息资源的日期。 数据类型：日期型，格式为 CCYY-MM-DD。 注　　解：必选项；最大出现次数为1。 说　　明：按定义要求进行描述。
13. 关联资源代码	定　　义：如该信息资源同属于其他资源分类，需标注其他资源分类或其他政务部门编制的该信息资源代码。 数据类型：字符型。 注　　解：可选项；最大出现次数为1。 说　　明：当某一政务信息资源同属于不同的资源分类时，按定义要求进行描述。

附录2　政务信息资源目录（模板）

表2　政务信息资源目录（模板）

信息资源分类	信息资源名称	信息资源代码	信息资源提供方	资源提供方代码	信息资源摘要	信息资源格式	信息项信息		共享属性			开放属性		更新周期	发布日期	关联资源代码
							信息项名称	数据类型	共享类型	共享条件	共享方式	是否向社会开放	开放条件			

附录3 政务信息资源分类和编码示例

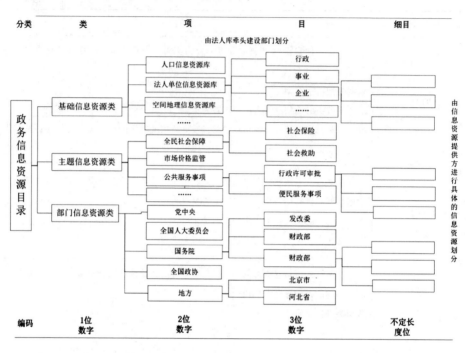

文件编号：农办发〔2017〕10 号
发布时间：2017 年 8 月 24 日
发布机关：农 业 部

农业部政务信息资源共享管理暂行办法

第一章 总 则

第一条 为加快推进农业部政务信息系统整合和政务信息资源共享，逐步建立"用数据说话、用数据决策、用数据管理、用数据创新"的管理机制，提高政务信息资源共享开放水平和行政效能，增强政府公信力，充分发挥政务信息资源共享在深化改革、转变职能、创新管理中的重要作用，依据《国务院关于印发政务信息资源共享管理暂行办法的通知》（国发〔2016〕51 号）、《国务院关于加快推进"互联网+政务服务"工作的指导意见》（国发〔2016〕55 号）、《国务院办公厅关于印发政务信息系统整合共享实施方案的通知》（国办发〔2017〕39 号）及相关法律法规，制定本办法。

第二条 本办法用于规范农业部各司局各单位之间的政务信息资源共享工作，以及与国家其他政务部门之间的政务信息资源共享工作，包括因履行职责需要使用或提供政务信息资源的行为。

第三条 农业部政务信息资源是指各司局各单位在履行职责过程中制作或获取的，以一定形式记录、保存的文件、资料、图表和数据等各类信息资源，包括直接或通过第三方依法采集的、依法授权管理的和因履行职责需要依托政务信息系统形成的信息资源等。农业部政务信息资源通过部数据共享交换平台（以下简称"部共享平台"）在部内实现共享，通过国家数据共享交换平台（以下简称

"国家共享平台") 与国家其他政务部门实现共享。农业部政务信息资源属于国家公共资源。

第四条 农业部政务信息资源共享应遵循以下原则：

（一）以共享为原则，不共享为例外。各司局各单位形成的各类政务信息资源应予共享，涉及国家秘密和安全的，按相关法律法规执行。

（二）需求导向，无偿使用。因履行职责需要使用共享政务信息资源的司局、单位（以下简称"使用方"）提出明确的共享需求和信息使用用途，共享政务信息资源的产生和提供司局、单位（以下简称"提供方"）应及时响应并无偿提供共享服务。

（三）统一标准，统筹建设。按照国家及农业部政务信息资源相关标准进行政务信息资源的采集、存储、共享、交换、提供和使用工作，坚持"一数一源"、多元校核，统筹建设政务信息资源共享的目录体系和共享交换体系。

（四）建立机制，保障安全。统筹建立政务信息资源共享管理机制和信息共享工作评价机制，加强对共享信息采集、存储、共享、交换、提供和使用全过程的身份鉴别、授权管理和安全保障，确保共享信息安全。

第二章 管理机构和职责

第五条 为做好政务信息资源整合共享工作，成立政务信息资源整合共享专项工作组（以下简称"专项工作组"），专项工作组对信息化领导小组负责，办公厅牵头，市场司、计划司、财务司、信息中心各明确1名负责同志参与，负责组织、指导、协调、监督和评估政务信息资源共享工作。

（一）指导、协助各司局各单位编制政务信息资源目录，汇总编制农业部政务信息资源目录，构建部政务信息资源目录体系和资源体系；指导各司局各单位资源目录运行、更新及维护工作，建立资源目录动态更新维护机制。

（二）研究部内政务信息资源共享交换工作机制，构建部共享平台，负责接入国家共享平台，并组织向国家共享平台提供农业部政务信息资源。

（三）制定系统整合、网站整合、数据对接有关标准；指导、协助各司局各单位的系统清理整合工作，推动完成跨司局、跨行业、跨层级的系统整合工作，构建部统一的综合业务信息系统和一体化网上政务服务平台。

（四）按照农业部政务信息资源共享工作评估考核暂行办法，建立和完善政务信息资源共享工作评估机制，并组织实施和督促检查。

第六条 信息中心是政务信息资源共享建设和管理的技术支撑单位。

（一）负责政务信息资源目录编制工作的技术指导，及政务信息资源目录的服务和维护。

（二）制定政务信息资源的目录分类、采集、共享、交换及平台对接等方面标准，承担各司局各单位政务信息资源共享标准应用的技术指导与服务。

（三）负责部共享平台的建设、管理及运维，并实现与国家共享平台的联通和运行。

（四）负责政务信息资源共享安全防护，建立相关网络安全管理制度，指导督促各司局各单位政务信息资源采集、存储、共享、交换、提供和使用全过程的风险评估和安全审查。

第七条 各司局各单位是共享政务信息资源的提供和维护单位。

（一）根据农业部政务信息资源目录编制指南，按照相关标准规范，负责本司局本单位业务范围内共享政务信息资源的采集、加工和处理等，编制并及时更新本司局本单位政务信息资源目录。

（二）按照信息化领导小组的总体规划，组织实施本司局本单位的信息系统整合工作，整合成熟后接入共享平台。

第八条 中国农业科学院、中国水产科学研究院、中国热带农业科学院指定1名负责同志与专项工作组对接，按照农业部政务信息资源目录编制指南，编制本单位政务信息资源目录；负责本单位的政务信息系统整合，整合成熟后按要求接入共享平台。

第三章 政务信息资源目录

第九条 农业部政务信息资源目录编制指南是各司局各单位编制本司局本单

位政务信息资源目录的依据。农业部政务信息资源目录是根据各司局各单位提供的政务信息资源目录，分类汇总编制形成，是实现政务信息资源共享和业务协同的基础，是各司局各单位之间政务信息资源共享开放的依据。

第十条　各司局各单位要根据农业部政务信息资源目录编制指南要求，编制并定期更新维护本司局本单位政务信息资源目录，并在有关法律法规作出修订或行政管理职能发生变化之日起 15 个工作日内及时更新本司局本单位的政务信息资源目录。

第四章　政务信息资源分类及共享要求

第十一条　政务信息资源按照部内共享类型分为无条件共享、有条件共享和不予共享三种类型。

（一）无条件共享：可提供给部内所有司局、单位共享使用的，或对社会公众开放的政务信息资源。

（二）有条件共享：可提供给部内相关司局、单位共享使用的，或仅部分内容能够提供给部内所有司局、单位共享使用的政务信息资源。

（三）不予共享：不宜提供给部内其他司局、单位共享使用的政务信息资源。

第十二条　政务信息资源按照部外共享类型分为无条件共享、有条件共享和不予共享三种类型。

（一）无条件共享：可提供给所有国家政务部门共享使用的，或对社会公众开放的政务信息资源。

（二）有条件共享：可提供给部分国家政务部门共享使用的，或仅部分内容能够提供给所有国家政务部门共享使用的政务信息资源。

（三）不予共享：不宜提供给国家其他政务部门共享使用的政务信息资源。

第十三条　政务信息资源共享及目录编制应遵循以下要求：

（一）凡列入无条件共享和有条件共享的政务信息资源，应标明使用要求，包括作为行政依据、用于工作参考、用于数据校核和业务协同等；有条件共享类还应标明共享条件和共享范围。

（二）凡列入不予共享类的政务信息资源，所属司局、单位必须提出书面申请并提供法律、行政法规或党中央、国务院政策等依据。

（三）凡由国家有关政务部门通过在国家共享平台上集中建设或通过接入国家共享平台实现基础数据汇聚建设、统筹管理、及时更新的人口信息、法人单位信息、自然资源和空间地理信息、电子证照信息、社会信用信息等基础信息资源，不列入农业部政务信息资源目录编制范围；各司局各单位按照国务院有关规定，可在国家共享平台上直接共享。

（四）凡由部内多个司局、单位共同建设形成的政务信息资源，由牵头司局、单位负责编制目录并及时维护，通过共享平台予以共享。

第十四条　农业自然资源信息、农业空间地理信息等农业基础信息资源，由农业基础信息牵头司局、单位负责编制目录并及时维护，各司局各单位通过部共享平台实现部内无条件共享。

第十五条　各司局各单位的业务信息是政务信息资源共享的重要内容，与农业农村经济发展、社会管理和公共服务密切相关的政务信息资源应予共享。主要包括：

（一）农业各行业指挥调度、预警防控、行业管理、行政许可、行政执法及行政办公等工作中形成的各类信息资源及地方农业主管部门逐级上报的各类信息资源。

（二）农业政策法规、科技教育、科研以及专家队伍等信息资源。

（三）与农业密切相关的水、土、气、生物、生态、环境等方面的信息资源。

（四）信息化领导小组认定共享的其他信息资源。

第五章　共享政务信息资源的提供与使用

第十六条　部共享平台是管理部政务信息资源目录、支撑各司局各单位开展部内政务信息资源共享交换的关键信息基础设施，包括部政务内网共享平台和部政务外网共享平台。部政务内网共享平台按照涉密信息系统分级保护要求，依托部电子政务内网建设和管理。部政务外网共享平台按照国家网络安全相关制度和要求，依托部电子政务外网建设和管理。

第十七条　农业部综合业务信息系统由信息化领导小组总体规划，在系统整合过程中，按照一个行业或一个领域整合成一个系统的原则分步实施，整合形成10个左右的综合业务板块，最终形成我部统一的综合业务信息系统，整合成熟一个，接入共享平台一个，实现部内外政务信息资源共享。

第十八条　共享政务信息资源的提供方原则上通过共享平台提供共享政务信息资源。

（一）部内有条件共享类信息资源，提供方应在使用方提出使用申请后10个工作日内予以答复并及时提供资源；部内不予共享类信息资源，以及部内有条件共享类中不予共享的信息资源，使用方提出使用申请时，提供方与使用方协商解决。

（二）向部外有条件共享的信息资源，在国家其他政务部门提出使用申请后，提供方在10个工作日内予以答复并及时提供资源；向部外不予共享的信息资源，国家其他政务部门确因履行职责需要使用的，由国家其他政务部门与提供方协商解决，协商未果的由信息资源的需求部门报请国家促进大数据发展部际联席会议协调解决。

第十九条　共享政务信息资源的使用方应根据履行职责需要，使用部内和部外共享政务信息资源。

（一）部内无条件共享类信息资源，使用方可在部共享平台上直接获取；部内有条件共享类信息资源，使用方可通过部共享平台向提供方提出申请，并按答复意见使用共享政务信息资源；部内不予共享类信息资源，以及部内有条件共享类中提供方不予共享的信息资源，使用方因履行职责确需使用的，由使用方与提供方协商解决，协商未果的由使用方提出理由报信息化领导小组审核。

（二）国家其他政务部门的无条件共享类信息资源，各司局各单位可直接通过国家共享平台获取并使用；国家其他政务部门的有条件共享类政务信息资源，符合共享条件的，由使用方向信息化领导小组提出申请，由信息化领导小组审核后，通过国家共享平台向资源提供方提出申请，资源提供方答复后，使用方按答复意见使用共享政务信息资源；国家其他政务部门的不予共享类政务信息资源，以及有条件共享类中资源提供部门不予共享的信息资源，使用方因履行职责确需使用的，经信息化领导小组审核后，报请国家促进大数据发展部际联席会议协调解决。

第二十条　各司局各单位应充分利用共享政务信息资源。凡是共享平台可以获取的信息，各司局各单位原则上不得要求自然人、法人或其他组织重复提交。

第二十一条　按照"谁主管，谁提供，谁负责"的原则，提供方应确保所提供政务信息资源的质量，及时维护和更新信息，保障数据的完整性、准确性、时效性和可用性，确保所提供的共享政务信息资源与本司局本单位所掌握信息的一致性。

第二十二条　按照"谁经手，谁使用，谁管理，谁负责"的原则，使用方应根据履职需要依法依规使用共享政务信息资源，并加强共享政务信息资源使用全过程管理；使用方从共享平台获取的政务信息资源，只能用于本司局本单位履行职责需要，不得直接或以改变数据形式等方式提供给第三方，也不得用于或变相用于其他目的。

第二十三条　建立疑义、错误政务信息资源快速校核机制，对获取的共享政务信息资源有疑义或发现有明显错误的，使用方应及时上报信息化领导小组，由信息化领导小组反馈提供方予以校核；国家其他政务部门对我部共享政务信息资源提出疑义或发现有明显错误时，由信息化领导小组反馈提供方予以校核。

第六章　政务信息资源共享安全

第二十四条　部共享平台管理单位要加强平台的安全防护，切实保障政务信息资源共享交换时的数据安全。

第二十五条　共享政务信息资源的提供方和使用方要加强政务信息资源采集、传输、存储、提供、共享、交换和使用时的全过程严格管控和安全保障工作，落实本司局本单位综合业务系统的网络安全防护措施，做好政务信息资源共享时的安全保障工作。

第二十六条　共享政务信息资源涉及国家秘密的，提供方和使用方应当遵守有关保密法律法规的规定，在信息共享工作中分别承担相关安全责任。

第七章　政务信息资源共享监督和保障

第二十七条　政务信息资源共享工作纳入绩效管理，信息化领导小组实行年度监督评估。政务信息资源整合期间，专项工作组负责按照政务信息资源整合共享工作评估考核办法，对各司局各单位政务信息资源的提供、使用及维护情况进行评估考核，评估考核报告经信息化领导小组审议后予以公布。

第二十八条　各司局各单位于每年1月底前向专项工作组报告上一年度政务信息资源共享情况；专项工作组负责评估汇总，按要求向国务院办公厅提交农业部政务信息资源共享年度报告。

第二十九条　严格遵守国家标准委员会制定颁布的相关政务信息资源共享标准，建立完善农业部政务信息资源的目录分类、采集、共享交换及平台对接等方面的标准。

第三十条　完善信息系统项目申报审核机制，在政务信息资源整合共享期间，我部信息系统项目，在向计划司、财务司申报前，须报信息化领导小组审批。依据我部农业信息化相关发展规划，由专项工作组对项目的互联互通、业务协作协同、资源共享进行规划审核；在规划审核通过后，由信息化领导小组委托信息中心进行技术审核；在技术审核通过后，各司局各单位再分别向计划司申报基本建设项目或向财务司申报财政资金；各单位负责具体执行，信息中心负责技术支持。

第三十一条　各司局各单位应建立健全政务信息资源共享管理制度，明确目标、责任和实施处室，实行"一把手"责任制。各司局各单位主要负责人是本司局本单位政务信息资源共享工作第一责任人。

第三十二条　各司局各单位有下列情形之一的，由专项工作组通知限期整改；未在规定时限内完成整改2次以上的，专项工作组将有关情况上报信息化领导小组后，对相关司局单位及个人予以通报并追究相关责任。

（一）未按农业部政务信息资源目录编制指南要求编制政务信息资源目录，或本司局本单位掌握的政务信息资源发生变化15个工作日内未更新政务信息资源目录；

（二）瞒报、漏报、虚报共享政务信息资源或未及时向共享平台提供、更新共享政务信息资源的；

（三）向共享平台提供的数据和本司局本单位掌握的信息不一致，或提供的数据不符合有关规范、无法使用；

（四）将共享政务信息资源用于履行本司局本单位职责需要以外的目的；

（五）违反本办法规定的其他行为。

第八章　附　则

第三十三条　本办法由专项工作组负责解释。

第三十四条　本办法自颁布之日起施行。

文件编号：交科技发〔2017〕58 号
发布时间：2017 年 4 月 27 日
发布机关：交通运输部

交通运输政务信息资源共享管理办法

第一章　总　则

第一条　为充分发挥交通运输政务信息资源共享在深化改革、转变职能、创新管理、提升服务中的重要作用，促进交通运输行业提质增效与转型升级，依据《国务院关于印发政务信息资源共享管理暂行办法的通知》（国发〔2016〕51号）等文件，制定本办法。

第二条　本办法所称交通运输政务信息资源（以下简称信息资源），是指交通运输政务部门在履行职责过程中直接或通过第三方依法采集、产生或者获取的，以电子形式记录、保存的各类非涉密数据、文件、资料和图表等。

本办法所称交通运输政务部门（以下简称政务部门），是指交通运输主管部门及法律、法规授权行使交通运输行政管理职能的事业单位和社会组织。

本办法所称使用部门，是指因履行职责需要使用共享信息资源的部门。本办法所称提供部门，是指共享信息资源的产生和提供部门。

第三条　本办法用于规范交通运输部及部省、部际、省际相关政务部门因履行职责需要使用和提供信息资源的行为。

第四条　部科技主管部门负责管理、评价和监督信息资源共享工作，组织交通运输政务信息资源目录（以下简称信息资源目录）的编制、发布和著录，组织相关标准规范的制修订和宣贯实施，监督部级信息资源共享交换平台（以下简称部级共享平台）的运行。

综合交通运输大数据应用技术支持部门（以下简称技术支持部门）负责信息资源目录的维护管理、部级共享平台的建设和运维、部级信息资源对外共享交换的联络、共享工作的监测分析等工作，并为信息资源共享工作提供技术支持。

省级交通运输主管部门负责省级共享平台建设、信息资源目录著录和维护、共享信息资源，以及与部级共享平台联通。

第五条 信息资源共享应遵循以下原则：

（一）以共享为原则、不共享为例外。各类信息资源原则上均应予共享，涉及国家秘密和安全的，按相关法律法规执行。

（二）需求导向，无偿使用。使用部门提出明确的共享需求和信息资源使用用途，提供部门应及时响应并无偿提供共享服务。

（三）统一标准，平台交换。按照国家及交通运输行业信息资源相关标准进行信息资源的编目、采集、存储、交换和共享工作。政务部门应基于部、省两级共享平台开展信息资源共享。

（四）建立机制，保障安全。统筹建立信息资源共享管理机制和信息共享工作评价机制。政务部门和部、省两级共享平台建设运行管理单位应加强对共享信息采集、共享、使用全过程的身份鉴别、授权管理和安全保障，确保共享信息安全。

第二章 分类与要求

第六条 信息资源按共享类型分为无条件共享、有条件共享、不予共享等三种类型。

可提供给所有政务部门共享使用的信息资源属于无条件共享类。

可提供给部分政务部门共享使用或仅部分内容能够提供给政务部门共享使用的信息资源属于有条件共享类。

不宜提供给其他政务部门共享使用的信息资源属于不予共享类。

第七条 信息资源共享类型划分应遵循以下要求：

（一）凡列入不予共享类的信息资源，提供部门应出具法律、行政法规或党中央、国务院政策依据。

（二）经脱密处理的交通运输基础设施空间和属性信息、运载工具基本信息、从业企业基本信息、从业人员基本信息、行政许可信息、执法案件结果信息等基础信息资源是政务部门履行职责的共同需要，必须接入部级共享平台实现基础数据集中汇聚、统筹管理、及时更新，供政务部门无条件共享。

（三）对列入有条件共享类的信息资源，提供部门应明确共享范围、数据内容和使用用途。

第三章　目录编制与管理

第八条　信息资源目录是实现信息资源共享和业务协同的基础，是政务部门间信息资源共享的依据。

信息资源目录应包括信息资源的分类、名称、提供部门、格式、属性、更新时限、共享类型、共享范围、共享方式、使用要求、来源系统等内容。

第九条　部科技主管部门负责组织编制《交通运输政务信息资源目录编制指南》，统筹组织信息资源目录编制工作。

已汇聚到部级共享平台的信息资源，由部科技主管部门组织编制信息资源目录；未汇聚到部级共享平台的信息资源，由省级交通运输主管部门依据《交通运输政务信息资源目录编制指南》编制信息资源目录。

部科技主管部门汇总形成部级信息资源目录，经专家咨询并报部审定后，统一在部级共享平台著录并发布。省级交通运输主管部门编制的信息资源目录，应在部级共享平台著录并发布。

信息资源目录一经发布，不得随意更改；如需更改，由部科技主管部门统一组织更新。

第十条　技术支持部门定期组织开展对政务部门业务信息系统与信息资源目录的一致性检测，并及时向部科技主管部门提出信息资源目录更新建议。

第四章　提供与使用

第十一条　部级共享平台提供信息资源目录管理，支撑涉及交通运输部的信息资源共享等功能。

凡涉及交通运输部的信息资源共享均应通过部级共享平台实施。部级共享平台应与国家共享平台对接以实现部际共享。

第十二条　凡新建的部本级业务信息系统、部省联网运行的业务信息系统，如需跨部门、跨层级共享信息资源，须通过部级共享平台实施信息资源共享；原有跨部门、跨层级的交通运输行业信息资源共享交换系统在升级改造时，须迁移到部级共享平台。

省级共享平台应满足省级、省际共享交换信息资源的需要，并实现与部级共享平台的对接。

第十三条　部级、省级共享平台应提供联机查询、联机对比、批量下载等共享服务方式。

第十四条　属于无条件共享类的信息资源，提供部门应通过共享平台提供共享服务，使用部门在共享平台上可直接获取共享服务。

属于有条件共享类的信息资源，使用部门通过共享平台向提供部门提出申请，明确使用用途，提供部门应在 10 个工作日内予以答复，使用部门按答复意见使用共享信息资源，对拒绝共享的，提供部门应说明理由，且不得再另设线下审批程序。

属于不予共享类的信息资源，以及属于有条件共享类但提供部门拒绝共享的信息资源，使用部门因履行职责确需使用的，由使用部门与提供部门协商解决，协商未果报部协调解决。

对于涉及重要敏感时期、重大节假日等时效性较高的信息资源共享，可由使用部门和提供部门根据实际协商确定共享方式，依托共享平台共享信息资源。

第十五条　提供部门应保障所提供信息资源的完整性、准确性、时效性和可用性，并确保与本部门实际掌握信息资源的一致性。委托其他单位提供信息资源的政务部门，对其委托单位提供的信息资源质量负责。

第十六条 使用部门应根据履职需要依法依规使用共享信息资源，并加强共享信息资源使用全过程管理，切实维护提供部门的合法权益。

使用部门从共享平台获取的信息资源，应按照明确的使用用途用于本部门履职需要，不得直接或以改变数据形式等方式提供给第三方，也不得用于或变相用于其他目的。如需提供第三方或用于其他目的的，应与提供部门协商。

使用部门应当加强共享信息资源的安全管理，不得滥用、非授权使用、未经许可扩散或泄露所获取的共享信息资源，因使用不当造成安全问题或不良影响的，根据相关法律法规追究使用部门及相关人员的责任。

第十七条 使用部门对获取的共享信息资源有疑义或发现有明显错误的，提供部门应及时予以校核。对多源异义信息资源，提供部门应通过协商进行信息资源质量校核和业务规则修订，并明确信息资源的唯一来源。

第五章　监督与保障

第十八条 部科技主管部门负责组织建立信息资源共享评价体系，会同有关部门定期组织开展共享评价工作并通报评价结果。

第十九条 信息资源共享应遵循《网络安全法》等国家和交通运输行业网络安全管理法规、政策和制度。

共享平台建设和运维单位应加强共享平台的安全防护，切实保障信息资源共享交换时的信息安全。提供部门和使用部门要加强信息资源采集、共享、使用时的安全保障工作，落实本部门对接系统的网络安全防护措施。

第二十条 部级政务信息化项目立项申请前应预编信息资源目录，作为项目审批要件。申请部补助资金的政务信息化项目，应按照部印发的建设指南、标准规范等指导性文件，落实信息资源共享要求。

项目建成的信息系统上线试运行前应将信息资源目录在共享平台著录，并接受信息资源目录合规性检测，检测合格的方可通过验收。

信息资源共享工作情况将作为信息化项目建设经费安排和运维经费分配的重

要参考。

第二十一条　政务部门应合理保障信息资源共享工作经费，将信息资源目录编制与著录、共享平台建设及运行维护等工作经费纳入本部门年度预算。

第二十二条　政务部门应落实本办法要求，明确本部门工作目标、责任和实施机构。政务部门主要负责人是本部门信息资源共享工作的第一责任人。

第二十三条　政务部门及其工作人员有下列情形之一的，由部科技主管部门通知整改；未在规定时限内完成整改的，部科技主管部门将有关情况向政务部门通报。

（一）未按要求编制和更新维护信息资源目录的；

（二）未向共享平台及时提供、更新共享信息资源的；

（三）向共享平台提供的信息资源和本部门所实际掌握的信息资源不一致的，或提供的信息资源不符合有关规范、无法使用的；

（四）不共享其他部门信息资源，重复采集信息资源或随意扩大信息资源采集范围的；

（五）对已发现不一致或有明显错误的信息资源，不及时校核的；

（六）对共享获得的信息资源管理失控，致使出现滥用、非授权使用、未经许可的扩散以及泄漏的；

（七）未经提供部门授权，擅自将共享信息资源转让给第三方或用于其他目的的；

（八）违反本办法规定的其他行为。

第六章　附　　则

第二十四条　本办法由部科技主管部门负责解释。

第二十五条　本办法自 2017 年 5 月 1 日起施行，有效期 3 年。涉及政务内网信息资源共享有关规定另行制定。

文件编号：人社厅发〔2017〕39号
发布时间：2017年04月17日
发布机关：人力资源社会保障部办公厅

人力资源社会保障部政务信息资源共享管理暂行办法

第一章　总　则

第一条　为加强人力资源社会保障部政务信息资源共享管理，促进和规范我部内部及与部外的政务信息资源共享，提高政务信息资源开发利用水平，依据相关法律法规、《国务院关于印发促进大数据发展行动纲要的通知》（国发〔2015〕50号）、《国务院关于印发政务信息资源共享管理暂行办法的通知》（国发〔2016〕51号）的规定和要求，制定本办法。

第二条　人力资源社会保障部政务信息资源是指我部在履行职责过程中产生或获取的，以一定形式记录、保存的文件、资料、图表和数据等各类信息资源，包括通过政务信息系统产生或采集的信息资源，直接或通过第三方依法采集的信息资源，通过信息共享、信息监测等获取的其他部门和地方的信息资源等。

第三条　人力资源社会保障部与其他政务部门开展政务信息资源共享工作，以及部属各单位间开展政务信息资源共享工作，适用本办法。

第四条政务信息资源共享坚持依法合规、统一管理、分工负责、面向应用、保证安全的原则。

第二章　机构与职责

第五条　规划司负责政务信息资源共享工作的协调统筹。牵头制定政务信息资源共享管理的规章制度，按照国家要求组织编制人力资源社会保障部政务信息资源目录（以下简称政务信息资源目录）；会同信息中心开展部政务信息资源库和数据共享交换平台的建设，并与国家数据共享交换平台联通；协调落实促进大数据发展部际联席会议有关工作部署。

第六条　按照"谁主管，谁提供，谁负责"的原则，部属各单位是开展政务信息资源共享的责任主体，负责主管范围内的政务信息资源的生成和管理；负责按照政务信息资源目录向部数据共享交换平台提供共享信息；负责提出对其他部门政务信息资源的共享需求，并按"谁使用，谁管理，谁负责"的原则使用共享信息等。

第七条　信息中心负责部政务信息资源库及数据共享交换平台运行的组织管理，负责为部属各单位开展政务信息资源共享和使用提供技术支持。

第八条　部属各单位主要负责人是政务信息资源共享工作的第一责任人。各单位指定1名工作人员作为政务信息资源共享工作联络员。

第三章　政务信息资源目录

第九条　规划司会同信息中心、部属其他单位，按照国家《政务信息资源目录编制指南》，编制政务信息资源目录，按程序审批后，作为部内及对外开展政务信息资源共享的基本依据。

第十条　政务信息资源目录包含政务信息资源的类别、名称、提供方、信息项、共享属性、更新周期等。

第十一条　部属各单位应对主管范围内的政务信息资源进行全面的梳理，明确纳入政务信息资源目录的信息，并按照"共享为原则，不共享为例外"的原则，明确信息的共享属性。凡列为不予共享或有条件共享的信息，必须有法律、行政法规或党中央、国务院政策依据。

第十二条 当发生有关法律法规作出修订、行政管理职能发生变化等情况，需要对政务信息资源目录进行修改或调整，部属有关单位报部领导同意后，及时向规划司提出修改调整目录的意见，规划司备案后通知信息中心组织技术实现。

第四章 政务信息资源共享与使用

第十三条 部属各单位应依据政务信息资源目录，通过统一的部数据共享交换平台，积极开展对内对外信息资源共享，积极利用国家基础信息库（人口库、法人库等）和其他部门共享信息，开展信息挖掘、分析和利用，提升决策、管理、服务的能力和水平。

第十四条 部属单位因履职需要使用部属其他单位有条件共享或不予共享的信息资源，由信息使用单位向信息主管单位提出共享申请，主管单位应在 5 个工作日内向提出单位反馈处理意见。

以上情况下对于信息资源共享意见不一致的，由双方单位进行协商；协商未果的，按程序报部领导审定。

第十五条 当其他部门对我部有条件共享或不予共享的信息资源提出共享申请，主管该信息资源的部属单位应在 10 个工作日内向提出单位反馈处理意见，并报规划司备案。

部属单位需要使用其他部门有条件共享或不予共享的信息资源，应通过国家数据共享交换平台向有关部门提出共享申请，并报规划司备案。

以上情况下对于信息资源共享意见不一致的，规划司配合部属有关单位与外部单位进行协商，协商未果的，按程序报请促进大数据发展部际联席会议协调解决。

第十六条 部属各单位使用共享政务信息资源应遵循国家有关法律法规、保密规定和部有关规章制度；在使用过程中对共享信息有疑义或发现有明显错误的，应及时反馈信息的提供单位。

第十七条　部属各单位应强化信息资源意识，在业务工作开展过程中不断丰富信息资源内涵，提高信息数据质量，基于信息共享积极推进业务流程再造和优化。

第五章　监督与保障

第十八条　规划司按照国家有关要求督促检查部属各单位政务信息资源共享工作的落实情况，并于每年2月底前将上一年度我部政务信息资源共享情况按程序报送促进大数据发展部际联席会议。

第十九条　通过实施金保工程，建设部政务信息资源库和数据共享交换平台，完善相应的基础设施和应用系统，为信息资源的共享和使用提供信息化支撑。

第二十条　信息中心做好政务信息资源共享相关信息系统的运行维护工作，建立健全网络安全管理制度，做好信息资源共享和使用全过程的网络安全保障工作。

第二十一条　部属各单位应接受中央和国家有关部门组织的政务信息资源共享情况评估，并根据评估意见及时做好整改工作。

第六章　附　则

第二十二条　本办法由规划司负责解释。

第二十三条　本办法自印发之日起执行。

文件编号：国粮办发〔2017〕278 号
发布时间：2017 年 10 月 31 号
发布机关：国家粮食局办公室

国家粮食局政务信息系统
整合共享工作方案

一、工作目标和总体要求

结合加快推进国家粮食管理平台建设，切实破解"信息孤岛、烟囱林立"等突出问题，落实《实施方案》和《工作方案》要求，明确任务分工和时限，加强顶层设计、统筹协调，加快构建互联互通、信息共享、协同互动的大平台、大数据和大系统。按照"先联通、后提高"的原则，2017 年 12 月底前，初步实现整合后的局政务信息系统管理平台统一接入国家数据共享交换平台（电子政务外网）。一是完成局政务信息系统自查、政务信息资源目录编制和数据整合，初步实现部门内部信息共享；二是结合国家粮食管理平台建设，完成已有系统与国家数据共享交换平台的对接，提供可共享的目录资源，初步实现与其他部门信息系统的基本联通，重点数据实现基于全国政务信息共享网站的共享服务。在完成阶段性目标基础上，逐步深化拓展粮食信息资源利用，为粮食收储制度改革、宏观调控和流通监管等重点工作提供数据服务和全面业务应用支撑。在数据整合方面实现"统一数据格式、统一数据目录、统一数据归集、统一数据共享和统一数据交换"，在应用系统整合方面实现"统一标准、统一用户管理、统一身份认证、统一门户集成和统一安全运维"。

二、重要任务及分工与时限

（一）信息系统清理自查

1. 开展政务信息系统自查。组织对各司室、单位政务信息系统建设应用情况进行全面自查，掌握系统底数。明确清理整合政务信息系统清单和接入共享交换平台的信息系统清单，形成自查报告（信息化推进办牵头，各司室、单位具体负责；2017 年 9 月底前完成初步清查）。

2. 消除"僵尸"信息系统。对信息系统使用与实际业务流程长期脱节、功能可被其他系统替代、所占用资源长期处于空闲状态、运行维护停止更新服务以及使用范围小、频度低的"僵尸"信息系统进行清理，停止信息系统服务，回收或报废相关软硬件资源（信息化推进办牵头，相关司室、单位负责；2017 年 9 月底前完成）。

（二）加快部门内政务信息系统整合

3. 加快内部信息系统统筹整合。将现有分散、独立的信息系统整合为一个互联互通、业务协同、信息共享的逻辑上的"大系统"，实现统一的用户管理、接入管理、资源管理、授权管理、流程管理和安全审计，杜绝以司室、单位名义存在的独立信息系统。整合后满足以下条件的，可视为一个"大系统"：（1）局内部所有政务信息系统实现统一身份、统一登陆；（2）局内部不存在功能类似或重复的政务信息系统。按照《国家粮食管理平台优化方案》，已有、在建和新建信息系统将依据其特性，分别部署在电子政务内网、电子政务外网、互联网中，实现有序整合。对 OA 系统、文件交换系统、档案管理系统、全国粮食动态信息系统、国家粮油统计信息系统（一期）等 5 个现有信息系统整合联通到局电子政务内网门户国家粮食管理平台，首先实现局内信息系统的"网络通、数据通、业务通"。在建信息系统应作为国家粮食管理平台中的重要组成部分，尽早实现与局平台的"网络通、数据通、业务通"（信息化推进办牵头并提出整合方案，各司室、单位分别负责各自的信息系统整合工作，组织相应软件开发商配合开展整合技术工作；已有信息系统 10 月底前完成初步整合，在建信息系统同步进行整合）。

4. 开展互联网相关信息系统整合。对国家粮食交易中心网站、中国粮食经济网、国家爱粮节粮网、中国好粮油网站、粮食宣传与服务网站、信息中心门户网站等6个信息系统进行整合链接，统一链接到国家粮食局门户网站，重要的政务信息系统二级模块实现链接，市场化、商业性的不链接（信息化推进办牵头，政策法规司、国家粮油信息中心、交易协调中心、粮食科学研究院、杂志社等相关单位分别负责各自门户网站整合，并组织相应开发商开展整合技术工作；2017年10月底前完成）。

（三）政务信息资源梳理编目

5. 开展粮食政务信息资源目录编制。梳理各司室、单位业务流程，开展粮食数据资源调查，各单位提出政务信息资源清单，摸清数据底数，按照《政务信息资源目录编制指南》（发改高技〔2017〕1272号），编制《国家粮食局政务信息资源目录（2017）》，按照无条件共享、有条件共享和不予共享等三类，明确可共享和需共享的资源目录清单，逐步构建内容全面、标准统一、动态更新、有序开放的粮食政务信息资源目录体系。厘清共享数据的内容、范围和共享使用方式，确保共享数据质量、时效和安全（信息化推进办牵头，各司室、单位负责本单位信息资源目录填报；2017年9月底前提交初步目录，10月底前完成确认）。

（四）接入国家数据共享交换平台

6. 接入国家政务数据共享交换平台。构建并完善共享交换基础设施，推动局电子政务内网整合，加快搭建局电子政务外网平台，实现与国家电子政务外网、内网的联通和融合。推动国家粮食管理平台与全国政务信息共享网站（data. cegn. cn）的对接，逐步实现与国家平台间的"网络通、数据通、业务通"。依据共享目录清单，实现清单内的信息资源通过全国统一的数据共享交换平台体系跨部门、跨层级、跨区域的信息共享。接入数据开放网站（www. data. gov. cn），推进向社会开放。同时，加强对各类基础数据、业务数据、管理数据、成果资料等的有效集成汇聚，加快已有系统数据池搭建，将整合后的粮食数据资源集中到国家粮食管理平台数据中心内。积极推进国家粮食管理平台共享中储粮总公司等央企数据，开展与条件具备的部分省级粮食管理平台互联互通试点（信息化推进办负责，各司室、单位配合；2017 年 12 月底前完成数据共享交换网站接入，2018 年 6 月底前建成国家粮食管理平台一期）。

7. 推动政务数据共享和协同。推动基于共享网站的协同服务，提交基于共享网站提供服务的方案，以及跨部门协同应用的信息需求，并以此推动跨部门的业务协同办理。完善信息资源更新机制，按照业务职能和分级管理事权，明确信息资源更新责任主体（信息化推进办负责，各司室、单位配合；2017 年 10 月底前提出共享需求清单，11 月底前完成协同方案）。

8. 制定信息资源共享办法与标准。梳理《国家政务信息系统和资源整合共享相关文件汇编》。制定《国家粮食局政务信息资源共享管理试行办法》，建立数据资源常态化更新机制。制定《粮食行业信息化标准框架体系》和数据共享交换急需的技术标准规范（信息化推进办负责，各司室、单位配合；2017 年 11 月底前出台《局政务信息资源共享管理办法》，12 月底前制定《粮食行业信息化标准框架体系》等技术标准规范）。

三、保障措施

（一）建立工作机制

我局政务信息系统整合共享工作由局信息化工作领导小组统一领导。信息化推进办公室负责统筹推动落实各项工作，协调对接相关部门，提供技术支撑服务，加强统筹协调，有序推进。规划财务司根据信息化推进办公室等单位提供的资金申请等材料，全力争取有关部门支持。各司室、直属联系单位按分工做好本单位的系统自查、清理和整合共享工作。

（二）落实责任

各司室、单位主要负责人为第一责任人，要指定具体牵头部门、抽调精干人员具体负责，分解任务，细化责任，建立机制，加强对各自任务的推进落实力度，并签订《政务信息系统整合共享工作任务书》。

（三）加强考核评价

信息化推进办会同有关司室，加强对政务信息系统整合共享工作的考核评价，重点对各司室、单位政务信息系统整合数、共享信息数、协同应用数、系统联通率、任务进展情况等，按照有关要求进行考核。

（四）强化监督检查

信息化推进办建立跟踪监测、监督检查工作机制，对于工作完成情况较好的单位予以表扬，对于未按要求完成任务的单位要予以通报并责令整改，对于不符合共建共享要求的已建信息系统按照国务院有关要求，建议不再安排后续改造、运维经费。

（五）做好技术支撑

信息化推进办建立健全政务信息系统统筹整合和政务信息资源共享开放管理制度，并做好政务信息系统整合和政务信息资源共享工作中的技术培训、支撑服务和安全保障等工作。

文件编号：办信息［2017］135 号
发布时间：2017 年 9 月 4 号
发布机关：水利部办公厅

水利部政务信息系统整合共享工作方案

一、工作目标

水利部政务信息系统整合共享工作总目标是：围绕制约"放管服"改革深入推进的"信息孤岛"问题，推进落实《实施方案》和《工作方案》有关要求，明确任务分工和完成时限，加强统筹协调和督查考核，加快推进水利部政务信息系统整合共享工作，构建深度应用、上下联动、纵横协管的协同治理大系统。

按照"先联通、后提高"的原则，2017 年 12 月底前，初步实现水利部整合后的政务信息系统统一接入国家数据共享交换平台。一是完成政务信息系统清理和政务信息资源目录编制，基本实现水利部内部信息资源的共享；二是实现水利部与国家数据共享交换平台的对接，提供可共享的目录资源，初步实现与其他部门信息系统的基本联通；三是为"放管服"改革重点领域提供数据服务，基于国家数据共享交换平台支撑跨部门的业务应用。在完成阶段性 3 个目标基础上，逐步拓展水利政务信息系统共享范围，深化水利信息资源利用，进一步支撑"放管服"改革，提升政府治理能力。

二、重点任务及分工与时限

（一）政务信息系统清理与整合

1. 开展政务信息系统自查。组织对水利部及其直属单位政务信息系统建设应用情况进行全面自查，内容包括但不限于信息系统数量及每个信息系统的名称、功能、使用范围、使用频度、审批部门、经费来源等，形成自查报告，提出清理整合政务信息系统清单、接入国家共享交换平台政务信息系统清单，掌握系统底数。（部网信办牵头，各司局、单位具体负责；2017年8月底前完成）

2. 开展"僵尸"信息系统清理。对信息系统使用与实际业务流程长期脱节、功能可被其他系统替代、所占用资源长期处于空闲状态、运行维护停止更新服务以及使用范围小、频度低的"僵尸"信息系统进行清理，停止信息系统服务，回收或报废相关软硬件资源。（部网信办牵头，各司局、单位具体负责；2017年9月底前完成）

3. 加快部门内政务信息系统整合。除了被清理的信息系统之外，原则上将分散、独立的信息系统进行整合，成为一个互联互通、信息共享、业务协同的"大系统"，杜绝以单个司局、处室名义存在的独立信息系统。并按照协同治理和服务需求，提出需要其他部门提供共享或协同应用的信息需求，以此推动跨部门的业务协同办理。（各级网信办负责，有关司局、单位参与；水利部本级、长江委2017年10月底前完成，黄委、淮委2018年12月底前完成，太湖局2019年12月底前完成，其他单位2020年12月底前完成）

4. 推动政务信息系统接入国家电子政务网络。在水利电子政务网络与国家电子政务网络整合的基础上，逐步推进政务信息系统向国家电子政务网络接入。整合后的政务信息系统按必要程序审核或测评审批后，逐步接入国家数据共享交换平台。（各级网信办负责，有关司局、单位参与；水利部本级2018年6月底前完成）

（二）政务信息资源梳理与共享

5. 开展政务信息资源目录编制。在前期开展水利部数据资源调查的基础上，进行信息资源梳理，提出水利部信息资源清单，摸清数据底数，按照《政务信息资源目录编制指南》（发改高技〔2017〕1272号）编制水利部信息资源目录，并明确可共享的目录清单。（各级网信办负责，有关司局、单位参与；水利部本级、长江委2017年8月底前完成，其他单位2017年10月底前完成）

6. 加快部门内政务信息资源整合。在信息资源梳理、编目以及明确可共享目录清单基础上，按照无条件共享、有条件共享和不予共享等三种情况，采取物理集中和逻辑集中相结合方式构建统一的水利部信息资源体系。（各级网信办负责，有关司局、单位参与；水利部本级、长江委 2017 年 10 月底前完成，黄委、淮委 2018 年 12 月底前完成，太湖局 2019 年 12 月底前完成，其他单位 2020 年 12 月底前完成）

7. 接入国家数据共享交换平台。整合后的信息资源接入国家数据共享交换平台，依据共享目录清单，实现清单内的信息资源通过全国统一的数据共享交换平台体系实现跨部门、跨层级、跨区域的信息共享。配合完成政务信息系统数据资源全国大普查，逐步构建全国统一、动态更新、共享校核、权威发布的政务信息资源目录体系。（部网信办负责，有关司局、单位参与；水利部本级 2017 年 12 月底前完成）

8. 推动政务数据共享和开放。接入全国政务信息共享网站（data. cegn. cn），重点领域实现数据基于共享网站的共享服务。接入数据开放网站（www. data. gov. cn），基于政务信息资源目录，构建公共信息资源开放目录，按照公共数据开放有关要求，推进原始性、可读取、可再利用的数据集向社会开放。（部网信办负责，有关司局、单位参与；水利部本级 2018 年 6 月底前完成）

（三）共享交换基础设施构建与完善

9. 推动水利电子政务网络与国家电子政务网络整合。推动水利电子政务外网、内网与国家电子政务外网、内网进行整合，实现与国家电子政务外网、内网的融合。（部办公厅、网信办负责；2018 年 6 月底前完成）

10. 完善安全管理基础设施。按照国家电子政务内网建设与管理有关要求，升级改造水利电子政务内网数字身份认证系统、电子印章系统，构建信任服务系统，运用电子文件管理规范升级改造有关应用系统，实现与国办的业务协同。（部网信办负责；2018 年 6 月底前完成）

（四）整合共享标准与办法的制定

11. 出台《水利部信息资源共享管理办法》。根据《政务信息资源共享管理暂行办法》，建立水利部业务部门与信息化工作部门之间整合共享与数据更新工作机制，明确各自任务与职责，加强数据资源和业务应用整合力度，建立数据资

源常态化更新机制。(部网信办负责;2017年12月底前完成)

12. 颁布整合共享相关技术标准。开展《水利对象基础信息数据库表结构与标识符》《水利数据传输规约总则》《水利数据交换规约总则》《水利一张图技术规范》等整合共享相关标准的制修订。(部网信办负责;2018年12月底前完成)

三、保障措施

1. 建立工作机制。在部网络安全与信息化领导小组的领导下,各司局、单位各负其责、共同推进政务信息系统整合共享工作。部办公厅、网信办总牵头,部规计司负责落实政务信息系统整合共享建设所需经费,部财务司负责向财政部申请整合后政务信息系统运维经费,各司局、单位按分工做好本司局、单位的系统自查、清理与整合工作。领导小组定期召开工作推进会,协调解决阶段性问题,及时掌握整合共享工作进展情况,并在工作、操作、执行层面加强统筹协调,有序推进。

2. 明确落实责任。各司局、单位主要负责人为第一责任人,要指定具体牵头部门、抽调精干人员具体负责,制定明确的时间表和路线图,分解任务,细化责任,建立机制,加强对各自任务的推进落实力度。请于8月31日前将本次整合共享工作司局、单位负责人、联系人报部网信办。

3. 加强考核评价。部办公厅、网信办要会同有关部门,加强对政务信息系统整合共享工作的考核评价,重点对各司局、单位政务信息系统整合数、共享信息数、协同应用数、系统联通率、任务进展情况等,按照有关要求进行考核。

4. 强化监督检查。部办公厅、网信办要建立跟踪监测、监督检查工作机制,对于工作完成情况较好的单位予以表扬,对于未按要求完成任务的单位要予以通报并责令整改,对于不符合共建共享要求的已建信息系统按照国务院有关要求,不再安排后续改造、运维经费。

5. 做好技术支撑。部网信办要建立健全政务信息系统统筹整合和政务信息资源共享开放管理制度。部水利信息中心要做好政务信息系统整合和政务信息资源共享工作中的技术培训、支撑保障等工作。

下编：地方省市县文件汇编

文件编号：皖政办〔2017〕17 号
发布时间：2017 年 2 月 21 日
发布机关：安徽省人民政府办公厅

安徽省政务信息资源共享管理暂行办法

第一章 总 则

第一条 为加快推动政务信息系统互联和公共数据共享，增强政府公信力，提高行政效率，提升服务水平，充分发挥政务信息资源共享在深化改革、转变职能、创新管理、大数据发展与应用中的重要作用，依据有关法律法规和《国务院关于印发政务信息资源共享管理暂行办法的通知》（国发〔2016〕51 号）等规定，结合本省实际，制定本办法。

第二条 本办法所称政务信息资源，是指政务部门在履行职责过程中制作或获取的，以一定形式记录、保存的文件、资料、图表和数据等各类信息资源，包括政务部门直接或通过第三方依法采集的、依法授权管理的和因履行职责需要依托政务信息系统形成的信息资源等。

本办法所称政务部门，是指本省各级政府部门及法律法规授权具有行政职能的事业单位和社会组织。

第三条 本办法用于规范政务部门间政务信息资源共享工作，包括因履行职责需要使用其他政务部门政务信息资源和为其他政务部门提供政务信息资源的行为。

第四条 省电子政务协调发展领导小组（以下简称领导小组）负责组织、指导、协调和监督政务信息资源共享工作，指导和组织省级各政务部门、各地方政府编制政务信息资源目录；组织编制省级政务信息资源目录，并指导省级数据共享交换平台建设、运行、管理单位开展省级政务信息资源目录的日常维护工作。

领导小组办公室设在省发展改革委，具体承担落实领导小组议定的各项任务和日常协调服务工作。

各政务部门按本办法规定负责本部门与数据共享交换平台（以下简称共享平台）的联通，并按照政务信息资源目录向共享平台提供共享的政务信息资源（以下简称共享信息），从共享平台获取并使用共享信息。

第五条 政务信息资源共享应遵循以下原则：

（一）以共享为原则，不共享为例外。各政务部门形成的政务信息资源原则上应予共享，涉及国家秘密和安全的，按相关法律法规执行。

（二）按需共享，无偿使用。因履行职责需要使用共享信息的部门（以下简称使用部门）提出明确的共享需求和信息使用用途，共享信息的产生和提供部门（以下统称提供部门）应及时响应并无偿提供共享服务。

（三）统一标准，统筹建设。按照国家和我省政务信息资源相关标准进行政务信息资源的采集、存储、交换和共享工作，坚持"一数一源"、多元校核，统筹建设政务信息资源目录体系和共享交换体系。

（四）健全机制，安全可控。领导小组统筹建立政务信息资源共享管理机制和信息共享工作评价机制，各政务部门和共享平台管理单位应加强对共享信息采集、共享、使用全过程的身份鉴别、授权管理和安全保障，确保共享信息安全。

第六条 各政务部门应加强基于信息共享的业务流程再造和优化，利用政务信息大数据资源，推动政务服务、社会治理、商事服务、宏观调控、安全保障、税收共治等领域政府治理水平显著提升，促进交通运输、社会保障、环境保护、医疗健康、教育、文化、旅游、住房城乡建设、食品药品等民生服务普惠化。

第二章　政务信息资源目录

第七条 各政务部门应依据国家《政务信息资源目录编制指南》，明确政务信息资源的分类、责任方、格式、属性、更新时限、共享类型、共享方式、使用要求等内容。

第八条 各政务部门按照国家《政务信息资源目录编制指南》要求编制、维护部门政务信息资源目录,并在有关法律法规作出修订或行政管理职能发生变化后,及时更新本部门政务信息资源目录。各级政府按照国家《政务信息资源目录编制指南》要求编制、维护地方政务信息资源目录,并负责对本级各政务部门政务信息资源目录更新工作的监督考核。

领导小组办公室汇总形成省政务信息资源目录,并建立目录更新机制。省政务信息资源目录是实现全省政务信息资源共享和业务协同的基础,是政务部门间信息资源共享的依据。

第三章 政务信息资源分类与共享要求

第九条 政务信息资源按共享类型分为无条件共享、有条件共享、不予共享等三种类型。

可提供给所有政务部门共享使用的政务信息资源属于无条件共享类。

可提供给相关政务部门共享使用或仅能够部分提供给所有政务部门共享使用的政务信息资源属于有条件共享类。

不宜提供给其他政务部门共享使用的政务信息资源属于不予共享类。

第十条 政务信息资源共享及目录编制应遵循以下要求:

(一)凡列入不予共享类的政务信息资源,必须有法律、行政法规或党中央、国务院和省委、省政府政策依据。

(二)人口信息、法人单位信息、自然资源和空间地理信息、电子证照信息等基础信息资源的基础信息项是政务部门履行职责的共同需要,必须依据整合共建原则,通过在各级共享平台上集中建设或通过接入共享平台实现基础数据统筹管理、及时更新,在部门间实现无条件共享。基础信息资源的业务信息项可按照分散和集中相结合的方式建设,通过各级共享平台予以共享。基础信息资源目录由基础信息资源库的牵头建设部门负责编制并维护。

（三）围绕经济社会发展的同一主题领域，由多部门共建项目形成的主题信息资源，如健康保障、社会保障、食品药品安全、安全生产、价格监管、能源安全、信用体系、城乡建设、社区治理、生态环保、应急维稳、精准扶贫、政务服务等，应通过各级共享平台予以共享。主题信息资源目录由主题信息资源牵头部门负责编制并维护。

第四章　共享信息的提供与使用

第十一条　省发展改革委负责组织推动省级共享平台及全省共享平台体系建设。各地方政府要明确政务信息资源共享主管部门，负责组织本级共享平台建设。省级共享平台是管理全省政务信息资源目录、支撑各政务部门开展政务信息资源共享交换的省级关键信息基础设施，包括共享平台（内网）和共享平台（外网）两部分。

共享平台（内网）应按照涉密信息系统分级保护要求，依托国家电子政务内网建设和管理；共享平台（外网）应按照国家网络安全相关制度和要求，依托国家电子政务外网建设和管理。

各政务部门业务信息系统原则上通过电子政务内网或电子政务外网承载，通过共享平台与其他政务部门共享交换数据。各政务部门应抓紧推动本部门业务信息系统接入省级共享平台。凡新建的需要跨部门共享信息的业务信息系统，必须通过各级共享平台实施信息共享，原有跨部门信息共享交换系统应逐步迁移到共享平台。

第十二条　凡列入政务信息资源目录的信息，各政务部门必须以电子化形式，按照统一规定和标准，向本级电子政务数据中心提供数据访问接口，必要时应按照省级电子政务数据中心的建设要求，提供相关开发文档。为方便信息共享，各政务部门可根据实际情况将共享信息资源库托管在本级电子政务数据中心。

第十三条　使用部门应根据履行职责需要使用共享信息。属于无条件共享类的信息资源，使用部门在共享平台上直接获取；属于有条件共享类的信息资源，使用部门通过共享平台向提供部门提出申请，提供部门应在 10 个工作日内予以答复，使用部门按答复意见使用共享信息，对不予共享的，提供部门应说明理由；属于不予共享类的信息资源，以及有条件共享类中提供部门不予共享的信息资源，使用部门因履行职责确需使用的，由使用部门与提供部门协商解决，协商未果的由领导小组协调解决。

提供部门在向使用部门提供共享信息时，应明确信息的共享范围和使用用途（如，作为行政依据、工作参考，用于数据校核、业务协同等），原则上通过共享平台提供，鼓励采用系统对接、前置机共享、联机查询、部门批量下载等方式。

各政务部门应充分利用共享信息。凡属于共享平台可以获取的信息，各政务部门原则上不得要求自然人、法人或其他组织重复提交。

第十四条 按照"谁主管，谁提供，谁负责"的原则，提供部门应及时维护和更新信息，保障数据的完整性、准确性、时效性和可用性，确保所提供的共享信息与本部门所掌握信息的一致性。

第十五条 按照"谁经手，谁使用，谁管理，谁负责"的原则，使用部门应根据履行职责需要依法依规使用共享信息，并加强共享信息使用全过程管理。

使用部门对从共享平台获取的信息，只能按照明确的使用用途用于本部门履行职责需要，不得直接或以改变数据形式等方式提供给第三方，未经提供部门同意，不得向社会公开发布，也不得用于或变相用于其他目的。

第十六条 建立疑义、错误信息快速校核机制，使用部门对获取的共享信息有疑义或发现有明显错误的，应及时反馈提供部门予以校核。校核期间，办理业务涉及自然人、法人或其他组织的，如已提供合法有效证明材料，受理单位应照常办理，不得拒绝、推诿或要求办事人办理信息更正手续。

第五章　信息共享工作的监督和保障

第十七条 领导小组办公室负责政务信息资源共享的统筹协调，建立信息共享工作评价机制，督促检查政务信息资源共享工作落实情况。

第十八条 政务信息资源共享工作列入省政府目标管理绩效考核和省直机关效能建设考核。省发展改革委组织编制信息共享工作评价办法，每年组织对各政务部门提供和使用共享信息情况进行评估，并公布评估报告和改进意见。

第十九条 省级各政务部门、各市人民政府应于每年1月底前向领导小组报告上一年度政务信息资源共享情况。

第二十条 省质监局会同省发展改革委，在已有政务信息资源相关标准基础上，加强政务信息资源的目录分类、采集、共享交换、平台对接、网络安全保障等方面国家标准的跟踪，制定政务信息资源共享地方标准，形成完善的政务信息资源共享标准体系。

第二十一条 省网信办负责组织建立政务信息资源共享网络安全管理制度，指导督促政务信息资源采集、共享、使用全过程的网络安全保障工作，指导推进政务信息资源共享风险评估和安全审查。

省发展改革委要加强省级共享平台安全防护，切实保障政务信息资源共享交换时的数据安全；提供部门和使用部门要加强政务信息资源采集、共享、使用时的安全保障工作，落实本部门对接系统的网络安全防护措施。

共享信息涉及国家秘密的，提供部门和使用部门应当遵守有关保密法律法规的规定，在信息共享工作中分别承担相关保障责任。

第二十二条 由省发展改革委牵头，省经济和信息化委、省财政厅、省网信办等部门参加，建立省政务信息化项目投资建设和运维协商机制，凡不符合政务信息资源共享要求的，不予审批建设项目，不予安排运维经费。

第二十三条 审计机关、稽查机构应依法履行职责，在国家和省大数据政策的贯彻落实、政务信息资源共享中发挥监督作用，保障专项资金使用的真实性、合法性和效益性，推动完善相关政策制度。

第二十四条 各政务部门主要负责人是本部门政务信息资源共享工作的第一责任人。各政务部门应建立健全政务信息资源共享工作方案和管理制度，明确目标和任务、责任和实施机构。

第二十五条 省政府各部门、各市人民政府有下列情形之一的，由领导小组办公室通知整改；未在规定时限内完成整改的，及时将有关情况报省政府：

（一）未按要求编制或更新政务信息资源目录；

（二）未向共享平台及时提供共享信息；

（三）无故不受理政府信息资源共享申请的；

（四）向共享平台提供的数据和本部门所掌握信息不一致，未及时更新数据或提供的数据不符合有关规范、无法使用；

（五）将共享信息用于履行本单位职责需要以外的目的；

（六）对责令整改的问题拒不整改的；

（七）违反本办法规定的其他行为。

第六章　附　则

第二十六条　本办法由省发展改革委负责解释。

第二十七条　本办法自印发之日起施行。

文件编号：京信息办发〔2008〕13号
发布时间：2008年6月23日
发布机关：北京市信息化工作办公室

北京市政务信息资源共享交换
平台管理办法（试行）

第一章 总 则

第一条 为促进本市政务信息资源共享，规范北京市政务信息资源共享交换平台（以下简称市共享交换平台）的建设和管理工作，根据《北京市信息化促进条例》和《关于印发〈国家电子政务总体框架〉的通知》及相关政策的有关精神，结合本市的实际情况，制定本办法。

第二条 市共享交换平台是管理全市政务信息资源目录、支撑全市各政务部门开展政务信息资源共享交换的核心基础设施，具有目录管理与服务、基础信息资源共享服务、交换管理与服务、认证授权服务、共享监管服务等功能。

市共享交换平台由一个目录中心、多个目录节点和一个交换中心、多个交换节点构成。目录中心是市共享交换平台的目录管理中枢，具有管理目录节点，实现政务信息资源目录的管理与服务等功能。目录节点具有政务信息资源目录的登记、更新、发布和检索等基本功能。交换中心是市共享交换平台的交换管理中枢，具有管理交换节点和交换流程，实现政务信息资源的交换及监控管理等功能。交换节点具有政务信息资源的适配、转换和传输等功能。

第三条 市共享交换平台目录节点、交换节点的建设及其与目录中心、交换中心的对接与管理活动，以及区、县政务信息资源共享交换平台（以下简称区、县共享交换平台）与市共享交换平台的对接与管理活动，适用于本办法。

第四条　市和区、县共享交换平台的建设和管理应当遵循应用导向、逻辑集中、物理分散、安全可靠的原则。

第五条　市信息化主管部门负责市共享交换平台的统筹规划、组织建设和监督管理工作。

市信息资源管理中心负责市共享交换平台目录中心和交换中心的建设、对接与运维管理工作，以及市级国家机关交换节点软件的管理工作。

市级国家机关负责本部门目录节点和交换节点的建设、对接与运维管理工作。

各区、县信息化主管部门负责本区、县共享交换平台的统筹规划、组织建设、监督管理、运行维护及与市共享交换平台的对接工作。

第二章　平台管理要求

第六条　市级国家机关应当按照《政务信息资源共享交换平台技术规范》建设目录节点。目录节点应当与市目录中心实现对接。

第七条　市级国家机关应当按照《政务信息资源共享交换平台技术规范》建设交换节点。交换节点应当通过统一的交换节点软件与市交换中心实现对接。

第八条　各区、县共享交换平台建设的规划、设计和实施应当遵循《政务信息资源共享交换平台技术规范》，并与市共享交换平台实现对接。

第九条　市级国家机关和各区、县信息化主管部门应当按照《北京市政务信息资源共享交换平台对接工作流程》（见附件一）的相关要求开展对接工作。根据对接需要填写正式书面申报材料报市信息化主管部门，市信息化主管部门应当在10个工作日内答复。

第十条　市级国家机关应当在市共享交换平台登记其目录节点的在线链接地址信息，并按照《北京市政务信息资源目录建设管理办法（试行）》相关要求在市共享交换平台上登记、更新目录数据。

各区、县信息化主管部门应当在市共享交换平台登记本区、县共享交换平台目录中心的在线链接地址信息，并参照《北京市政务信息资源目录建设管理办法（试行）》相关要求在市共享交换平台上登记、更新目录数据。

第十一条　人口、法人、自然资源和地理空间等基础信息资源库的建设部门应当通过市共享交换平台为各级国家机关提供基础信息资源共享服务。

第十二条　市级国家机关间的政务信息资源共享交换应通过市共享交换平台进行。跨层级的政务信息资源共享交换应通过市和区、县两级共享交换平台进行。

市级国家机关应当负责本部门对外共享政务信息资源在交换节点的部署、管理、更新和安全保障等工作。各区、县信息化主管部门应当负责本区、县对外共享政务信息资源的部署、管理、更新和安全保障等工作。

市共享交换平台对政务信息资源共享交换实现情况进行记录，记录数据保留时间为两年。

第十三条　市级国家机关应当通过市共享交换平台的授权服务或本部门业务应用系统的授权功能，实施本部门对外共享政务信息资源的授权管理。

第十四条　通过市共享交换平台开展政务信息资源共享交换的需求方（以下简称需求方）和提供方（以下简称提供方）应当达成政务信息资源共享协议。

提供方应当按照政务信息资源共享协议确定的共享内容、更新频率等，通过市共享交换平台及时对外共享政务信息资源。

需求方应当按照政务信息资源共享协议的限定范围，使用通过市共享交换平台获取的政务信息资源，未经提供方允许不得共享给其他部门和个人。

第十五条　市共享交换平台实行信息安全等级保护制度，市共享交换平台目录中心和交换中心安全保护等级为第三级。

市级国家机关应当按照国家和本市信息安全等级保护相关规定进行目录节点和交换节点的安全定级，并根据要求配备相应的安全保障措施。

各区、县信息化主管部门应当按照国家和本市信息安全等级保护相关规定进行区、县共享交换平台的安全定级，并根据要求配备相应的安全保障措施。

第十六条　市共享交换平台的运行维护经费纳入市级财政相关部门预算，区、县共享交换平台的运行维护经费纳入区、县财政预算。

第十七条　市级国家机关目录节点和交换节点的建设与管理工作，以及各部门目录登记与更新情况、政务信息资源共享交换情况等依法纳入各部门的电子政务绩效考核。

各区、县共享交换平台建设与管理工作以及各区、县目录登记与更新情况、政务信息资源共享交换情况等依法纳入各区、县的电子政务绩效考核。

第三章　平台运行维护要求

第十八条　市信息资源管理中心应当确定专人负责目录中心、交换中心的日常运行工作，确保目录中心、交换中心正常运行。发生人员变更时，应当提前5个工作日通知市级国家机关和各区、县信息化主管部门。

市信息资源管理中心如需开展网络改造、服务器升级等工作，可能影响目录中心、交换中心正常运行时，应当提前5个工作日通知市级国家机关和各区、县信息化主管部门。

第十九条　市级国家机关应当确定专人负责目录节点、交换节点的日常运行工作，确保目录节点、交换节点正常运行。发生人员变更时，应当提前5个工作日通知市信息资源管理中心。

市级国家机关如需开展网络改造、服务器升级等工作，可能影响目录节点、交换节点正常运行时，应当提前5个工作日通知市信息资源管理中心。

第二十条　各区、县信息化主管部门应当确定专人负责区、县共享交换平台的日常运行工作，确保区、县共享交换平台正常运行。发生人员变更时，应当提前5个工作日通知市信息资源管理中心。

各区、县信息化主管部门如需开展网络改造、服务器升级等工作，可能影响区、县共享交换平台正常运行时，应当提前5个工作日通知市信息资源管理中心。

第四章　附　则

第二十一条　市级国家机关可结合本部门实际，参照本办法制定本部门目录节点和交换节点管理办法。

各区、县信息化主管部门可结合本区、县实际，参照本办法制定本区、县共享交换平台管理办法。

第二十二条　承担行政管理职能的市级事业单位目录节点和交换节点的建设及其与市共享交换平台目录中心、交换中心的对接管理活动，参照本办法执行。

第二十三条　本办法自 2008 年 8 月 1 日起实施。

文件编号：渝府办发〔2017〕154号
发布时间：2017年11月02日
发布机关：重庆市人民政府办公厅

重庆市政务信息系统整合共享工作方案

一、总体要求

（一）指导思想

全面贯彻党的十八大和十八届三中、四中、五中、六中全会精神，深入贯彻习近平总书记系列重要讲话精神和党中央治国理政新理念新思想新战略，全面落实习近平总书记视察重庆重要讲话精神，切实增强"四个意识"，紧紧围绕统筹推进"五位一体"总体布局和协调推进"四个全面"战略布局，坚持以人民为中心的发展思想，贯彻落实新发展理念，以满足政府治理和公共服务的改革需要，最大程度利企便民，让企业和群众少跑腿、好办事、不添堵为目标，加快推进政务信息系统整合共享，按照"内外联动、点面结合、上下协同"的工作思路，既着眼长远，抓好顶层设计，统筹谋划，锐意改革，又立足当前，聚焦现实问题，重点突破，尽快见效。

（二）基本原则

按照"五个统一"的总体原则，坚持"先联通、后提高"，有效推进政务信息系统整合共享，切实避免各自为政、自成体系、重复投资、重复建设。

1. 统一工程规划。围绕落实全市社会公共信息资源整合与应用重点改革要求和《重庆市"十三五"信息化规划》，推进集约化建设，依托社会公共信息资源共享交换体系，形成覆盖全市、统筹利用、统一接入的数据共享大平台。建立信息化项目清单，形成物理分散、逻辑集中、资源共享、政企互联的政务信息资源大数据体系，构建深度应用、上下联动、纵横协管的协同治理大系统。

2. 统一标准规范。注重数据和通用业务标准的统一，对标国家有关标准和技术规范，开展全市政务信息化总体标准制定与应用，促进跨地区、跨部门、跨层级数据互认共享。建立动态更新的政务信息资源目录体系，确保政务信息有序开放、共享、使用。

3. 统一备案管理。实施政务信息系统建设和运维备案制，推动政务信息化建设和运维经费审批在同级政府政务信息共享主管部门的全口径备案。

4. 统一审计监督。开展常态化的政务信息系统和政务信息共享审计，加强对政务信息系统整合共享成效的监督检查。

5. 统一评价体系。依照国家政务信息共享评价指标体系，建立政务信息共享评价与行政问责、部门职能、建设经费、运维经费约束联动的管理机制。

（三）工作目标

在前期全市政务信息系统和业务专网普查的基础上，2017年12月底前，整合一批、清理一批、规范一批，完成市政府部门内部政务信息系统整合清理工作，初步建立全市政务信息资源目录体系，政务信息系统整合共享在一些重要领域取得显著成效，一些涉及面宽、应用广泛、有关联需求的重要政务信息系统实现互联互通；实现市政府各部门整合后的政务信息系统开放接口，实时接入市级社会公共信息资源共享交换平台（以下简称市共享交换平台），并与国家数据共享交换平台互联互通。各区县（自治县，以下简称区县）根据全市统一工作安排，结合实际统筹推进本地区政务信息系统整合共享工作。2018年6月底前，实现市共享交换平台与区县共享交换平台互联互通。完善项目建设运维统一备案制度，加强信息共享审计、监督和评价，推动政务信息化建设模式优化，政务数据共享和开放在重点领域取得突破性进展。

纳入整合共享范畴的政务信息系统包括市政府各部门及有关单位所有由政府投资建设、政府与社会企业联合建设、政府向社会购买服务或需要政府资金运行维护的，用于支撑政府业务应用的各类信息系统。

二、加快推进全市政务信息系统整合共享的"十件大事"

（一）"审""清"结合，加快消除"僵尸"信息系统。市政府各部门负责对本部门和下属单位政务信息系统建设应用情况进行全面自查（包括信息系统数量、名称、功能、使用频度、审批部门、审批时间、经费来源等），并梳理形成本部门清理整合的信息系统清单和接入市共享交换平台的信息系统清单（市发展改革委牵头，市编办、市网信办、市财政局、市审计局、市政府电子政务办配合）。2017年11月15日前，完成对市政府所有部门政务信息系统专项审计，全面摸清各部门政务信息系统底数，并及时通报审计结果（市审计局牵头，市政府有关部门配合）；基本完成对信息系统使用与实际业务流程长期脱节、功能可被其他系统替代、所占用资源长期处于空闲状态、运行维护停止更新服务，以及使用范围小、频度低的"僵尸"信息系统的清理工作（市政府有关部门负责）。

（二）推进整合，加快部门内部信息系统整合共享。推动分散隔离的政务信息系统加快整合，整合后按要求分类接入市共享交换平台。2017年11月底前，市政府各部门将分散、独立的信息系统整合为一个互联互通、业务协同、信息共享的"大系统"，形成部门内部统一、数据字典明了、数据定义清晰的数据资源目录，可共享的数据资源统一向市共享交换平台汇集（市政府有关部门负责）。

（三）设施共建，提升统一电子政务网络支撑能力。加快推进全市电子政务内网政府结点和电子政务外网建设，完善安全保障措施，逐步满足业务量大、实时性高的网络应用需求。2017年10月底前，发布市电子政务外网建设规范（市政府电子政务办负责）。2017年12月底前，开展全市各类非涉密业务专网整合工作，市政府各部门确定电子政务外网互联互通和业务迁移工作方案，有条件的部门可率先启动网络整合工作。2018年6月底前，原则上各区县、市政府各部门各类非涉密业务专网都要向市电子政务内网或外网整合（市政府办公厅牵头，各区县、市政府各部门负责）。

（四）促进共享，推进接入统一共享交换平台。进一步完善市共享交换平台功能，开展政务信息共享试点示范，构建多级互联的数据共享交换体系，促进重点领域信息向全市各级政府部门共享（市发展改革委、市规划局牵头，市政府各部门负责）。2017年12月底前，率先实现自然人、法人、地理空间、投资项目、社会治安综合治理等基础数据库跨部门共享应用和市级部门行政审批事项协同办理。按照协同办理和服务需求，逐步扩大信息共享内容和应用范围，完善相关数据标准，推动自由贸易试验区、信用体系、应急管理、社会治理等一批跨部门业务协同应用服务，方便企业和群众办事（市发展改革委、市公安局、市工商局、市规划局、市综治办、市商务委、市民政局、市政府应急办、市自贸办等负责）。2018 年 6 月底前，各区县要对照市级工作部署，搭建区县共享交换平台，梳理汇聚区县部门共享数据资源，并通过市电子政务外网统一接入市共享交换平台，构建起全市统一的电子政务网络体系和数据交换体系（市政府办公厅会同市发展改革委牵头组织，各区县政府负责）。

（五）推动开放，促进社会公共信息资源开发利用。依托市共享交换平台，建设统一规范、互联互通、安全可控的公共信息资源开放平台和数据开放网站，并与市政府门户网站关联对接，实现全市公共信息资源统一开放。基于政务信息资源目录，构建社会公共信息资源开放目录，按照公共数据开放有关要求，推动政府部门和公共企事业单位的原始性、可机器读取、可供社会化再利用的数据集合向社会开放，鼓励和引导社会化开发利用。结合市政府门户网站建设，开发形成全市统一的政务服务应用程序（App），全面汇聚政务部门信息公开事项，提升政务便利化水平（市网信办、市政府办公厅、市发展改革委、市经济信息委按职责分工负责）。

（六）强化协同，推进全市政务信息共享网站建设。依托市电子政务外网，建设全市社会公共信息资源共享网站，发布政务信息资源目录和应用示范成果，支撑政府部门间跨地区、跨层级的信息共享与业务协同应用。按照"以试点促建设、以普查促普及、以应用促发展"的工作思路，加强共享网站推广（市发展改革委、市规划局负责）。2017 年 12 月底前，实现信用体系、固定资产投资、自然人（基础数据以及社保、民政、教育等业务数据）、法人（基础数据及业务数据）、能源（电力、煤炭、油气等）、空间地理、交通、旅游等重点领域数据基于全市政务信息共享网站的共享服务（市发展改革委牵头组织，有关部门按职责分工负责）。

（七）构建目录，开展政务信息资源目录编制。按照国家《政务信息资源目录编制指南》要求，强化各区县、市政府各部门政务信息资源需求分析和目录调研、梳理，加快建立政务信息资源目录体系。组织完成面向各区县、市政府各部门的政务信息资源目录体系建设和信息共享专题培训工作。逐步构建全市统一、动态更新、共享校核、权威发布的政务信息资源目录体系。2017 年 10 月底前，实现市政府各部门政务信息资源目录依托全市社会公共信息资源共享网站进行集中展示、发布（市发展改革委、市规划局牵头，各区县政府、市政府各部门配合）。

（八）完善标准，加快构建政务信息共享标准体系。建立健全政务信息资源数据采集、数据质量、目录分类与管理、共享交换接口、共享交换服务、多级共享平台对接、平台运行管理、网络安全保障等方面的标准，推动标准试点应用工作（市质监局、市经济信息委牵头，市发展改革委、市规划局配合）。按照"基础先行、急用先上"的原则，对接国家自然人、法人、电子证照等国家标准制定工作，积极参与相关标准草案试验验证工作（市公安局、市工商局、市政府电子政务办按职责分工负责）。

（九）一体化服务，规范网上政务服务平台体系建设。统筹推进统一、规范、多级联动的"互联网+政务服务"技术和服务体系建设。加快推动全市网上政务服务体系建设，着力解决跨区县、跨部门、跨层级政务服务信息难以共享、业务难以协同、基础支撑不足等突出问题。2017 年 12 月底前建成全市一体化网上政务服务平台和网上办事大厅，主动做好与中央政府门户网站的对接，与国家政务服务平台实现数据共享和资源接入（市政府办公厅牵头）。

（十）上下联动，开展"互联网+政务服务"试点。围绕"互联网+政务服务"的主要内容和关键环节，组织开展培训交流和试点示范。按照《"互联网+政务服务"技术体系建设指南》和"一号一窗一网"建设要求，探索各类政务服务事项网上办理模式，加快推进服务事项上线运行。2017 年 12 月底前，试点事项初步实现跨区县、跨部门、跨层级线上线下一体化办理（市政府办公厅牵头，有关试点区县政府、市政府有关部门负责）。

三、加大机制体制保障和监督落实力度

（一）加强组织领导

市发展改革委牵头调整优化全市社会公共信息资源整合与应用联席会议（以

下简称联席会议）工作机制，会同市网信办、市政府电子政务办、市经济信息委、市财政局等部门共同设立组织推进组、技术支撑组、专家咨询组，加大组织协调力度，统筹推进政务部门信息系统整合共享各项工作。各区县政府、市政府各部门要建立健全政务信息系统统筹整合和政务信息资源共享开放管理制度，加强统筹协调，明确目标、责任、牵头单位和实施机构。强化各区县政府、市政府各部门主要负责人对政务信息系统统筹整合和政务信息资源共享工作的责任，原则上各区县政府、市政府各部门主要负责人为第一责任人。对责任不落实、违反国务院《政务信息资源共享管理暂行办法》规定的区县和部门，予以通报并责令整改（各区县政府、市政府各部门负责，市政府办公厅会同市发展改革委督查落实）。

（二）加快推进落实

各区县政府、市政府各部门要按照国务院《政务信息资源共享管理暂行办法》有关要求，把信息共享有关工作列入重要日程，按照本方案要求统筹推动本区县、本部门政务信息系统整合共享工作，抓紧制定推进落实的时间表、路线图，加强台账和清单式管理，精心组织实施，每年6月底和12月底向联席会议分别报送半年和全年政务信息资源共享情况（包括政务信息系统整合数、共享数据数、协同应用数、系统联通率"三数一率"以及重点任务进展、应用实效等），切实保障工作进度（各区县政府、市政府各部门负责）。

（三）强化评价考核

充分发挥全市电子政务工作统筹协调机制作用，建立政务信息共享工作评价常态化机制，督促检查政务服务平台体系建设、政务信息系统统筹整合和政务信息资源共享工作落实情况。2017年12月底前，组织制定政务信息共享工作评价办法，每年对各部门提供和使用共享信息情况进行评估，并公布评估报告和改进意见（市发展改革委牵头，市政府办公厅、市编办、市财政局、市经济信息委等负责）。

（四）加强审计监督

审计机关要依法履行职责，加强对政务信息系统的审计，保障专项资金使用的真实性、合法性和效益性，推动完善相关政策制度，审计结果及时报市政府。探索政务信息系统审计的方式方法，形成具体工作方案（市审计局牵头）。

（五）优化建设模式

建立部门间信息化项目对接协调和运营管理机制，推动部门间信息互联互通，切实降低运营成本（市发展改革委牵头，市财政局、市经济信息委、市审计局配合）。2017年12月底前，制定《重庆市电子政务工程建设项目管理办法》，进一步简化审批流程，完善社会投资参与的相关规定（市发展改革委牵头）。适时研究制定我市电子政务服务采购管理办法，完善政府购买信息系统、数据中心、数据资源等信息化服务的相关政策（市财政局牵头）。2017年12月底前，印发实施《重庆市"十三五"政务信息化工程建设规划》，同步推进相关宣传贯彻实施工作（市发展改革委牵头）。

（六）强化备案和审批联动

有关部门申请政务信息化项目建设和运维经费时，应及时向同级政府政务信息共享主管部门全口径备案。加强项目立项建设和运行维护信息采集，掌握项目名称、建设单位、投资额度、运维费用、经费渠道、数据资源、应用系统、等级保护和分级保护备案情况等内容，在摸清底数的前提下，加大管理力度。对不符合共建共享要求的项目，各级发展改革部门不予审批，各级财政部门不拨付运维经费。加大对全市统一电子政务网络、共享交换平台、电子政务云平台等公共性基础性平台的运维经费保障力度，逐步减少直至取消信息孤岛系统和电子政务网络可替代的专网运维经费（市政府办公厅、市发展改革委、市财政局、市经济信息委、市审计局等负责）。

（七）加强安全保障

强化政务信息资源共享网络信息安全管理，推进政务信息资源共享风险评估，推动制定完善个人隐私信息保护的法律法规，切实按照相关法律法规要求，保障政务信息资源使用过程中的个人隐私（市网信办牵头）。加强政务信息资源采集、共享、使用的安全保障工作，对整合后的政务信息系统和数据资源应进行信息安全测评，凡涉及国家秘密的，应当遵守有关保密法律法规的规定（各区县政府、市政府各部门负责）。

文件编号：省政府令第 178 号
发布时间：2016 年 10 月 9 日
发布机关：福建省人民政府

福建省政务数据管理办法

第一章　总　则

第一条　为了加强政务数据管理，推进政务数据汇聚共享和开放开发，加快"数字福建"建设，增强政府公信力和透明度，提高行政效率，提升服务水平，根据有关法律、法规，结合本省实际，制定本办法。

第二条　在本省行政区域内从事政务数据采集处理、登记汇聚、共享服务、开放开发及其相关管理活动，适用本办法。涉及国家秘密的政务数据管理，按照国家和本省有关规定执行。

本办法所称政务数据是指国家机关、事业单位、社会团体或者其他依法经授权、受委托的具有公共管理职能的组织和公共服务企业（以下统称数据生产应用单位）在履行职责过程中采集和获取的或者通过特许经营、购买服务等方式开展信息化建设和应用所产生的数据。

第三条　政务数据资源属于国家所有，纳入国有资产管理，并遵循统筹管理、充分利用、鼓励开发、安全可控的原则。

第四条　县级以上人民政府应当加强对政务数据管理工作的领导，建立协调机制，协调解决政务数据管理和开发利用中的重大问题，所需经费列入同级财政预算。

第五条　省、设区市人民政府承担政务数据管理工作的机构（以下简称数据管理机构）负责本行政区域政务数据的统筹管理、开发利用和指导监督等工作。县（市、区）人民政府电子政务管理部门负责本行政区域政务数据管理工作。

县级以上人民政府其他有关部门按照各自职责做好政务数据管理的相关工作。

第六条 数据生产应用单位应当依照职责依法采集处理政务数据，做好政务数据登记汇聚、更新维护，开展共享应用和公共服务，配合数据管理机构做好开放开发工作。

第七条 技术服务单位可以根据授权或者委托承担政务数据登记汇聚、共享应用、公共服务、开放开发的技术支撑，以及有关平台建设运行、安全保障和日常管理等工作。

第八条 数据管理机构应当对数据生产应用单位政务数据采集、登记、汇聚、共享、服务等执行情况进行监督检查，加强对技术服务单位服务监督评价，评估检查政务数据开放开发情况，及时纠正相关违法违规行为。

第九条 政务信息化项目审批部门和财政部门应当将数据生产应用单位政务数据采集、登记、汇聚、共享、服务等执行情况作为项目验收或者资金安排的重要依据。

凡不符合政务数据共享要求的，不予审批建设项目，不予安排运行维护经费。

第十条 鼓励公民、法人或者其他组织参与政务数据的开发利用，充分发挥政务数据效益。

对在政务数据管理工作中作出突出贡献的单位和个人，县级以上人民政府予以表彰奖励。

第二章 采集处理

第十一条 政务数据采集实行目录管理。数据管理机构应当做好数据顶层设计，遵循"一数一源"原则，会同数据生产应用单位编制政务数据采集目录，并根据机构职能或者特殊业务需要做好目录更新。

设区市、县（市、区）政务数据采集目录应当与省政务数据采集目录相衔接。

第十二条 数据生产应用单位应当按照政务数据采集目录和相关标准规范，组织开展数据采集工作，不得采集目录范围外的数据。

数据生产应用单位因特殊业务或者紧急需要，可以临时采集目录范围外数据。

第十三条 除法律、法规另有规定外，能通过共享获取的政务数据，数据生产应用单位不再重复采集。

公民、法人或者其他组织在前一个业务环节已经提交的政务数据，数据生产应用单位在下一个业务环节不再要求提交。

第十四条 数据生产应用单位应当积极推行政务数据一个窗口受理、共享获得、联机验证的采集机制，避免重复采集，保障数据准确。

第十五条 数据管理机构应当会同数据生产应用单位建立政务数据质量管控机制，实施数据质量全程监控、定期检查。

第十六条 数据生产应用单位应当在其职责范围内负责保障政务数据质量和数据更新维护，开展数据比对、核查、纠错，确保数据的准确性、时效性、完整性和可用性。

第三章　登记汇聚

第十七条 政务数据登记汇聚应当遵循应登尽登、应汇尽汇、完整准确的原则。

第十八条 数据生产应用单位应当按照技术标准和管理规范，在政务信息资源目录服务系统登记数据。

第十九条 政务数据汇聚共享平台是政务数据汇聚和共享应用的载体，由省、设区市数据管理机构按照统一标准在省和设区市两级建设部署、分布运行，实现互联互通。县（市、区）、数据生产应用单位或者其他组织不得建设独立的政务数据汇聚共享平台。原有跨部门信息共享交换系统应当迁移到统一的政务数据汇聚共享平台。

第二十条 省、设区市数据生产应用单位可以依照业务需要和数据汇聚规则，依托统一的政务数据汇聚共享平台开展行业数据汇聚，构建行业数据资源子平台。

第二十一条 数据生产应用单位应当将本部门业务信息系统接入本地区政务数据汇聚共享平台，并按照采集目录、登记信息以及标准规范，在规定期限内向政务数据汇聚共享平台汇聚数据。

第二十二条 数据生产应用单位应当在新建信息化项目竣工验收前登记汇聚项目相关数据。

对未实施汇聚的新建项目，政务信息化项目审批部门不得予以验收，财政部门不得安排资金。

第四章 共享服务

第二十三条 政务数据共享应用和公共服务应当遵循分级分类、依职共享、创新应用、精细服务的原则。

第二十四条 政务数据按照共享类型分为无条件共享、有条件共享和暂不共享等三种类型。

可以提供给所有数据生产应用单位共享使用的政务数据属于无条件共享类。

仅可以提供给相关数据生产应用单位共享使用或者仅部分内容能提供给相关数据生产应用单位共享使用的政务数据属于有条件共享类。

尚不具备条件提供给其他数据生产应用单位共享使用的政务数据属于暂不共享类。

凡列入暂不共享类的，应当有法律、行政法规或者国家有关政策作为依据，有关数据生产应用单位应当积极创造条件扩大其共享范围。

第二十五条 数据生产应用单位应当根据履职需要使用共享数据。属于无条件共享类的，可以直接从政务数据汇聚共享平台获取；属于有条件共享类的，应当向数据管理机构提出申请。数据管理机构应当按照规定程序对申请予以审定，并将有条件共享情况告知相关数据生产应用单位。

第二十六条 数据生产应用单位应当在行政审批、市场监管、城乡治理中采用比对验证、检索查询、接口访问、数据交换等方式，实时共享政务数据。

第二十七条 数据管理机构应当会同数据生产应用单位制定政务数据共享应用和公共服务标准，实行主动推送，推广精细服务，并开展评价。

第二十八条 数据生产应用单位应当支持利用大数据开展监督，发挥信息公示、预警、引导作用，提高社会运行的预见性和精细化。

第五章 开放开发

第二十九条 省、设区市数据管理机构应当会同数据生产应用单位编制、公布政务数据开放目录，并及时更新。

除法律、法规另有规定外，涉及商业秘密、个人隐私的政务数据应当进行脱密脱敏处理后开放。

第三十条 省、设区市数据管理机构应当依照政务数据开放目录，依托统一的政务数据开放平台，向社会开放政务数据。

第三十一条 省政务数据开放平台是全省政务数据开放的统一平台，由省数据管理机构组织建设。

经省数据管理机构批准，有条件的设区市可以建设政务数据开放子平台，子平台应当通过省数据管理机构组织的连通性和安全性等测试。

县（市、区）、数据生产应用单位或者其他组织、个人不得建设政务数据开放平台。

第三十二条 政务数据按照开放类型分为普遍开放类和授权开放类。

属于普遍开放类的，公民、法人或者其他组织可以直接从政务数据开放平台获取；属于授权开放类的，内资控股法人企业、高校或者科研院所可以向省或者设区市数据管理机构申请。

第三十三条 省、设区市数据管理机构应当按照规定程序，对符合条件的申请对象予以授权，并将授权情况告知相关数据生产应用单位。涉及将授权开放的数据进行商业开发的，应当通过公开招标等竞争性方式确定授权开发对象。

高校或者科研院所获得的数据只能用于科研教育等公益性活动。

第三十四条　省、设区市数据管理机构可以授权有关企业以数据资产形式吸收社会资本合作进行数据开发利用；授权企业应当通过公开招标等竞争性方式确定合作开发对象。

第三十五条　授权开发对象或者合作开发对象应当按照法律、法规和协议，进行数据开发利用，保障数据安全，定期向授权数据管理机构报告开发利用情况，其依法获得的开发收益权益受法律保护。

开发的数据产品应当注明所利用政务数据的来源和获取日期。

第三十六条　组织开放开发的数据管理机构应当根据数据开发利用价值贡献度，合理分配开发收入。属于政府取得的授权收入应当作为国有资产经营收益，按照规定缴入同级财政金库。

第六章　安全保障

第三十七条　信息网络安全监管部门应当会同数据管理机构、数据生产应用单位、技术服务单位建立政务数据安全保障体系，实施分级分类管理，建立安全应用规则，防止越权使用数据，定期进行安全评估，建立安全报告和应急处置机制。

第三十八条　数据生产应用单位应当加强政务数据采集处理、共享应用和公共服务的安全保障工作。

第三十九条　技术服务单位应当加强平台安全防护，建立应急处置、备份恢复机制，保障数据、平台安全、可靠运行。

技术服务单位应当对信息资源及副本建立应用日志审计，确保信息汇聚、共享、查询、比对、下载、分析研判、访问和更新维护情况等所有操作可追溯，日志记录保留时间不少于 3 年，并根据需要将使用日志推送给相应的数据生产应用单位。

第四十条　政务数据涉及商业秘密、个人隐私的，应当遵守有关法律、法规规定。

第四十一条　未经批准，任何单位和个人均不得更改和删除政务数据。

第七章　法律责任

第四十二条　违反本办法规定，数据生产应用单位有下列情形之一的，由数据管理机构或者有关主管部门责令限期改正；逾期不改正的，给予通报批评；情节严重的，对直接负责的主管人员或者其他直接责任人员依法给予处分；造成损失的，责令赔偿损失；构成犯罪的，依法追究刑事责任：

（一）擅自扩大数据采集范围的；

（二）重复采集数据的；

（三）未在规定期限内汇聚数据的；

（四）未按照规定使用共享数据的；

（五）违规使用涉及商业秘密、个人隐私的政务数据的；

（六）擅自更改或者删除政务数据的；

（七）其他违反本办法规定行为的。

第四十三条　数据管理机构及其工作人员在数据管理工作中滥用职权、徇私舞弊、玩忽职守的，对直接负责的主管人员和其他直接责任人员依法给予处分；构成犯罪的，依法追究刑事责任。

第八章　附　则

第四十四条　本办法自公布之日起施行。

文件编号：榕政综〔2017〕1726号
发布时间：2017年7月27日
发布机关：福州市人民政府

福州市政务数据资源管理暂行办法

第一条 为加强政务数据资源管理，加快"数字福州"建设，提高行政效率、提升服务水平，增强政府公信力和透明度，规范和推进政务数据汇聚共享、开放开发，根据《福建省政务数据管理办法》（省政府令第178号）和有关法律、法规，结合本市实际，制定本办法。

第二条 在本市行政区域内从事政务数据的目录编制、采集处理、登记汇聚、共享服务、开放开发及其相关管理活动，适用本办法。涉及国家秘密的政务数据管理，按照国家、本省和本市有关规定执行。

本办法所称"政务数据"是指国家机关、事业单位、社会团体或者其他依法经授权、受委托的具有公共管理职能的组织和公共服务企业（以下统称"数据生产应用单位"）在履行职责过程中采集、获取和产生的，或者通过特许经营、购买服务等方式开展信息化建设和应用所产生的数据。

第三条 福州市"数字福州"建设领导小组办公室（以下简称"市数字办"）为承担本市政务数据管理工作的机构，负责本市行政区域内政务数据的统筹管理、开发利用管理和指导监督等工作。

第四条 数据生产应用单位应当依照职责依法依规登记政务数据目录、采集处理、更新维护政务数据，开展共享应用和公共服务，并配合市数字办做好开发开放工作。

第五条 技术服务单位可根据授权或者委托承担政务数据登记汇聚、共享应用、公共服务、开放开发的技术支撑，以及有关平台建设运行、安全保障和日常管理等工作。

第六条　市数字办对数据生产应用单位政务数据登记、采集、汇聚、共享、服务等执行情况进行监督检查，加强对技术服务单位服务监督评价、评估检查政务数据开放开发情况，及时纠正相关违法违规行为。

第七条　市财政局和市数字办应当将数据生产应用单位政务数据采集、登记、汇聚、共享、开放服务等执行情况作为项目资金安排或者验收的重要依据。

凡不符合政务数据共享要求的，不予审批信息化建设项目，不予安排运行维护经费。

第八条　政务数据的采集管理、登记汇聚，按照《福建省政务数据管理办法》（省政府令第 178 号）和有关法律、法规的规定执行。

第九条　政务数据资源按照共享类型分为无条件共享、有条件共享和暂不共享等三种类型。

可以提供给本市所有数据生产应用单位共享使用的政务数据属于无条件共享类。

仅可以提供给相关数据生产应用单位共享使用或者仅部分内容能提供给相关数据生产应用单位共享使用的政务数据属于有条件共享类。

尚不具备条件提供给其他数据生产应用单位共享使用的政务数据属于暂不共享类。

凡列入暂不共享类的，应当有法律、行政法规或者国家有关政策作为依据，有关数据生产应用单位应当积极创造条件扩大其共享范围。

第十条　数据生产应用单位应当根据履职需要使用共享数据。属于无条件共享类的，可以直接从统一的政务数据汇聚共享平台获取；属于有条件共享类的，应向市数字办提出申请，市数字办按照规定程序对申请予以审定，并将有条件共享情况告知相关数据生产应用单位。

第十一条　数据生产应用单位应当在行政审批、市场监管、城乡治理中采用比对验证、检索查询、接口访问、数据交换等方式，实时共享政务数据。

第十二条　市数字办会同数据生产应用单位制定政务数据共享应用和公共服务标准，实行主动推送，推广精细服务并开展评价。

第十三条　数据生产应用单位应按照本单位职责合理使用共享数据，并加强共享数据使用全过程的监督管理。在使用共享数据过程中发现数据不准确等问题应及时向市数字办反馈。市数字办应会同相关数据生产应用单位及时核实，数据确有错误的，相关数据生产应用单位应当及时予以纠正。

第十四条 市数字办会同数据生产应用单位编制、公布政务数据开放目录，并及时更新。

除法律、法规另有规定外，涉及商业秘密、个人隐私的政务数据应当进行脱敏脱密处理后开放。

第十五条 市数字办依照政务数据开放目录，建设并依托全市统一的政务数据开放平台，向社会开放政务数据。

福州市政务数据开放平台是福建省政务数据开放平台子平台，应当通过省数据管理机构组织的连通性和安全性等测试。

第十六条 政务数据按照开放类型分为普遍开放类和授权开放类。

属于普遍开放类的，公民、法人或者其他组织可以直接从政务数据开放平台获取；属于授权开放类的，内资控股法人企业、高校或者科研院所可以向市数字办申请。

第十七条 市数字办会同相关数据生产应用单位，制定授权开放类政务数据的开放条件。

市数字办对符合条件的申请对象予以授权。涉及将授权开放的数据进行商业开发的，应当通过公开招标等竞争性方式确定授权开发对象。

高校或者科研院所获得的数据只能用于科研教育等公益性活动。

第十八条 公民、法人和其他组织认为应当列入开放目录未列入，或者应当开放未开放的政务数据，可以通过开放平台提出开放需求申请。数据生产应用单位应当自申请之日起 15 日内答复，同意的及时列入目录或者开放，不同意的说明理由。

公民、法人和其他组织对数据生产应用单位的答复有异议的，可以向市数字办提出复核申请，市数字办应当自受理复核申请之日起 10 日内反馈复核结果。

第十九条 市数字办可以授权有关企业以数据资产形式吸收社会资本合作进行数据开发利用；授权企业应当通过公开招标等竞争性方式确定合作开发对象。

第二十条 授权开发对象或者合作开发对象须按照法律、法规和协议，进行数据开发利用，保障数据安全，定期向市数字办报告开发利用情况，其依法获得的开发收益权益受法律保护。

开发的数据产品应当注明所利用政务数据的来源和获取日期。

第二十一条　市数字办应当会同市财政局和相关数据生产应用单位，根据数据开发利用价值贡献度，合理分配开发收入。属于政府取得的授权收入应当作为国有资产经营收益，按照规定缴入本市财政金库。

第二十二条　各单位应建立共享数据的使用管理制度，加强对共享数据的安全管理，根据职责和工作需要进行授权管理，对使用共享数据的具体用途、使用人员、批准人员、数据内容、获取时间、获取方式和介质类型等数据进行记录和监管。

未经批准，任何单位和个人均不得更改和删除政务数据。

第二十三条　各单位应加强保密审查，对涉及国家秘密的数据不得在政务数据汇聚共享平台上发布和交换。

第二十四条　各单位接入共享平台的信息系统需通过专业机构的信息安全测评，确保接入政务数据汇聚共享平台的信息系统安全稳定运行。

第二十五条　政务数据的其他安全保障工作按照《福建省政务数据管理办法》（省政府令第178号）和有关法律、法规的规定执行。

第二十六条　市数字办应当建立考核机制，对数据资源共享工作实行全过程监督，按职责分工负责对数据资源共享开放工作进行考核评估，每年定期向市政府提交数据资源共享开放情况报告。

第二十七条　数据生产应用单位应当制定本单位数据资源共享开放工作程序、管理制度以及相应的责任追究制度，指定专人负责数据资源共享开放管理工作，并每年向市数字办报送本单位提供和使用共享数据的情况。

第二十八条　违反本办法规定，数据生产应用单位有下列情形之一的，由市数字办或有关主管部门责令限期改正；逾期不改正的，给予通报批评；情节严重的，对直接负责的主管人员或者其他直接责任人员依法给予处分；造成损失的，责令赔偿损失；构成犯罪的，依法追究刑事责任：

（一）未按要求编制或更新本单位数据资源目录的；

（二）擅自扩大数据采集范围的；

（三）重复采集数据的；

（四）未按规定时限汇聚数据的；

（五）未按照规定使用共享数据的；

（六）违规使用涉及商业秘密、个人隐私的政务数据的；

（七）擅自更改或者删除政务数据的；

（八）其他违反本办法规定行为的。

第二十九条 各单位及其工作人员在数据管理工作中滥用职权、徇私舞弊、玩忽职守的，对直接负责的主管人员和其他直接责任人员依法给予处分；构成犯罪的，依法追究刑事责任。

第三十条 本办法自印发之日起施行。

文件编号：榕政综〔2017〕122 号

发布时间：2017 年 4 月 21 日

发布机关：福州市人民政府

福州市健康医疗大数据
资源管理暂行办法

第一章　总　　则

第一条　根据《国务院关于印发促进大数据发展行动纲要的通知》（国发〔2015〕50 号）、《国务院办公厅关于促进和规范健康医疗大数据应用发展的指导意见》（国办发〔2016〕47 号）、《国务院关于印发政务数据资源共享管理暂行办法的通知》（国发〔2016〕51 号）、《福建省政务数据管理办法》（省政府令〔2016〕第 178 号）等规定要求，为全面推进大数据发展和应用，规范健康医疗大数据信息采集、加强数据管理、优化共享开放、提升开发应用价值、保障数据安全，推动健康医疗大数据中心与产业园国家试点工程建设，对健康医疗大数据资源进行规范管理，结合本市实际，制定本办法。

第二条　本市行政区域内从事健康医疗大数据的采集、存储、处理、应用、共享、开放及其相关管理服务活动，适用本办法。

第三条　本办法所称健康医疗大数据，是指所有与医疗卫生和生命健康活动相关的数据集合，是覆盖全员人口和全生命周期、涉及国家公共卫生安全和生物信息安全的极大量数据。

福州市健康医疗大数据包含政府机构、卫生医疗机构等组织产生的数据，以及从互联网、物联网、第三方等途径获得的数据。

第四条 健康医疗大数据资源是国家重要的基础性战略资源。福州市"数字福州"建设领导小组办公室（以下简称市数字办）是福州市人民政府承担健康医疗大数据管理工作的机构，负责本行政区域内的健康医疗大数据的统筹管理和指导监督工作，评估数据共享开放情况，及时纠正相关违法违规行为。

市数字办会同福州市卫生和计划生育委员会（以下简称市卫计委）等相关行业主管部门负责本市健康医疗大数据政策的制定和督导，对健康医疗大数据生产应用单位（以下简称数据生产应用单位）进行监督检查，对健康医疗大数据技术服务单位（以下简称技术服务单位）进行监督评价。

市卫计委会同相关行业主管部门，共同制定健康医疗大数据面向全社会分级授权、分类开放应用的具体办法，按照相关流程分类、分级、分域授权使用。

第五条 数据生产应用单位是指在履行职责过程中采集和获取或者通过特许经营、购买服务等方式开展信息化建设和应用产生健康医疗大数据的数据生产单位、数据使用单位，包括：

（一）国家机关、事业单位、社会团体；

（二）依法经授权、受委托的具有公共管理职能的组织或公共服务企业；

（三）产生非政务数据范围内的健康医疗大数据所涉及的其他组织或个人。

数据生产应用单位依法采集处理数据，做好数据登记汇聚、更新维护，开展共享应用和公共服务，配合市健康医疗大数据运营单位（以下简称数据运营单位）做好开放开发工作。

第六条 数据运营单位是指依法取得本市健康医疗大数据运营权的企业或其他组织，负责建设健康医疗大数据运营平台，运营健康医疗大数据，承担运营数据的安全和保密责任，接受市数字办、市卫计委等相关行业主管部门管理、指导和监督。

第七条 技术服务单位是指根据数据运营单位授权或者委托承担健康医疗大数据采集、存储、处理、应用、共享、开放的技术支撑，以及健康医疗大数据平台建设运维、安全保障和日常管理工作的企业或其他组织。

第二章　数据资源管理

第八条　市数字办会同市卫计委等相关行业主管部门做好健康医疗大数据顶层设计，遵循"一数一源"原则，根据健康医疗大数据资源目录，编制健康医疗大数据采集标准规范，并根据机构职能或者特殊业务的需要，做好规范更新、畅通资源通道、规范采集流程、保证数据质量。建立健康医疗大数据采集、加工、使用、安全管理等考评机制，做到标准统一、术语规范、内容准确。

第九条　市健康医疗大数据资源目录由基础信息、公共卫生、计划生育、医疗服务、医疗保障、药品管理、综合管理、新型业态八大类组成。

市健康医疗大数据标准体系规划包括基础类、数据类、技术类、应用类、管理类以及安全与隐私保护类等标准。

第十条　市卫计委负责建立健康医疗大数据标准管理机制，动态管理健康医疗大数据标准的开发与应用，加强健康医疗大数据相关标准应用的监督检查，对各级各类医疗卫生计生机构信息化建设项目的标准应用情况进行动态监测；负责组织对健康医疗大数据标准应用效果进行评估，并根据标准应用评估情况，对相关标准进行修订或废止等。

市卫计委等相关行业主管部门应当按照国家有关规定会同数据生产应用单位建立健康医疗大数据质量管控机制，实施数据质量全程监控、定期检查，及时要求不合规的医疗卫生计生机构及其技术服务单位进行整改。

第十一条　数据生产应用单位应当按照健康医疗大数据采集目录和相关标准规范，组织开展数据采集工作，不得采集目录范围外的数据。数据生产应用单位因特殊业务或者紧急需要，可以临时采集目录范围外数据，但必须先行向市数字办及市卫计委等相关行业主管部门报备。

数据生产应用单位所采集的原始数据应当符合业务应用和管理要求，保证服务和管理对象在本单位信息系统中身份标识唯一、基本数据项一致，所采集的信息应当严格实行信息复核程序；并会同市数字办将公共卫生、计划生育、综合管理类目的原始数据汇聚到市政务数据汇聚共享平台进行统一管理。

数据生产应用单位应当遵从健康医疗大数据标准，生成符合标准的信息技术产品，激励相关机构优先采购标准化产品，限制不符合标准的产品或技术使用。

第三章 数据资源服务

第十二条 数据资源服务包含数据的共享和开放开发。

第十三条 市数字办会同市卫计委等相关行业主管部门负责建立健康医疗大数据共享机制、明确共享内容，依托健康医疗大数据平台，为健康医疗大数据资源共享、汇总分析提供工作基础。

第十四条 根据数据资源目录，健康医疗大数据可以提供给符合条件的行政机关、事业单位共享使用。

第十五条 健康医疗大数据按照开放类型分为普遍开放类、授权开放类和暂不开放类。

属于普遍开放类的，公民、法人或者其他组织可以直接从健康医疗大数据统一开放平台获取；属于授权开放类的，内资控股法人企业、高校或者科研院所可以向数据运营单位提出申请，申请授权开放的数据使用单位暂限于中国东南大数据产业园范围内；属于暂不开放类的，确有使用需要的由数据运营单位向市数字办及市卫计委等相关行业主管部门提出申请。

第十六条 市数字办会同市卫计委等相关行业主管部门及数据运营单位建立健康医疗大数据开放开发机制，规范健康医疗大数据应用领域的准入标准，建立大数据应用诚信机制和退出机制，严格规范大数据挖掘、应用和开发行为。除法律、法规另有规定外，涉及商业秘密、个人隐私的健康医疗大数据应当进行脱密脱敏处理后开放。

第十七条 市数字办会同市卫计委等相关行业主管部门建立健康医疗大数据应用工作制度，授权使用有关信息，提供安全的信息查询和复制渠道。使用单位或个人不得超出其申请和被授权的数据使用范围和目的使用和发布健康医疗大数据。

第十八条 使用授权开放类数据的，由数据使用单位向数据运营单位提出健康医疗大数据使用申请，数据运营单位负责审核使用申请的合规性，对符合条件的数据使用单位提供数据服务。

确需使用暂不开放类数据的，由数据使用单位向数据运营单位提出申请；数据运营单位向市数字办及市卫计委等相关行业主管部门报审，经同意后方可提供数据服务。

数据使用单位获准使用数据，应按要求与数据运营单位签订《福州市健康医疗大数据资源使用协议书》。

第十九条 高校或者科研院所获得的数据只限用于科研教育等非营利性活动。数据使用单位确需使用可识别个人身份和隐私内容的个案信息的，应向数据运营单位提出应用服务申请，在征得个人同意或经脱敏脱密后，方可实行。

第二十条 市数字办可以授权数据运营单位以数据资产形式吸收社会资本合作进行数据开发利用；授权数据运营单位应当通过公开招标等竞争性方式确定合作开发对象，并进行公示。

授权开发对象或者合作开发对象应当按照法律、法规和协议，进行数据开发利用，保障数据安全，定期向市数字办报告开发利用情况，其依法获得的开发收益权益受法律保护。

开发的数据产品应当注明所利用健康医疗大数据的来源和获取日期。

第二十一条 市数字办会同市卫计委等相关行业主管部门及数据运营单位组织开放开发健康医疗大数据，根据数据开发利用价值贡献度，合理分配开发收入。

第二十二条 数据运营单位要按照政府规划，加快构建健康医疗大数据产业链，探索互联网健康医疗服务新模式，持续推动集政产学研用一体化的健康医疗全产业链模式的产业园建设。

第二十三条 技术服务单位应当根据数据使用单位申请制定最小化满足使用需求的提取方案，在提取方案中明确安全预处理方法；根据提取方案执行数据提取操作；采取安全措施，与数据生产使用单位进行数据交接；清理、销毁提取过程所产生的中间数据；保留数据使用过程中的数据申请、审批和销毁记录。

第四章　安全管理

第二十四条　市数字办及市卫计委等相关行业主管部门应按照省、市信息网络安全监管部门的要求建立健康医疗大数据安全保障体系，实施分级分类管理，防止越权使用数据，定期进行安全评估，建立安全报告和应急处置机制。

第二十五条　市数字办授权数据运营单位组织开展健康医疗大数据平台和服务商的可靠性、可控性和安全性评测，开展健康医疗大数据应用的安全性评测和风险评估，建立安全防护、系统互联共享、公民隐私保护等软件评价和安全审查制度。市数字办应当按照国家有关规定的数据存储、容灾备份和管理条件要求，建立可靠的数据容灾备份工作机制，定期进行备份和恢复检测，确保数据能够及时、完整、准确恢复，实现长期保存和历史数据的归档管理。禁止将健康医疗大数据存储在境外服务器。

第二十六条　数据生产应用单位、数据运营单位和技术服务单位在开展健康医疗大数据采集、存储、处理、应用、共享、开放及其相关管理服务活动中应做到可管理、可控制、可追溯；涉及商业秘密、个人隐私的，应当遵守有关法律、法规规定。

任何单位和个人均不得篡改和删除健康医疗大数据。

第二十七条　技术服务单位应当加强平台安全防护，建立应急处置、备份恢复机制，保障数据、平台安全可靠运行。

技术服务单位应当对信息资源及副本建立应用日志审计制度，确保信息汇聚、共享、查询、比对、下载、分析研判、访问和更新维护情况等所有操作可追溯，日志记录保留时间不少于3年，并根据需要将使用日志推送给数据运营单位及相应的数据生产应用单位。

第二十八条　数据生产应用单位应当设立健康医疗大数据安全管理部门或岗位，应当加强健康医疗大数据采集处理、共享应用和公共服务的安全保障工作。健康医疗大数据生产应用单位发生变更时，应当将所管理的健康医疗大数据完整、安全地移交给主管部门或承接延续其职能的机构管理，不得造成数据的损毁、丢失和泄露。

第二十九条　数据使用单位对其所使用的健康医疗大数据负安全和保密责任，在接收到数据后，要进行登记备案，指定人员进行跟踪管理，确保在可控环境下使用，保障数据在使用过程中的安全；在申请使用期满后，应及时销毁在本部门环境中存在的相关数据，并及时反馈给数据运营单位。数据使用单位如需延期使用生产数据，必须在到期前重新申请，按本办法规定获同意后方可继续使用。

第五章　监督保障

第三十条　市数字办会同市卫计委等相关行业主管部门加强对本行政区域内各单位健康医疗大数据管理工作的日常监督检查，加强对本行政区域内各单位数据综合利用工作的指导监督，提高数据服务效率和质量。

第三十一条　市数字办定期向市政府报告健康医疗大数据资源管理服务情况，并对健康医疗大数据资源管理服务工作提出意见建议。

第三十二条　违反本办法规定，数据生产应用单位、数据运营单位、技术服务单位有下列情形之一的，由市数字办或市卫计委等相关行业主管部门责令限期改正；逾期不改正的，给予通报批评；情节严重的，对直接负责的主管人员或者其他直接责任人员依法给予处分；造成损失的，责令赔偿损失；构成犯罪的，依法追究刑事责任：

（一）擅自扩大数据采集范围的；

（二）重复采集数据的；

（三）未在规定期限内汇聚数据的；

（四）未按照规定使用共享数据的；

（五）违规使用涉及商业秘密、个人隐私的健康医疗大数据的；

（六）擅自更改或者删除健康医疗大数据的；

（七）其他违反本办法规定行为的。

第三十三条　在健康医疗大数据管理工作中滥用职权、徇私舞弊、玩忽职守的，对直接负责的主管人员和其他直接责任人员依法给予处分；构成犯罪的，依法追究刑事责任。

第六章　附　则

第三十四条　本办法自印发之日起试行。

文件编号：泉政办〔2015〕2号
发布时间：2015年1月9日
发布机关：泉州市人民政府办公室

泉州市政务信息资源共享
管理规定（试行）

第一章　总　则

（一）本规定所称电子政务资源指政务活动中所建设和应用的政务网络、数据中心、信息资源、业务软件、服务渠道、感知资源、信息安全资源等。

本市行政区域内的电子政务资源规划建设、共享应用、监督管理等相关活动适用本规定。

（二）行政机关履行职责产生的信息资源归政府所有。财政性资金为主建设的电子政务资源归本级政府所有。上级机关和地方财政性资金共同建设的电子政务资源由地方政府和出资的上级机关共有。

利用社会资金建设的电子政务资源，应在特许经营协议中明确特许经营结束后归政府所有；特许经营期间所产生的信息资源应在特许经营协议中明确归政府所有。

以购买服务或外包方式开展的电子政务应用，所产生的信息资源应在合同规定中明确归政府所有。

（三）电子政务资源建设应遵循"统筹规划、集约建设、充分应用、创新服务、执行标准、安全可靠"的原则。

（四）市、县两级政府应指定信息化主管部门，负责组织、规划、指导、协调本级电子政务资源统建共享工作，负责组织本级政务信息资源汇聚、开放开发工作。

行政机关遵循统建共享要求和全市电子政务总体框架，提高电子政务项目建设质量和应用水平，并负责运行维护和具体管理，负责信息采集、备份、更新、处理、发布、服务，配合数据汇聚共享。

为电子政务提供技术支撑的单位，按照职责承担有关资源建设、运行维护和日常管理，积极配合信息化主管部门的协调和管理。

（五）市、县两级政府财政部门要将电子政务资源建设、运行、维护和管理所需的经费纳入同级财政预算，并会同发改、信息化主管部门强化资金归口管理，优先安排符合统建共享的电子政务资源建设应用所需经费。

二、规划建设

（一）市、县两级信息化主管部门根据上级信息化或电子政务规划，制定本级信息化或电子政务中长期规划，明确电子政务资源建设目标、任务、项目，确保电子政务资源实现统建共享。

（二）行政机关根据本级信息化或电子政务规划，制定部门电子政务需求分析和建设方案，并报本级信息化主管部门论证、衔接。未经论证衔接的部门电子政务建设方案等不得实施，项目审批部门不予立项，财政部门不予安排建设资金。

电子政务业务系统应统筹满足基层工作需要，支持社区或行业平台化应用，避免市、县或其他部门重复开发类似功能的业务系统。使用国家机关推广的应用系统，要坚持业务系统属地部署并与本市政务数据中心对接，确保业务数据属地保存和应用。

（三）各级行政机关新增感知资源建设需求，应报本级信息化主管部门统筹规划建设；各级行政机关不得建设新的电子政务网络，现有的专网应整合到全市电子政务网络体系。

（四）政府各部门不得新建、扩建、改建数据中心，已建成的数据中心应逐步整合到本级电子政务数据中心。

（五）市、县两级信息化主管部门依据全市统一的电子政务顶层设计编制政务信息资源采集目录，明确部门政务信息采集内容和要求。

行政机关依照采集目录组织信息采集工作，并确保业务信息完整、准确、及时。凡是采集目录已确定采集责任单位、能够通过共享获得的政务信息不再重复采集。除法律法规有规定外，不得超范围采集信息。

三、共享应用

（一）电子政务资源共享实行分类管理、依职利用，坚持权利和责任对等原则，确保资源安全、完整。

（二）行政机关无偿提供和使用共享信息，有权从其他行政机关获取履行职责所需的信息，也有责任提供其他行政机关履行职责所需要的信息。非因法定事由，不得拒绝信息资源共享要求。

（三）《政务信息资源共享目录》是各单位之间共享信息的依据。市、县两级信息化主管部门负责编制、更新、公布《政务信息资源共享目录》，负责建设和维护政务信息共享交换平台，统筹和协调各行政机关政务资源共享需要，进行信息共享的业务指导和评估检查。

（四）各级行政机关根据《政务信息资源共享目录》，对本单位获取的信息进行整理分类，与信息化主管部门签订信息共享协议，通过信息交换共享平台，完整、准确、及时地提供共享信息资源。

使用共享信息的行政机关根据履行职责需要，向信息化主管部门提出申请，签订信息共享应用协议，从信息交换共享平台上获取相应信息资源。

（五）行政机关对所提供的共享信息实行动态管理、实时更新，确保信息的准确性、完整性、时效性。不同行政机关在信息共享中出现供需内容不一致的，由信息化主管部门进行审核、协调解决。

四、信息安全

（一）市、县两级信息化主管部门联合保密、机要、公安等部门，制定政务信息资源安全工作规范，建立灾难恢复机制，制定事故应急处理预案。

（二）行政机关要加强信息资源管理，建设部门信息安全平台，解决面向边界和部门内部的信息安全问题。制定规章制度和应急预案，指定专人负责，发现信息安全泄露等情况的，应迅速采取补救措施并报信息化主管部门。

（三）信息使用单位必须负责所获取使用信息的安全和保密，所获取使用的共享信息只能用于本部门工作需求。未经授权将共享信息转给第三方的，或利用共享信息资源为单位或个人谋取利益的，按照违反信息安全规定严肃处理。

（四）行政机关要建立身份认证机制、存取访问控制和信息审计跟踪控制，对数据进行授权管理，设立访问和存储权限。人为造成信息安全事故的，追究单位负责人和相关责任人责任。

（五）共享信息的供需双方单位签订安全保密协议，明确信息安全责任。

五、监督检查

（一）市、县两级信息化主管部门对政务信息资源的交换共享过程进行严格监督。定期开展检查监督工作，对各个行政机关提供信息的数量、时效性、使用情况作出评估，并公布检查结果和改进措施。

（二）对违反本规定的有关单位或者个人，其他行政机关有权进行投诉，由监察、信息化主管部门负责检查落实，并将处理情况反馈给投诉单位。

（三）有下列情形的，由市、县两级信息化主管部门责令其限期改正，或视情况直接报送有权机关依法作出处分、处罚：

1. 泄露国家秘密的；

2. 无正当理由拒绝提供政务信息资源的；

3. 无故拖延提供政务信息资源的；

4. 提供不全面、不真实信息的；

5. 在提供和使用信息资源中窃取他人隐私的；

6. 擅自对共享信息和信息交换平台应用程序进行删除修改的。

六、附则

（一）本规定由泉州市经济和信息化委员会负责解释。

（二）本规定自印发之日起实施。

文件编号：厦府办〔2015〕179 号
发布时间：2015 年 9 月 22 日
发布机关：厦门市人民政府办公厅

厦门市政务信息资源共享管理暂行办法

第一章　总　则

第一条　为推动政务信息资源开发和开放，促进信息共享和业务协同，提高行政能力和服务效率，根据《福建省政务信息共享管理办法》、《福建省电子政务建设和应用管理办法》，结合我市实际，制定本办法。

第二条　本办法适用于本市各级国家机关，以及行使行政职能的相关事业单位和社会团体（以下统称政务部门）之间共享政务信息资源的活动。

第三条　本办法所称政务信息资源是指各政务部门为履行政务职能而采集、存储、加工、使用的信息资源，各政务部门在办理业务和事项过程中产生和生成的信息资源，以及各政务部门直接管理的信息资源等。

政务信息资源共享是指政务部门向其他政务部门提供政务信息资源，以及需从其他政务部门获取政务信息资源的行为。

政务信息资源共享平台（以下简称共享平台）是指为政务部门之间信息共享提供支撑的信息技术平台，是政务部门之间信息资源共享交换的枢纽。

第四条　共享政务信息资源分为两种类型：开放共享类政务信息资源和授权共享类政务信息资源。

开放共享类为无附加条件地供给其他政务部门共享的政务信息资源。如人口基础信息、法人基础信息、空间地理信息（公开版）、行政执法结果信息、公共

117

服务设施信息、社会经济统计信息等。

授权共享类为按照授权许可提供给其他政务部门共享的政务信息资源。如商业秘密、个人隐私信息以及泄露后影响行政执法和机关正常办公的信息。

第五条 政务信息资源共享应当遵循以下原则：

（一）无偿提供。各政务部门应当履行无偿为政务信息资源共享平台及其他政务部门提供政务信息资源共享的义务，法律、法规、规章另有规定的除外。

（二）按需共享。政务部门的信息共享需求，必须源于自身工作职能的需要，不得用于其他用途。政务部门对从其他政务部门获取的共享信息，负有安全管理责任。

（三）规范采集。政务部门要按照一数一源、多元校核、动态更新的要求和统一的标准规范，采集和处理数据。可以通过信息共享方式从其他政务部门获取的信息，不再重复采集。

（四）统一平台。政务信息资源共享应依托全市统一建设的共享平台，在汇聚信息资源的基础上，以数据交换、服务调用等技术方式实现共享。

（五）安全可控。共享平台应保障运行安全可控。政务部门应加强政务信息资源的安全管理，不得滥用、非授权使用、未经许可扩散所获取的政务信息资源，因使用不当造成安全问题的，依法追究使用单位及相关责任人的责任。

第六条 市信息化主管部门负责推进、指导、协调和监督全市政务信息资源共享工作，统筹规划共享平台建设，组织引导信息资源开发利用，逐步完善政务信息资源共享体系，检查评估政务信息资源共享工作。

政务部门应在各自职责范围内按照国家和地方相关标准规范做好政务信息资源的编目、采集、维护、更新和共享工作，做好基于共享能力的业务信息系统建设，合法使用所获取的共享信息和服务，负责本单位业务信息系统与共享平台的信息交换桥接、前置机的运行维护、请求服务接口开发维护等工作。

市信息技术服务中心（电子政务中心）负责共享平台的建设和运行管理，按照政务部门信息资源供需实际，提供平台化的公共服务环境，保障共享平台运行安全可控。

第二章　目录与采集

　　第七条　政务部门应当编制本部门《政务信息资源目录》（以下简称《信息目录》），包括信息名称、数据格式、共享类别、共享范围、更新频度、时效要求、提供方式、提供单位、可否向社会开放等内容，通过共享平台登记注册，报市信息化主管部门统筹确认并形成市级《信息目录》，在共享平台上公布实施。政务部门应加强对本部门《信息目录》的维护和管理，可供共享的数据或共享需求发生变化时，要通过共享平台及时更新。

　　第八条　政务部门应当根据《信息目录》和本部门工作要求，在职能范围内采集信息，以数字化方式记录和存储数据，同时将具备条件的数据进行结构化处理，并通过数据库进行管理。部署应用中央国家机关、福建省直机关信息系统的单位，应建立数据返回共享机制，确保信息资源属地存储和共享应用。

　　第九条　各政务部门对本单位信息资源进行的开发建设，须分类整理，涉及自然人信息应当以法定身份证件作为标识，涉及法人及其他机构信息应当以统一社会信用代码为标识。涉及文书类、证照类等政务信息应当加盖可靠的电子印章，以保证信息的不可更改性。

　　第十条　共享平台负责汇聚各政务部门信息目录，提供统一的全市政务信息资源共享目录和信息交换服务。政务部门应当在共享平台注册维护本部门信息目录，按照共享平台规范，发布本部门政务信息资源目录、服务接口和业务数据资源。

　　第十一条　政务部门对所提供的共享信息实行动态管理，进行实时更新，保证共享信息的准确性、时效性，并根据使用单位反馈意见及时查核共享信息。

第三章　共享与应用

　　第十二条　政务部门通过共享平台的目录系统检索、发现、定位和申请履行职能所需的信息，受理其他政务部门使用本单位授权共享类信息的申请。

（一）申请使用开放共享类信息时，由共享平台管理部门开放相应访问权限给申请单位，即时完成共享实施。

（二）申请使用授权共享类信息的，由信息提供单位审核申请。审核要以履行职责需要为主要依据，核定业务需求、使用对象、所需信息、共享模式等要素，确保按需、安全共享。信息提供单位应在5个工作日内完成审核，审核通过的，在共享平台开放相应的访问权限给申请单位；审核不通过的，信息提供单位应说明理由；信息提供单位和申请单位不能取得一致意见的，由市信息化主管部门进行协调。

第十三条　共享平台应做好信息共享服务，信息共享采取对比验证、查询引用、批量复制三种服务模式。

（一）比对验证。信息提供方通过平台交换系统将共享信息发布为比对验证服务模式的，获得信息提供方授权的政务用户和应用系统通过共享平台配置的访问权限，调用验证服务接口进行比对，获取验证结果。

（二）查询引用。信息提供方通过平台交换系统将共享信息发布为查询引用服务模式的，获得信息提供方授权的政务用户和应用系统通过信息共享平台配置的访问权限，调用查询服务接口，获取或引用查询对象的相关数据。

（三）批量复制。信息提供方通过平台交换系统将共享信息发布为批量复制服务模式的，获得信息提供方授权的政务用户或应用系统通过共享平台配置的访问权限，直接下载或通过交换系统获取批量数据。

第十四条　政务部门通过电子方式确认的事项或获取的材料，不得要求行政管理相对人自行确认并提交。法律、法规另有规定的，从其规定。

政务部门可以将通过共享方式获得的文书类、证照类政务数据作为办事和执法依据。法律、法规规定不适合电子文书的除外。

第四章　管理与安全

第十五条　政务部门应加强政务信息资源日常维护和安全管理，制订信息共享内部工作程序和信息安全管理规章制度，及时更新数据，保障信息系统正常运行，确保信息有效共享。如因不可抗力不能提供或不能及时提供的，应迅速采取相应的补救措施并通知共享平台管理部门。

第十六条　共享平台管理部门应建立完善的运行维护管理制度，建立相适应的信息安全保护措施，建立身份认证机制，建立共享应用审计日志，建立应急处理和灾难恢复机制，做好信息安全防范工作。

第十七条　使用共享信息的政务部门负责管理共享获得的信息，并对共享信息的滥用、非授权使用、未经许可的扩散以及泄密等行为负责。信息提供单位不对信息在其他政务部门的使用安全问题负责。

第五章　监督检查

第十八条　市信息化主管部门负责对政务信息资源共享工作的运行情况进行监督，定期公布各政务部门提供和使用信息服务的情况。行政效能监察部门把信息共享工作纳入各部门政务绩效考核。

第十九条　信息共享作为规划和安排政务部门信息化建设项目和运行维护经费的重要依据。电子政务工程项目建设，必须预先报备通过项目建设可共享的信息目录。对不响应信息共享的政务部门，不予受理信息化项目的申报，暂停安排新的建设项目。对不满足信息共享要求的项目不予验收，限期整改，暂停已建项目的运行维护费用。

第二十条　有下列行为之一的，由市信息化主管部门责令其限期改正；逾期不改正的，提请行政监察部门给予通报批评。

（一）无正当理由拒绝提供政务信息资源共享的；

（二）无故拖延提供政务信息资源共享的；

（三）违规使用、泄漏共享信息或擅自扩大使用范围的；

（四）其他违反本办法规定的行为。

第二十一条　任何政务部门和个人不得非法获取信息，不得非法披露所采集的信息，不得以非法方式将获取的信息提供给他人。政务部门和个人违规使用涉及商业秘密、个人隐私的共享信息，或者造成商业秘密、个人隐私泄露的，按国家有关法律法规规定处理。

第六章 附 则

第二十二条 本办法由市信息化主管部门负责解释，自印发之日起实施。

文件编号：榕政办〔2015〕185 号
发布时间：2015 年 9 月 27 日
发布机关：福州市人民政府办公厅

福州市政务信息资源交换
共享管理暂行办法

第一章 总 则

第一条 为统筹全市信息化建设，有效整合福州市政务信息资源，规范和促进政务信息资源的交换与共享，提高城市管理和公共服务水平，根据《福建省电子政务建设和应用管理办法》等有关规定，结合我市实际，制定本办法。

第二条 政务信息资源是指政府部门履行职能依法采集、储存、加工的信息资源，包括在办理业务和事项过程中产生、生成的信息资源以及各部门直接管理的信息资源、感知资源等。

第三条 政务信息采集实行政务信息资源目录管理。国家机关、事业单位、社会团体以及法律法规授权的、具有公共管理职能的组织（以下统称各部门）应当按照采集目录规定的范围、内容和要求，组织信息采集工作，能够通过共享获得的信息，原则上不再重复采集，确保政务信息的完整性、准确性、时效性。

第四条 以财政性资金为主投资建设的政务信息资源归政府所有，各部门依法履行政府职责所产生的信息资源，以及通过特许经营、购买服务等方式开展电子政务建设和应用所产生的信息资源归政府所有。

福州市"数字福州"建设领导小组办公室（以下简称市数字办）代表福州市政府对所属的政务网络体系以及政务信息资源实施综合管理和调度使用，推进全市政务网络融合、信息资源共享和政务信息化成果平等共享，组织、指导、统筹协调全市政务信息资源汇聚共享和开放开发。

各部门可以根据工作需要，新建或者共享利用政务信息资源，配合做好数据汇聚共享和开放开发工作。

第二章 共享管理

第五条 福州市政务信息资源目录是实现全市政务信息资源交换共享和业务协同的基础，是各部门之间信息交换共享的依据，各部门应按照机构职能和业务编制发布本部门的政务信息资源目录，并根据业务的调整主动更新。各部门应根据福州市政务信息资源目录，将本单位业务信息主动发布给其他应用单位共享，及时响应需求部门的共享要求，并充分利用共享其他部门共享的信息资源，提高业务管理服务水平。

第六条 政务信息资源交换共享平台是全市政务信息资源共享的主要载体。市数字办负责统一建设、管理政务信息资源交换共享平台，制定统一的接口标准规范。各部门相关信息系统应当按照标准规范的要求，与政务信息资源交换共享平台进行对接，通过政务信息资源交换共享平台汇聚发布信息资源，保障政务信息数据的权威性。

第七条 市数字办负责全市电子政务网络的组织建设和运行管理。各部门现有专网应当逐步整合到全市电子政务网络体系，依托统一的政务网络体系，建设部署部门业务软件，实施政务信息资源的开放开发。

第八条 市数字办负责政务信息交换共享平台的运行管理和维护，确保平台安全、稳定、可靠运行，并会同相关部门建立健全政务信息资源提供、获取、使用过程中的安全保障制度，做好政务信息资源交换共享的安全保障工作。

第九条 直接使用中央、省级部门业务软件的市直单位，应当建立数据返回共享机制，实现业务软件与市级政务信息交换共享平台的对接，确保信息资源属地存储和应用。

第十条 政务信息资源依法实行无偿普遍共享、分类共享、授权使用。

各部门应当按照职责分工，梳理履职所需信息共享需求，明确信息提供方式。各部门从政务信息交换共享平台上获取的政务信息资源只能用于本部门履行职责所需，不得用于商业目的，不得擅自向第三方透露。确实因业务需要，在征得市数字办和该信息权属部门同意后，方可将征得同意的信息资源转给第三方使用，并承担相应的监管责任，信息权属单位不对信息在其他单位使用的安全问题负责。

第十一条　各部门应当加强政务信息资源的安全管理，建立和完善交换共享工作流程和信息安全管理制度。各部门主管领导为本单位政务信息资源交换共享的第一责任人，要指定信息管理员负责共享信息的管理工作，完善安全技术保障体系，确保共享信息的安全。

各部门应当对共享获得的敏感信息做好应用审计工作，审计日志应当报送信息提供单位，出现安全问题时应及时向市数字办和相关信息安全主管部门报告，并配合相关职能部门进行处置。

各部门应当按照国家有关保密规定，明确信息系统安全保护级别和涉密信息系统登记，涉密网络按照涉密系统标准建设和管理，实行涉密信息系统分级保护制度。

市网络安全管理部门应当建立政务信息安全监管机制，定期进行信息安全风险评估，并会同相关单位建立信息安全事件报告、信息安全情况通报和应急处置协调机制。

第十二条　市数字办应当为政务信息资源交换共享提供高效、优质的服务，同时引导和规范政务信息资源的增值开发利用，鼓励政务信息资源的公益性开发利用以及大数据创新服务。信息资源开发利用应当依法进行，不得侵犯知识产权、国家秘密、商业秘密和个人隐私。

第十三条　市数字办应当建立全市政务信息资源交换共享的监督、检查、通报制度，推动部门信息资源按需共享，并负责制定政务信息资源交换共享和开发利用评估体系，根据各部门提供信息的数量、更新时效、更新频率及利用次数等，进行定期通报，公布评估报告和改进意见。

第三章　权利与义务

第十四条　各部门享有以下权利：

（一）有权获取履行职能所需要的信息。信息需求部门提出申请，经市数字办审核批准，由信息权属部门负责制作并通过交换共享平台向信息需求部门开放共享；

（二）可利用共享信息进行增值开发利用。鼓励进行增值开发应用，并将取得的成果反馈原信息提供单位和市数字办，以适当方式进行再共享；

（三）对其他部门提供的信息存有疑义，可以提出复核的要求。市数字办会同该信息的提供部门予以核实并反馈处理结果。

第十五条　各部门应承担以下义务：

（一）依据职能和有关标准采集、更新相关政务信息资源；

（二）完整、准确、及时地发布和提供可共享的政务信息，确保共享信息的准确性、完整性；

（三）推动信息共享，实现流程优化和业务协同；

（四）积极配合市数字办做好信息共享及使用情况反馈等工作。

第四章　监督与处罚

第十六条　根据《福州市政府投资的信息化项目管理暂行办法（修订）》有关规定，政府各部门之间应当无偿共享政务信息资源。对于不支持交换共享的，新建项目不予立项，在建项目暂缓拨付建设经费，已建项目暂停安排运维经费。

第十七条　有下列情形之一的，各部门有权向行政监察部门或市数字办投诉，由机关效能建设领导机构予以效能问责；情节严重的，对负直接责任的主管人员和其他责任人员给予纪律处分；构成犯罪的，依法追究刑事责任：

（一）应当共享的政务信息资源不共享或共享不充分、不及时的；

（二）提供的共享信息内容不真实、不准确、不全面的；对已经发现不一致或错误的数据，不进行核对和纠错，造成社会公众不便或业务失误的；

（三）未按照要求建立和维护政务信息资源目录的；

（四）未按规定时限要求更新本部门政务信息资源的；

（五）未经批准擅自将共享的政务信息资源用于本部门履行职责需要以外的；

（六）违规篡改、使用、泄露共享信息或擅自扩大使用范围的；

（七）对于监督部门责令整改的问题，拒不整改的；

（八）其他违反本办法规定的行为。

第五章　附　则

第十八条　本办法自颁布之日起施行。

文件编号：黔府办函〔2016〕234 号
发布时间：2016 年 12 月 05 日
发布机关：贵州省人民政府办公厅

贵州省应急平台体系数据管理暂行办法

第一章 总 则

第一条 为规范贵州省应急平台体系数据管理工作，确保数据有效应用和应急平台体系正常运行，提升应急管理常态工作和突发事件应对处置水平，依据《贵州省大数据发展应用促进条例》和省委、省政府关于实施大数据战略行动的有关要求，制定本办法。

第二条 贵州省应急平台体系数据，是指全省各级政府行政机关和依法经授权行使行政职能的组织、企事业单位所固有的、或在履行行政职能和企事业法人责任过程中生成的，以及业务管理、生产运行中实时产生的，与社会治理、公共安全和应急管理相关的数据。

第三条 贵州省应急平台体系数据管理，是指利用计算机硬件和软件技术，对贵州省应急平台体系建设和系统运行所需数据的分类、采集、更新、应用、存储备份、安全保密以及数据库建设等工作和过程的管理。

第四条 本办法适用于贵州省应急平台体系中省、市（州）、县（市、区、特区）政府中心应急平台及其相关部门节点应急平台的数据建设、应用和管理。

第五条 数据管理原则：

（一）分级负责。数据管理实行分层级负责，明确职责、任务和分工，层层抓好数据采集、更新、数据库建设等工作的落实。

（二）准确规范。坚持把确保数据质量放在首位，努力做到数据的真实、准确、完整，数据管理的科学、规范、有效。

（三）共建共享。以共同建设完善数据为前提，实现各级政府、各部门和单位开放数据的互联互通、交换共享。

（四）强化应用。把数据应用实效作为检验数据管理的标准，促进数据建设管理落实，提升管理水平。

（五）保障安全。严格按安全保密制度、规定和要求进行数据管理，严防发生数据安全问题。

第二章　数据分类

第六条　贵州省应急平台体系数据，包括静态数据和动态数据，静态数据主要指组织机构属性以及根据部门职能所产生的基础信息类数据、法规规章政策及预案案例类数据、专题信息类数据等；动态数据主要指资源保障类数据、风险隐患类数据、监测预警类数据等，共计六个大类数据。

第七条　基础信息类数据主要是指组织机构数据、防护目标数据、避难场所数据，具体包括机构和人员信息，学校、商场超市、宾馆饭店、监测台站、桥梁隧道、车站机场、水库、灌区等基本信息，以及应急避难场所基本信息。

第八条　法规规章政策类数据主要是指法律法规、行政规章、规范性文件、应急预案、事件案例、应急知识等数据，内容包括文本基本信息、版本信息、颁布时间、执行时间、管理标准、技术规范等基本信息。

第九条　专题信息类数据主要是指基础地理信息数据、专题属性数据、统计信息数据，具体包括数字线划图、数字正射影像、数字高程模型等数据，行政区划、矿产资源、公路铁路、河流湖泊等信息，以及人口、经济、自然灾害、事故灾难、公共卫生事件、社会安全事件等统计信息。

第十条　资源保障类数据主要是指人力保障数据、物资保障数据、运输保障数据、通信保障数据、医疗保障数据，具体包括应急专家、专家组、救援队伍、救援队装备信息，应急物资、物资储备库、生产企业、生产能力、转产能力信息，运输企业、运输工具信息，通信保障机构、医疗保障机构基本信息。

第十一条　风险隐患类数据主要是指危险源数据、风险隐患数据，具体包括自然疫源地、地质灾害隐患点、地震带、矿山、贮罐区、库区、危化品生产场所、污染源、危险废物集中处置单位等信息，重大隐患登记治理、安全隐患排查治理信息。

第十二条　监测预警类数据主要是指视频监控数据、实时监测数据、预测预警数据，具体包括社会面监控视频、重要场所监控视频、移动图传和现场单兵监控视频等信息，各类监测台站（点、断面）等监测数据，各类预测预警信息。

第三章　数据库

第十三条　贵州省应急平台体系数据库，包括基础信息库、地理信息库、事件信息库、法规库、预案库、知识库、案例库、模型库、文档库等九大数据库，是数据建设的基本内容和模式，是省、市、县三级政府应急平台体系建设的重要内容，为应急平台体系运行提供数据支撑。

第十四条　贵州省应急平台体系数据库建设，以《贵州省应急平台体系数据库规范》（DB52/T 1119-2016）为基本标准，结合应急管理工作实际和应急平台运行需要进行建设，实现大数据的"聚通用"。

第四章　数据采集

第十五条　贵州省应急平台体系数据采集，采取分级负责的方式，由省、市、县三级政府统一安排部署，三级政府办公厅（室）按照《贵州省应急平台体系数据采集规范》（DB52/T 1120-2016）的要求，负责统筹协调各级政府、各部门和单位相关数据的采集工作。

第十六条　省、市、县三级政府各部门，各单位负责向本级政府应急平台提供本部门、本单位管辖范围和职能职责范围内的相关数据。

第十七条　数据采集主要通过应急平台数据交换与共享系统完成，没有接入应急平台的单位，可采用单机版数据采集软件或电子表格填报，数据文件以刻录光盘等方式提交。

第五章　数据更新

第十八条　贵州省应急平台体系数据更新，是在本部门、本单位完成初始数据采集的基础上，对发生变化数据进行的更新维护，是确保数据客观准确、使用有效的关键环节。

第十九条　数据更新分为周期更新和实时更新两类，静态数据以周期更新为主，动态数据以实时更新为主，重要数据及时更新。

第二十条　周期更新的数据，更新周期根据数据的类别及数据的实际使用情况确定，一般分为月、季度、半年、年四种情况。

第六章　数据应用

第二十一条　贵州省应急平台体系数据应用，是全省政府系统各部门结合各自职能特点开展收集、汇总、分类提交数据建设的目的，是大数据在应急管理实际工作中的应用，也是大数据在社会治理、公共安全等领域的应用。

第二十二条　各级政府和各部门要把推进应急平台体系数据应用作为数据建设管理的重要内容和环节，通过应用推进数据采集、汇总、整理入库工作的落实，提升数据建设的质量水平。

第二十三条　抓好应急平台体系数据在队伍建设、资金保障、物资储备、应急装备、预案演练等应急管理常态工作中的应用，提高各类资源布局的合理性、配置的精准性、使用的科学性。

第二十四条　深化应急平台体系数据在突发事件应对处置事前、事中、事后工作中的应用，提升突发事件监测监控、预测预警、先期处置、决策咨询、应急救援、灾后重建的时效和能力。

第二十五条　拓展应急平台体系数据在社会治理、公共安全等领域的应用，通过应急平台数据运算，深度分析研究存在的风险隐患，建立风险管理体系，提升各级政府风险决策和治理水平。

第二十六条　把推进数据应用作为提升数据质量的重要手段，通过数据应用发现和解决数据建设管理中存在的问题，促进数据的不断完善。

第七章　数据存储和备份

第二十七条　贵州省应急平台体系数据存储，采用集中式和分布式相结合的方式进行。省政府应急平台集中存储省、市、县三级应急平台相关数据，市（州）和县级政府应急平台分别存储本行政区域内相关数据。

第二十八条　各级政府除抓好自身数据的收集存储外，还要抓好各部门基础单元数据的采集、推送和更新，确保全省应急平台体系数据的完整性和准确性。

第二十九条　贵州省应急平台体系采集的各类数据，按逻辑归档和物理归档两种方式进行保存，保存期限为永久、长期（30年）、中期（15年）、短期（5年）。

第三十条　各级政府、各部门和单位要根据数据安全需要，建设应急平台体系数据的异地容灾备份，制定数据备份与恢复策略，定期组织数据恢复演练，确保备份数据能够及时、完整、准确地恢复。

第三十一条　数据备份原则上采用热备份，保证应急平台体系数据库系统7×24小时正常运行，数据备份文件的保存时限按照数据采集保存时限确定。

第八章　数据安全和保密

第三十二条　贵州省应急平台体系数据的采集传输、更新维护，以及数据库的建设、数据的使用等严格遵循数据信息管理、保密和安全有关法律法规规章和有关规定，确保数据安全。

第三十三条 各级政府、各部门和单位要制定具体有效的安全措施，抓细抓好涉密文件、资料、信息数据在采集、传输、存储等环节的落实，严防失泄密事件发生，确保国家秘密安全。

第九章 管理体系和责任

第三十四条 贵州省应急平台体系数据管理，由省、市（州）和县（市、区、特区）政府分别承担，各级政府、各部门、各单位设立数据管理员，构建应急平台体系数据管理的网络化组织体系。

第三十五条 省人民政府办公厅设立省应急平台体系超级数据管理员，负责协调、指导、督促省政府各部门、单位数据的采集、更新等工作，指导市（州）和县级政府抓好数据管理工作。

第三十六条 省政府各部门、单位和市（州）政府设立一级数据管理员，分别负责本部门、单位相关数据的收集、汇总、填报、更新，以及本部门、单位和市（州）政府应急平台数据的建设管理工作。

第三十七条 市（州）政府各部门、单位和县级政府设立二级数据管理员，分别负责本部门、单位相关数据的收集、汇总、填报、更新，以及本部门、单位和县级政府应急平台数据的建设管理工作。

第三十八条 县级政府各部门、单位设立三级数据管理员，负责本单位、部门相关数据的收集、汇总、填报、更新等工作，为应急平台体系提供基层、基础数据。

第三十九条 各级政府、各部门和单位要高度重视抓好省应急平台体系数据的管理使用，加强督促检查，明确数据管理责任，对工作成绩突出的，要采取适当方式进行奖励；对工作责任不明确，数据采集、汇总、填报、更新工作落实不到位的，要追究相关领导的责任。

第四十条 各级政府、各部门、单位数据管理员要以高度负责的精神，认真做好数据管理各项工作，对因工作失职而发生问题、造成损失的，要视情按相关规定进行处理。

第十章　附　则

第四十一条　本办法由省人民政府应急管理办公室负责解释。

第四十二条　本办法自发布之日起执行。

文件编号：市人大字〔2017〕4号
发布时间：2017年4月11日
发布机关：贵阳市人民政府

贵阳市政府数据共享开放条例

第一章 总 则

第一条 为了全面实施大数据战略行动，加快建设国家大数据（贵州）综合试验区，推动政府数据共享开放和开发应用，促进数字经济健康发展，提高政府治理能力和服务水平，激发市场活力和社会创造力，根据《中华人民共和国网络安全法》《贵州省大数据发展应用促进条例》和有关法律法规的规定，结合本市实际，制定本条例。

第二条 本市行政区域内政府数据共享、开放行为及其相关管理活动，适用本条例。

本条例所称政府数据，是指市、区（市、县）人民政府及其工作部门和派出机构、乡（镇）人民政府（以下简称行政机关）在依法履行职责过程中制作或者获取的，以一定形式记录、保存的各类数据资源。

本条例所称政府数据共享，是指行政机关因履行职责需要使用其他行政机关的政府数据或者为其他行政机关提供政府数据的行为。

本条例所称政府数据开放，是指行政机关面向公民、法人和其他组织提供政府数据的行为。

第三条 政府数据共享开放应当以问题和需求为导向，遵循统筹规划、全面推进、统一标准、便捷高效、主动提供、无偿服务、依法管理、安全可控的原则。

第四条　市人民政府统一领导全市政府数据共享开放工作，统筹协调政府数据共享开放工作的重大事项。区（市、县）人民政府领导本辖区政府数据共享开放工作。

市大数据行政主管部门负责全市政府数据共享开放的监督管理和指导工作。区（市、县）大数据行政主管部门负责本辖区政府数据共享开放的相关管理工作，业务上接受市大数据行政主管部门的监督指导。

其他行政机关应当在职责范围内，做好政府数据的采集汇聚、目录编制、数据提供、更新维护和安全管理等工作。

第五条　县级以上人民政府应当将政府数据共享开放工作纳入本辖区的国民经济和社会发展规划及年度计划。

政府数据共享开放工作所需经费纳入同级财政预算。

第六条　行政机关应当加强政府数据共享开放宣传教育、引导和推广，增强政府数据共享开放意识，提升全社会政府数据应用能力。

第七条　鼓励行政机关在政府数据共享开放工作中先行先试、探索创新。

对在政府数据共享开放工作中作出突出贡献的单位和个人，由县级以上人民政府按照规定给予表彰或者奖励。

第八条　实施政府数据共享开放，应当依法维护国家安全和社会公共安全，保守国家秘密、商业秘密，保护个人隐私。任何组织和个人不得利用共享、开放的政府数据进行违法犯罪活动。

第二章　　数据采集汇聚

第九条　市人民政府依托"云上贵州"贵阳分平台，统一建设政府数据共享平台（以下简称共享平台）和政府数据开放平台（以下简称开放平台），用于汇聚、存储、共享、开放全市政府数据。

除法律法规另有规定外，"云上贵州"贵阳分平台、共享平台、开放平台应当按照规定与国家、贵州省的共享、开放平台互联互通。

共享平台和开放平台建设、运行、维护和管理的具体办法，由市人民政府制定。

第十条　行政机关应当将本辖区、本机关信息化系统纳入市级政府数据共享开放工作统筹管理，并且提供符合技术标准的访问接口与共享平台和开放平台对接。

第十一条　政府数据实行分级、分类目录管理。目录包括政府数据资源目录以及共享目录、开放目录。

行政机关应当依照国家、贵州省的政务信息资源目录编制指南以及标准，在职责范围内编制本辖区、本机关的目录，并且逐级上报大数据行政主管部门汇总。

目录应当经大数据行政主管部门审核、同级人民政府审定，市级共享目录、开放目录应当按照规定公布。

第十二条　行政机关应当按照技术规范，在职责范围内采集政府数据，进行处理后实时向共享平台汇聚。

采集政府数据涉及多个行政机关的，由相关行政机关按照规定的职责协同采集汇聚。

行政机关对其采集的政府数据依法享有管理权和使用权。

第十三条　行政机关应当对所提供的政府数据进行动态管理，确保数据真实、准确、完整。

因法律法规修改或者行政管理职能发生变化等涉及目录调整的，行政机关应当自情形发生之日起 15 日内更新；因经济、政治、文化、社会和生态文明等情况发生变化，涉及政府数据变化的，行政机关应当及时更新。

政府数据使用方对目录和获取的数据有疑义或者发现有错误的，应当及时反馈政府数据提供机关予以校核。

第三章　数据共享

第十四条　政府数据共享分为无条件共享、有条件共享。

无条件共享的政府数据，应当提供给所有行政机关共享使用；有条件共享的政府数据，仅提供给相关行政机关或者部分行政机关共享使用。

第十五条 无条件共享的政府数据，通过共享平台直接获取。

有条件共享的政府数据，数据需求机关根据授权通过共享平台获取；或者通过共享平台向数据提供机关提出申请，由数据提供机关自申请之日起 10 日内答复，同意的及时提供，不同意的说明理由。

数据提供机关不同意提供有条件共享的政府数据，数据需求机关因履行职责确需使用的，由市大数据行政主管部门协调处理。

第十六条 行政机关通过共享平台获取的文书类、证照类、合同类政府数据，与纸质文书原件具有同等效力，可以作为行政管理、服务和执法的依据。

行政机关办理公民、法人和其他组织的申请事项，凡是能够通过共享平台获取政府数据的，不得要求其重复提交，但法律法规规定不适用电子文书的除外。

第十七条 行政机关通过共享平台获取的政府数据，应当按照共享范围和使用用途用于本机关履行职责需要。

第四章　数据开放

第十八条 行政机关应当向社会开放下列情形以外的政府数据：

（一）涉及国家秘密的；

（二）涉及商业秘密的；

（三）涉及个人隐私的；

（四）法律法规规定不得开放的其他政府数据。

前款第一项至第三项规定的政府数据，依法已经解密或者经过脱敏、脱密等技术处理符合开放条件的，应当向社会开放。

第十九条 县级以上人民政府应当制定政府数据开放行动计划和年度工作计划，依照政府数据开放目录，通过开放平台主动向社会开放政府数据。

政府数据应当以可机读标准格式开放，公民、法人和其他组织可以在线访问、获取和利用。

第二十条　本条例施行之日起新增的政府数据，应当先行向社会开放。

信用、交通、医疗、卫生、就业、社保、地理、文化、教育、科技、资源、农业、环境、安监、金融、质量、统计、气象、企业登记监管等民生保障服务相关领域的政府数据，应当优先向社会开放。

社会公众和市场主体关注度、需求度高的政府数据，应当优先向社会开放。

第二十一条　公民、法人和其他组织认为应当列入开放目录未列入，或者应当开放未开放的政府数据，可以通过开放平台提出开放需求申请。政府数据提供机关应当自申请之日起10日内答复，同意的及时列入目录或者开放，不同意的说明理由。

公民、法人和其他组织对政府数据提供机关的答复有异议的，可以向市大数据行政主管部门提出复核申请，大数据行政主管部门应当自受理复核申请之日起10日内反馈复核结果。

第二十二条　县级以上人民政府应当建立政府与社会公众互动工作机制，通过开放平台、政府网站、移动数据服务门户等渠道，收集社会公众对政府数据开放的意见，定期进行分析，改进政府数据开放工作，提高政府数据开放服务能力。

第二十三条　行政机关应当通过政府购买服务、专项资金扶持和数据应用竞赛等方式，鼓励和支持公民、法人和其他组织利用政府数据创新产品、技术和服务，推动政府数据开放工作，提升政府数据应用水平。

县级以上人民政府可以采取项目资助、政策扶持等措施，引导基础好、有实力的企业利用政府数据进行示范应用，带动各类社会力量对包括政府数据在内的数据资源进行增值开发利用。

第五章　保障与监督

第二十四条　市人民政府应当依法建立健全政府数据安全管理制度和共享开放保密审查机制，其他行政机关和共享开放平台运行、维护单位应当落实安全保护技术措施，保障数据安全。

第二十五条　市大数据行政主管部门应当会同有关行政机关依法制定政府数据安全应急预案，定期开展安全测评、风险评估和应急演练。发生重大安全事故时，应当立即启动应急预案，及时采取应急措施。

第二十六条　市大数据行政主管部门应当定期组织行政机关工作人员开展政府数据共享开放培训和交流，提升共享开放业务能力和服务水平。

第二十七条　市人民政府应当制定考核办法，将政府数据共享开放工作纳入年度目标绩效考核，考核结果向社会公布。

第二十八条　县级以上人民政府应当定期开展政府数据共享开放工作评估，可以委托第三方开展评估，结果向社会公布。

鼓励第三方独立开展政府数据共享开放工作评估。

第二十九条　公民、法人和其他组织认为行政机关及其工作人员不依法履行政府数据共享开放职责的，可以向上级行政机关、监察机关或者市大数据行政主管部门投诉举报。收到投诉举报的机关应当及时调查处理，并且将处理结果反馈投诉举报人。

第六章　法律责任

第三十条　违反本条例规定，行政机关及其工作人员有下列行为之一的，由其上级机关或者监察机关责令限期改正，通报批评；逾期不改正的，对直接负责的主管人员和其他直接责任人员依法给予处分：

（一）不按照规定建设共享平台、开放平台的；

（二）不按照规定采集、更新政府数据的；

（三）不按照规定编制、更新目录的；

（四）不按照规定汇总、上报目录的；

（五）提供不真实、不准确、不完整政府数据的；

（六）不按照规定受理、答复、复核或者反馈政府数据共享或者开放需求申请的；

（七）要求申请人重复提交能够通过共享平台获取政府数据的；

（八）无故不受理或者处理公民、法人和其他组织投诉举报的；

（九）违反本条例规定的其他行为。

第三十一条 违反本条例规定，在政府数据共享、开放过程中泄露国家秘密、商业秘密和个人隐私的，依照有关法律法规处罚。

第七章 附 则

第三十二条 法律、法规授权具有公共管理职能的事业单位和社会组织的数据共享开放行为及其相关活动，参照本条例执行。

供水、供电、供气、通信、民航、铁路、道路客运等公共服务企业数据的共享开放，可以参照本条例执行。

第三十三条 本条例自 2017 年 5 月 1 日起施行。

文件编号：贵阳市人民政府令第 52 号
发布时间：2017 年 11 月 23 日
发布机关：贵阳市人民政府

贵阳市政府数据资源管理办法

第一章 总 则

第一条 为了加强和规范政府数据资源管理，推进政府数据共享开放和开发应用，提高行政效率和服务水平，依据《贵阳市政府数据共享开放条例》等法规和国家有关规定，结合本市实际，制定本办法。

第二条 本市行政区域内市、区（市、县）人民政府及其工作部门和派出机构、乡（镇）人民政府（以下简称行政机关）政府数据资源目录管理、采集汇聚及其相关管理活动，适用本办法。

本办法所称政府数据，是指行政机关在履行职责过程中制作或者获取的，以一定形式记录、保存的文件、资料、图表等各类数据资源，包括行政机关直接或者通过第三方依法采集、依法授权管理和因履行职责需要依托政务信息系统形成的数据资源等。

本办法所称信息系统，是指政务信息系统，包括由财政资金投资建设、财政资金与非财政资金联合建设、行政机关向社会购买服务或者需要财政资金运行维护的，用于支撑行政机关业务应用的各类信息系统。

第三条 市人民政府统一领导全市政府数据资源管理工作，协调解决政府数据资源管理工作中的重大问题。

区（市、县）人民政府按照职责，负责本辖区政府数据资源管理的相关工作。

第四条 市大数据行政主管部门应当履行下列职责：

（一）指导、监督、管理和协调全市政府数据资源管理工作；

（二）组织建立政府数据资源管理沟通协调机制；

（三）组织制定并实施政府数据资源管理相关制度；

（四）审核、汇总本级人民政府工作部门和派出机构、区（市、县）人民政府的政府数据目录；

（五）组织开展对本级人民政府工作部门和派出机构、区（市、县）人民政府政府数据资源管理工作的考核；

（六）市人民政府确定的其他职责。

第五条 区（市、县）大数据行政主管部门应当履行下列职责：

（一）指导、监督、管理和协调本辖区政府数据资源管理工作，接受上级大数据行政主管部门的业务监督、指导；

（二）组织制定并实施本辖区政府数据资源管理的相关配套制度；

（三）审核、汇总本级人民政府工作部门和派出机构、乡（镇）人民政府的政府数据目录；

（四）组织开展对本级人民政府工作部门和派出机构、乡（镇）人民政府政府数据资源管理工作的考核；

（五）市、区（市、县）人民政府确定的其他职责。

第六条 其他行政机关应当按照各自职责，做好政府数据资源管理的相关工作。

第七条 政府数据资源管理和服务所需工作经费列入本级财政预算，予以保障。

第二章　数据目录管理

第八条 行政机关应当按照贵州省政府数据分类分级的相关要求，对政府数据分类分级，并按照相关标准进行管理。

第九条 政府数据目录包括政府数据资源目录、共享目录和开放目录。

行政机关应当按照国家政务信息资源目录编制要求和贵州省政务数据资源目录编制要求以及相关标准，在其职责范围内梳理本机关所掌握的政府数据资源，明确数据的元数据、来源业务、类别、共享开放属性、级别、使用要求、更新周期等内容，及时编制本机关政府数据资源目录、共享目录和开放目录。

第十条 人口信息、法人单位信息、自然资源和空间地理信息、电子证照信息等基础信息资源的政府数据资源目录、共享目录和开放目录，由基础信息资源库的牵头建设机关负责编制。

由多个行政机关共同建设项目形成的健康保障、社会保障、食品药品安全、安全生产、价格监管、能源安全、信用体系、城乡建设、社区治理、生态环保、应急维稳等主题信息资源的政府数据资源目录、共享目录和开放目录，由主题信息资源牵头机关组织相关机关共同负责编制。

第十一条 行政机关的政府数据资源目录、共享目录和开放目录，纳入全市的政府数据资源总目录、共享目录和开放目录集中存储、统一管理。

第十二条 乡（镇）人民政府、区（市、县）人民政府工作部门和派出机构的政府数据资源目录、共享目录和开放目录由所在地区（市、县）大数据行政主管部门审核、汇总，经本级人民政府审核通过后，报市大数据行政主管部门。

市人民政府工作部门和派出机构的政府数据资源目录、共享目录和开放目录，由市大数据行政主管部门审核、汇总。

市大数据行政主管部门应当汇总市、区（市、县）两级政府数据资源目录、共享目录和开放目录，分别形成全市的政府数据资源总目录、共享目录和开放目录，报市人民政府审定后，政府数据资源总目录和共享目录在政府数据共享平台（以下简称共享平台）公布，开放目录在政府数据开放平台（以下简称开放平台）公布。

第十三条 行政机关应当对本机关编制的政府数据资源目录、共享目录、开放目录和政府数据进行动态维护管理，每年至少开展一次全面维护，确保数据真实、准确、完整和及时。

因法律、法规修改或者行政管理职能发生变化等因素涉及政府数据资源目录、共享目录、开放目录和政府数据调整的，相关行政机关应当在情形发生之日起 10 个工作日内更新。

因政治、经济、文化、社会和生态文明等情况涉及政府数据发生变化，需要调整政府数据资源目录、共享目录、开放目录和政府数据的，相关行政机关应当在情形发生之日起 5 个工作日内更新。

第十四条 政府数据使用方对政府数据目录和获取的政府数据有疑义或者发现有错误的，应当及时通过共享平台或者开放平台反馈政府数据提供机关予以校核。

政府数据提供机关应当自收到校核信息之日起 5 个工作日内完成校核，进行相应处理，并反馈政府数据使用方。校核期间，有关行政机关办理业务涉及公民、法人或者其他组织已提供合法有效证明材料的，应当照常办理，不得拒绝、推诿或者要求当事人办理数据更正手续。

第十五条 行政机关使用财政性资金建设的本机关业务信息系统，应当编制该项目数据资源目录作为项目审批要件。

第三章　数据采集汇聚

第十六条 行政机关应当根据本机关履行职责的需要，依法采集政府数据，明确采集数据的目的、范围、方式、格式和流程，并附数据采集格式样本，确定采集数据的共享开放属性、类别和级别。

行政机关采集政府数据不得侵害被采集对象的合法权益。

第十七条 行政机关采集政府数据，涉及公民个人数据的以本人居民身份证号码作为标识进行采集，涉及法人和其他组织数据的以统一社会信用代码作为标识进行采集。

第十八条 行政机关采集政府数据应当遵循一数一源、一源多用的原则，可以通过共享平台获取或者确认的政府数据，不得重复采集、多头采集。

第十九条 由多个行政机关协同采集的政府数据，应当由相关机关共同协商明确相应职责分工。不同机关提供的同一类别的数据不一致时，相关机关应当及时协商形成一致意见，不能形成一致意见的，由市大数据行政主管部门协调核实。

第二十条 行政机关应当按照相关技术标准对采集的政府数据进行数字化和结构化处理。

第二十一条 存储在"云上贵州"贵阳分平台、共享平台和开放平台的政府数据，行政机关应当事先进行保密审查，不得涉及国家秘密，并按照相关规范进行维护管理。

第二十二条 行政机关应当对本机关提供和获取的政府数据建立日志记录，日志记录保存时间不得少于6个月，确保数据使用过程可追溯。

第二十三条 行政机关应当按照国家、省、市政府数据共享开放的范围、程序、方式等规定，共享开放本机关的政府数据。

第四章 监督保障与责任追究

第二十四条 行政机关主要负责人是本地区、本机关政府数据资源管理工作的第一责任人。

第二十五条 行政机关应当制定本机关政府数据资源管理配套制度，加强本机关信息系统的数据加密、访问认证等安全保护，明确专人负责政府数据的保密审查和风险防范工作，完善安全技术保障体系。出现安全问题时，及时向大数据行政主管部门和公安机关报告，并配合处置。

第二十六条 市大数据行政主管部门应当按照国家、省的相关标准规范，组织建立"云上贵州"贵阳分平台政府数据存储和备份机制，防止数据丢失和毁损。

第二十七条 行政机关信息系统已迁移至"云上贵州"贵阳分平台的，应当按照政府数据存储和备份机制对数据进行备份、保护。

第二十八条 市、区（市、县）大数据行政主管部门应当依照本市政府数据资源管理考核的相关规定，按照职责组织开展对政府数据资源管理工作进行考核，将考核结果作为本级人民政府年度目标绩效考核的重要内容，并将考核结果向社会公布。

第二十九条 公民、法人和其他组织认为行政机关及其工作人员在政府数据资源管理过程中违反本办法规定的，可以向上级行政机关或者市大数据行政主管部门投诉举报。

收到投诉举报的机关，应当自受理投诉举报之日起5个工作日内进行核实处理，并将处理结果反馈投诉举报人。

第三十条 行政机关及其工作人员违反本办法规定，在政府数据资源管理工作中玩忽职守、滥用职权、徇私舞弊或者不履行本办法规定职责，尚不构成犯罪的，由具有管理权限的机关依法处理。

第五章 附 则

第三十一条 法律、法规授权具有公共管理职能的事业单位和社会组织的数据资源管理及其相关活动，参照本办法执行。

第三十二条 本办法自2018年1月1日起施行。

文件编号：贵阳市人民政府令第 55 号

发布时间：2018 年 1 月 12 日

发布机关：贵阳市人民政府

贵阳市政府数据共享开放实施办法

第一章　总　则

第一条　为了实现政府数据公平有序地共享开放，提高行政效率和服务水平，推动政府数据创新应用，全面推进大数据战略行动，依据《贵阳市政府数据共享开放条例》等法律、法规的相关规定，结合本市实际，制定本办法。

第二条　本市行政区域内市、区（市、县）人民政府及其工作部门和派出机构、乡（镇）人民政府（以下简称行政机关）的政府数据共享开放及其相关管理活动，适用本办法。

本办法所称政府数据，是指行政机关在履行职责过程中制作或获取的，以一定形式记录、保存的文件、资料、图表等各类数据资源，包括行政机关直接或者通过第三方依法采集、依法授权管理和因履行职责需要依托政务信息系统形成的数据资源等。

本办法所称信息系统，是指政务信息系统，包括由财政资金投资建设、财政资金与非财政资金联合建设、行政机关向社会购买服务或者需要财政资金运行维护的，用于支撑行政机关业务应用的各类信息系统。

第三条　市人民政府统一领导全市政府数据共享开放工作，协调解决政府数据共享开放有关重大问题。

区（市、县）人民政府按照职责，负责本辖区政府数据共享开放的相关工作。

第四条 市大数据行政主管部门应当履行下列职责：

（一）指导、监督、管理和协调全市政府数据共享开放工作；

（二）组织建立政府数据共享开放工作沟通协商机制；

（三）组织制定并实施政府数据共享开放相关制度；

（四）组织开展对本级人民政府工作部门和派出机构、区（市、县）人民政府政府数据共享开放工作的考核；

（五）市人民政府确定的其他职责。

第五条 区（市、县）大数据行政主管部门应当履行下列职责：

（一）指导、监督、管理和协调本辖区政府数据共享开放工作，接受上级大数据行政主管部门的业务监督、指导；

（二）组织制定并实施本辖区政府数据共享开放相关配套制度；

（三）组织开展对本级人民政府工作部门和派出机构、乡（镇）人民政府政府数据共享开放工作的考核；

（四）市、区（市、县）人民政府确定的其他职责。

第六条 其他行政机关应当按照各自职责，做好政府数据共享开放的相关工作。

第七条 政府数据共享开放所需工作经费列入本级财政预算，予以保障。

第二章　平台管理

第八条 市人民政府应当组织建设电子政务外网、"云上贵州"贵阳分平台、政府数据共享平台（以下简称共享平台）、政府数据开放平台（以下简称开放平台），作为政府数据传输、存储、共享、开放的载体。

电子政务外网是承载"云上贵州"贵阳分平台、共享平台和行政机关信息系统的基础网络。

"云上贵州"贵阳分平台应当基于电子政务外网建设，是政府数据汇聚、融通、应用的云计算平台。

共享平台是管理全市政府数据资源目录、支撑行政机关进行政府数据共享交换的基础平台。

开放平台是发布全市开放的政府数据资源目录和向公民、法人及其他组织开放政府数据的公共基础平台。

鼓励区（市、县）人民政府参与建设"云上贵州"贵阳分平台。

第九条 区（市、县）人民政府和贵阳国家高新技术产业开发区管委会、贵阳经济技术开发区管委会、贵阳综合保税区管委会、贵州双龙航空港经济区管委会，应当组织建设本辖区的电子政务外网，并明确相应工作机构管理维护。

第十条 除本办法第八条第一款规定和国家另有规定外，行政机关不再单独建设共享平台和开放平台。

第十一条 除法律、法规另有规定外，行政机关新建或者改造信息系统应当部署在"云上贵州"贵阳分平台，已建信息系统应当逐步向"云上贵州"贵阳分平台迁移。

行政机关未按照前款规定将本机关信息系统部署或者迁移至"云上贵州"贵阳分平台的，财政部门不再安排相应的运行维护费用。

第十二条 市大数据行政主管部门应当组织实施电子政务外网、"云上贵州"贵阳分平台、共享平台、开放平台的建设、维护管理工作。

市大数据行政主管部门可以依法委托具备相应信息技术服务条件的机构对前款规定平台进行运行维护管理，并依法签订委托合同，明确双方权利义务。

第十三条 行政机关使用"云上贵州"贵阳分平台，应当按照相关要求向市大数据行政主管部门提出申请。

市大数据行政主管部门应当自受理申请之日起5个工作日内，核实行政机关提交的申请和相关材料，自核实通过之日起提供不低于10日的测试试用期，经测试通过后，向申请机关正式开通应用系统。

第十四条 行政机关使用"云上贵州"贵阳分平台应当按需申请。需要调整其资源配置的，应当及时向市大数据行政主管部门提出变更申请。

市大数据行政主管部门应当自受理申请之日起5个工作日内完成资源配置变更的审核、确认工作。

第十五条 除本办法第二十二条规定情形外，行政机关应当将共享平台和开放平台作为本机关共享和开放政府数据的唯一通道，不得使用其他方式共享和开放政府数据。

第三章　数据共享

第十六条　行政机关共享政府数据应当遵循共享为原则、不共享为例外，通过共享平台实现在本市跨层级、跨地域、跨系统、跨部门、跨业务统筹共享和无偿使用。涉及国家秘密的，按照相关法律、法规执行。

第十七条　政府数据提供机关有义务向其他行政机关提供可共享的政府数据，有权根据本机关履行职责需要提出政府数据共享需求，并向市大数据行政主管部门授权数据查询权限。

第十八条　政府数据按共享类型分为无条件共享、有条件共享、不予共享等三类。

无条件共享的政府数据，数据提供机关应当主动提供给所有行政机关共享使用。涉及人口信息、法人单位信息、自然资源和空间地理信息、电子证照信息等基础信息资源的基础数据项，应当在行政机关之间无条件共享。

有条件共享的政府数据，数据提供机关可以提供给相关行政机关共享使用或者仅能部分提供给所有行政机关共享使用。涉及健康保障、社会保障、食品药品安全、安全生产、价格监管、能源安全、信用体系、城乡建设、社区治理、生态环保、应急维稳等主题信息资源，应当在行政机关之间有条件共享。

不予共享的政府数据，数据提供机关可以不提供给其他行政机关共享使用，并应当有法律、法规、规章或者国家相关文件依据。

行政机关对本机关政府数据的共享类型难以确定的，可提交同级大数据行政主管部门会同有关机关确定。

第十九条　无条件共享的政府数据，行政机关应当通过共享平台检索数据目录，查找、获取本机关履行职能所需数据。

第二十条　有条件共享的政府数据，行政机关应当提供法律、法规、规章或者国家相关文件依据，并报同级大数据行政主管部门备案。

政府数据需求机关需要申请有条件共享的政府数据的，应当根据本机关履行职责需要，梳理所需数据名称及其使用范围，通过共享平台向数据提供机关提出共享申请。

政府数据提供机关应当及时受理数据共享申请，核实数据使用需求及其范围等要素，自受理申请之日起 10 日内向数据需求机关反馈意见。同意共享的，通过共享平台提供所需数据。不同意共享的，向数据需求机关说明理由并提供依据。

第二十一条 政府数据提供机关不同意提供有条件共享的政府数据，但数据需求机关因履行职责确需使用的，可提请市大数据行政主管部门协调处理，市大数据行政主管部门应当自接到请求之日起 10 日内协调处理完毕。

第二十二条 行政机关接入共享平台的信息系统因为升级、改造、更换、下线等情形暂时不能提供数据共享服务的，应当及时通报市大数据行政主管部门，并采取其他方式向数据需求机关提供政府数据。

第二十三条 行政机关通过共享平台获取的文书类、证照类、合同类政府数据，与纸质文书原件具有同等效力，可以作为行政管理、服务和执法的依据。

行政机关办理公民、法人和其他组织的申请事项，凡是能够通过共享平台获取政府数据的，不得要求其重复提交，但法律、法规规定不适用电子文书的除外。

行政机关通过共享平台获取的政府数据，应当按照共享范围和使用用途用于本机关履行职责需要，不得直接或者以改变数据形式等方式提供给第三方，也不得用于或者变相用于其他目的。

第四章　数据开放

第二十四条 行政机关应当按照无条件开放、依申请开放、依法不予开放等三类对开放的政府数据进行管理，并遵守《中华人民共和国保守国家秘密法》及其实施条例、《政府信息公开条例》《贵阳市政府数据共享开放条例》等法律、法规的相关规定。

第二十五条　依法不予开放和需要特定对象申请开放的政府数据，其数据目录和限制开放依据应当向社会公布。

非涉密但涉及敏感信息的政府数据，行政机关经过脱敏清洗后可根据使用条件和适用范围向社会无条件开放或者依申请开放。

第二十六条　行政机关应当制定本机关政府数据开放行动计划和年度工作计划，依照本机关政府数据开放目录，采用直报、数据接口等形式，通过开放平台主动向公民、法人和其他组织开放政府数据，提供无偿服务。

第二十七条　无条件开放的政府数据，公民、法人和其他组织可以通过开放平台直接获取。

第二十八条　依申请开放的政府数据，公民、法人和其他组织可以通过开放平台向数据提供机关申请开放所需数据，并填写数据名称、数据需求类型、数据描述、所属领域、数据格式、数据用途及其他相关信息。

政府数据提供机关应当及时受理数据开放申请，核实数据使用需求和前款规定信息，自受理申请之日起10日内通过开放平台向申请方开放其所需数据。不同意开放的，说明理由并提供依据。

第二十九条　行政机关应当对本机关开放的政府数据进行解读，推进政府数据深度挖掘和增值利用。

鼓励、支持公民、法人和其他组织依法利用政府数据开发的衍生产品或者应用面向社会公益开放。

第三十条　在依法利用和保障安全的条件下，对具备良好市场应用前景、较大经济社会价值的政府开放数据，行政机关可以通过政府购买服务等方式，引入具备相应条件的第三方机构开展政府数据市场化开发应用。

第五章　监督保障与责任追究

第三十一条　市大数据行政主管部门和其他行政机关应当按照《中华人民共和国网络安全法》《贵阳市政府数据共享开放条例》等法律、法规的规定，加强电子政务外网、"云上贵州"贵阳分平台、共享平台、开放平台的安全管理和防御，保障平台和数据安全。

第三十二条　行政机关应当按照政府数据分级分类和信息安全等级保护以及保密法律、法规的规定，制定本机关政府数据安全管理制度、操作规程，建立保密审查机制，落实安全保护责任，处理安全隐患。不能处理的，及时通报市大数据行政主管部门、公安机关或者其他有关部门，并配合处理。

第三十三条　行政机关主要负责人是本地区、本机关政府数据共享开放工作的第一责任人。

政府数据提供机关应当按照谁主管、谁提供、谁负责的原则，明确专人对本机关共享开放的政府数据进行动态管理，及时维护、更新，保障数据真实、准确、完整、及时。

政府数据使用机关应当按照谁经手、谁使用、谁管理、谁负责的原则，加强共享数据使用全过程管理。

行政机关应当对本地区、本机关滥用、未经许可扩散共享数据和非授权使用、泄露其他机关有条件共享数据等违法行为及其后果负责。

第三十四条　行政机关应当定期收集、分析政府数据使用的应用需求状况和建议，逐步扩大政府数据共享开放的范围与深度。

第三十五条　市大数据行政主管部门应当定期组织行政机关工作人员开展政府数据共享开放更新维护、安全管理、操作流程、规范使用等专题培训，提高政府数据共享开放工作的业务能力和服务水平。

第三十六条　市、区（市、县）大数据行政主管部门应当依照本市政府数据共享开放考核管理的相关规定，按照职责组织开展对政府数据共享开放工作进行考核，将考核结果作为本级人民政府年度目标绩效考核的重要内容，并将考核结果向社会公布。

第三十七条　公民、法人和其他组织认为行政机关及其工作人员在政府数据共享开放工作中违反本办法规定的，可以向上级行政机关或者市大数据行政主管部门投诉举报。

收到投诉举报的机关，应当自受理投诉举报之日起 5 个工作日内进行核实处理，并将处理结果反馈投诉举报人。

第三十八条　行政机关及其工作人员违反本办法规定，在政府数据共享开放工作中玩忽职守、滥用职权、徇私舞弊或者不履行本办法规定职责，尚未构成犯罪的，由具有管理权限的机关依法处理。

第六章　附　则

第三十九条　法律、法规授权具有公共管理职能的事业单位和社会组织的数据共享开放及其相关活动，参照本办法执行。

第四十条　本办法自 2018 年 3 月 1 日起施行。

文件编号：筑府发〔2017〕6号
发布时间：2017 年 3 月 28 日
发布机关：贵阳市人民政府办公厅

关于贵阳市加快推进政府数据
共享开放的实施意见

一、总体要求

（一）指导思想

按照《国务院关于印发政务信息资源共享管理暂行办法的通知》（国发〔2016〕51 号）、《省人民政府办公厅关于印发贵州省政务数据资源管理暂行办法的通知》（黔府办发〔2016〕42 号）等的有关要求，以政府数据资源目录体系建设为主线，打造"云上贵州·贵阳平台"、政府数据共享交换平台、政府数据开放网站、数据增值服务平台、数据安全监管平台等，整合本地数据、国家数据和互联网数据建设块数据资源池，有序推进数据共享开放，探索建立政府数据"聚、通、用"的全流程服务模式，形成一体化的政府数据共享开放管理体系，建立政府数据共享开放统一标准，提高政府数据资源开发利用价值，提升行政效率和政府治理水平，促进大数据产业发展，建设块数据城市，为国家大数据综合试验区数据共享开放试验创造可借鉴、可复制、可推广的成功模式。

（二）主要目标

完成贵阳市政务数据资源目录体系建设，建成人口库、法人库、自然资源和空间地理库、宏观经济库、电子证照库等基础数据库，建成"云上贵州·贵阳平台"、政府数据共享交换平台、政府数据开放网站、数据增值服务平台和数据安全监管平台，实现政府数据资源科学配置和深度利用，在全国率先实现政府数据跨部门、跨层级的综合性应用，依法有序开放公共数据，带动社会、行业、企业及互联网数据共享开放，建成块数据城市，完成国家大数据（贵州）综合试验区数据共享开放试验。

1. 形成标准统一、分类科学的数据资源目录体系。统一编制全市政府数据资源目录，实现政府数据资源目录的集中存储和统一管理，基于数据资源目录统一规范数据采集、数据共享与数据开放。

2. 实现多渠道、多领域的数据集中汇聚。建成数据采集系统、"云上贵州·贵阳平台"，形成多方主体参与、多种手段并用的数据高效采集、汇聚机制，实现政府数据、国家各类数据、互联网数据在"云上贵州·贵阳平台"集中汇聚，形成贵阳块数据资源池。

3. 建成全流程、多品种大数据清洗加工产业生态。建成大数据清洗加工基地，提供数据加工与增值处理服务，逐步形成我市在大数据采集、清洗、加工、脱敏、挖掘、分析和可视化领域的数据产品精加工产业生态。

4. 形成跨部门、跨层级的数据资源共享体系。建成政府数据共享交换平台，完成全市人口数据库、法人数据库、宏观经济库、自然资源和空间地理库、电子证照库建设，基本实现跨部门、跨层级数据资源共享，实施一批数据共享应用。

5. 形成多维度、多模式的政府数据资源开放。政府数据开放网站建成使用，提升数据资源开放的广度和深度，通过契约式开放、社会开放等多种模式开放政府数据，推进政治、经济、社会、文化等多个维度数据主动向社会开放。

6. 培育业态丰富、模式创新的数据增值服务。建成数据增值服务平台，推动社会主体利用开放数据资源进行增值开发利用，形成各类主体积极参与、创新应用的良好氛围，促进新业态、新模式不断涌现。

7. 形成自主可控、主动防御的数据共享开放安全保障。建成数据安全监管平台，为数据共享开放提供安全保障。

（三）基本原则

1. 共享开放优先。各政府部门形成的政府数据资源原则上应予共享开放，涉及国家秘密和安全的，按相关法律法规执行。

2. 应用需求导向。因履行职责需要使用共享数据的部门提出明确的共享需求和数据使用用途，共享数据的产生和提供部门应及时响应并无偿提供共享服务。

3. 统一标准规范。按照政务信息资源相关标准和目录体系，进行政府数据资源的采集、存储、交换和共享、开放工作，坚持"一数一源"、多元校核，统筹建设数据资源目录体系和管理体系。

4. 保障数据安全。统筹建立政府数据资源共享开放管理体系和工作评价机制，各政府部门和共享开放平台管理单位应加强对共享开放数据采集、共享、开放、使用全过程的身份鉴别、授权管理和安全保障，确保共享开放数据安全。

二、统筹建设政府数据共享开放管理体系

（一）健全数据资源统筹管理机制

建立政府数据资源统筹管理和调度运行机制，加强市大数据委对全市数据资源统筹管理，实现全市政府数据资源目录的集中存储和统一管理，推进数据共享开放和集约化利用。制订数据资源管理办法，推进政府数据的共享和开放。建立数据开发和数据增值应用的市场机制。建立公共数据资产登记制度，探索建立数据资源审计和安全监督制度。建立数据共享开放的追溯制度，探索利用区块链技术跟踪和追溯数据共享开放使用情况。（牵头单位：市大数据委；责任单位：市直各部门，贵阳块数据公司，各区〔市、县〕人民政府、各开发区管委会）

（二）建立政府部门互利的数据共享合作机制

建立应用部门需求、共享部门响应、贵阳块数据公司流转的数据共享合作良性互动机制。根据应用需要，应用部门进行数据共享申请，逐步扩大数据共享范围与深度，有效推动数据的自由流动与按需使用，逐步建立健全可持续稳定化的政府数据共享合作机制。加强数据资源质量管理和交叉检验，明确各部门数据共享的范围边界、使用方式和权利义务。共享部门响应数据共享可采取无条件共享、权限共享（特定范围内共享）和数据加工处理共享（如脱敏脱密）等多种方式，分类分级实施。贵阳块数据公司基于共享交换平台提供数据管道技术，实

现数据"一次打通，统一流转、按需共享、可控调用"（牵头单位：市大数据委；责任单位：市直各部门，各区〔市、县〕人民政府、各开发区管委会）

（三）开展数据标准法规建设

依托电子信息技术标准化研究机构，探索制定政府数据核心元数据、数据目录类、服务目录、政府数据安全类等政府数据标准，有力推进贵州省地方标准制定。制订政府数据采集、共享、开放、分类、质量、平台对接、安全管理等关键共性标准，形成完善的政府数据资源共享开放标准体系。建立标准符合性评估体系，培育标准服务市场，开展标准验证评估工作。（牵头单位：市质监局、市法制局、市大数据委；责任单位：市直各部门，贵阳块数据公司，各区〔市、县〕人民政府、各开发区管委会）

（四）完善数据资源目录管理

1. 建立数据资源目录。

编制全市政府数据资源目录体系，明确政府数据资源的分类、责任方、格式、属性、更新时限、共享类型、共享方式、开放模式、使用要求等内容。各级各部门结合自身实际，选择在线编制、离线工具、系统对接等方式，按照国家和省市相关标准和规范，梳理本部门所掌握的数据资源，及时编制、发布和维护本部门政府数据资源目录。乡（镇）人民政府应当在职责范围内，编制政府数据资源目录，报上级人民政府审定；市、区（市、县）行政机关应当在职责范围内，编制本部门政府数据资源目录，报同级人民政府审定。因有关法律法规修改或者行政管理职能发生变化涉及政府数据资源目录的，政府部门应当自有关法律法规修改或者行政管理职能变化之日起15个工作日内更新本部门的政府数据资源目录，同时负责对本部门政府数据资源目录更新工作的监督考核。人口信息、法人单位信息、自然资源和空间地理信息、电子证照信息等基础数据资源目录由基础数据资源库的牵头建设部门负责编制并维护，由多部门共建项目形成的主题数据资源目录由主题数据资源库牵头部门负责编制和维护。市大数据委汇总并及时更新全市政府数据资源总目录，按规定向社会公布。依托政府数据资源目录，确立数据共享目录和开放目录，建立共享数据集和开放数据集，支撑数据采集系统、数据共享开放平台、数据增值应用平台建设。（牵头单位：市大数据委；责任单位：市法制局、市编委办、市直各部门，贵阳块数据公司，各区〔市、县〕人民政府、各开发区管委会）

2. 加强数据资源目录管理。

推进全市政府数据资源目录的集中存储和统一管理。按照"一数一源"的原则，建立数据资源目录台账系统，避免通过共享方式获取的政府数据资源的重复采集和加工。建设数据目录服务系统、数据目录管理系统、数据接口资源库等三大系统，实现对全市各部门政府数据资源目录的有效管理。对于不支持政府数据资源共享开放和业务协同的政府项目，项目审批部门将不再予以审批。按照"谁拥有，谁定级"和"谁使用，谁管理"的原则，推动政府部门加快建立本部门政府数据资源目录管理制度以及相应的行政责任追究制度，并加强对本部门数据资源目录编制、审核、发布、更新等管理。全市各级各部门可指定专人负责数据资源目录的编制和审核，审核人员应当逐条审核已提交的目录信息，确保其准确性、完整性和合规性。全市各级各部门应当建立本部门数据资源目录更新制度，因资源目录要素内容发生调整或可共享的政府数据资源出现变化时，应当在2个工作日内，进行数据资源目录的更新操作。政府部门对本部门的政府数据资源目录，每年应当至少进行一次全面维护。（牵头单位：市大数据委；责任单位：市直各部门，贵阳块数据公司，各区〔市、县〕人民政府、各开发区管委会）

（五）明确数据共享开放运营主体

贵阳块数据公司是全市政府数据共享开放服务的具体实施主体，在市大数据委指导下工作，负责全市各级各部门政府数据的采集、加工、清洗、入库、分析、建模等实施工作，是政府数据共享交换平台、政府数据开放网站、数据增值服务平台、云平台等基础平台的投资、建设、运营主体。市政府按程序授权贵阳块数据公司经营政务云平台及政务数据服务。（牵头单位：市大数据委；责任单位：贵阳块数据公司）

（六）加强数据共享开放工程技术研发

加快政府治理大数据应用技术国家工程实验室建设，推进政务数据共享与开放的政策机制与标准规范、关键技术与安全机制研究，推动政务数据共享与开放的基础性支撑体系平台建设以及和政务数据相关的示范性产品和应用服务研发推广。(牵头单位：市大数据委；责任单位：市直各部门，贵阳块数据公司，各区〔市、县〕人民政府、各开发区管委会)

三、加快政府数据采集与汇聚

(一) 推进数据采集系统建设

依托全市统一的电子政务外网，部署数据采集网关，整合前置机、数据探针爬取、数据 API 多种数据采集手段，建立采集服务接口，实施数据云采集，通过 Web 应用 API 服务化实现与各部门应用系统集成，构建起政府部门多元异构数据的统一采集系统，实现对全市各单位政府数据快速、动态、自动、活化地采集。按照贵州省《政府数据分类分级指南（试行）》中"自主采集"和"明确需求"原则，通过对数据接口定义标识的方法，实现对数据进行分类分级控制。(牵头单位：市大数据委；责任单位：市直各部门，贵阳块数据公司，各区〔市、县〕人民政府、各开发区管委会)

(二) 推进"云上贵州·贵阳平台"建设

建设"云上贵州·贵阳平台"，推进政府部门应用系统与数据统一向云平台进行迁移，同时引导和鼓励其他社会数据资源和应用向"云上贵州·贵阳平台"汇聚，整合形成区域内的"块数据"，统一向全市各部门提供数据云服务。要求市直各部门和各区（市、县）一般不再单独新建云服务平台。建立"云上贵州·贵阳平台"数据存储和备份机制，防止数据丢失和毁损。加强数据存储前的保密审查，坚持涉密数据不上云，并按照"云上贵州·贵阳平台"数据存储的相关规范实施管理。推进"云上贵州·贵阳平台"的数据异地灾备、保护、恢复等工作。(牵头单位：市大数据委；责任单位：贵阳块数据公司)

(三) 完善政府数据资源采集机制

统一制定政府数据采集标准、流程和方法，建立数据采集和更新机制，制定数据库备案、运行、更新、注销管理制度。政府部门根据本部门履行职责的需要依法采集数据，明确采集数据的范围、共享开放属性、类别、级别、格式和采集流程，确保数据的正确性、完整性、时效性。政府部门对本部门采集的政府数据具有管理权和使用权。政府数据采集遵循"一数一源，一源多用"原则，不得重复采集、多头采集可以通过共享方式获取的政府数据资源。对涉及多个部门采集的政府数据，由相关部门按照规定的职责协同采集汇聚。需要面向自然人、法人和其他组织采集的基础数据，依法确定其采集边界和范围，不得侵害被采集人的合法权益。自然人数据应当以居民身份证号码作为标识进行采集，法人及其他组织数据应当以统一社会信用代码作为标识进行采集。政府部门按照工作要求和规范对采集数据进行审核、登记、编目、更新等操作。政府部门按照相关技术标准对采集的政府数据开展数字化和结构化处理。支持培育数据采集新业态，鼓励政府、企业和社会机构委托第三方开展数据采集，推动政府数据采集向专业化、社会化、市场化采集以及多方利用模式转变。（牵头单位：市大数据委；责任单位：市直各部门，贵阳块数据公司，各区〔市、县〕人民政府、各开发区管委会）

（四）推进各类数据汇聚资源池

围绕打造国家一体化大数据中心示范区、建设国家大数据（贵州）综合试验区的目标，推进政府数据、国家各类数据、互联网数据等数据资源向贵阳汇聚，构建跨领域、跨部门、跨层级的块数据资源池。有序推动全市事业单位、国有企业等重点领域公共数据资源向"云上贵州·贵阳平台"汇聚，鼓励其他企业和社会数据资源汇聚"云上贵州·贵阳平台"。探索行业、外省市及中央部门等外部数据的接入汇聚机制，推进各类数据资源招商。（牵头单位：市大数据委；责任单位：市直各部门，各区〔市、县〕人民政府、各开发区管委会）

四、开展政府数据清洗加工

（一）推进政府数据清洗加工

加快建立数据清洗、加工、脱敏体系，确保数据准确、完整、可用、可追溯和安全。推进原始数据的清洗，去除"脏"数据，加强数据比对。开展数据粗加工、精加工，推进数据的组合、关联、挖掘、分析和可视化，开发数据产品与服务。制定脱敏规则，加强敏感数据项的数据变形，实现敏感隐私数据的可靠保护。强化数据清洗加工质量控制，加强工艺过程的全程管控。（牵头单位：市大数据委；责任单位：市直各部门，贵阳块数据公司，各区〔市、县〕人民政府、各开发区管委会）

（二）建设大数据清洗加工基地

引进一批从事数据清洗、加工、脱敏、分析和应用开发企业落地，建设贵阳市大数据清洗加工基地。鼓励企业参与政府数据清洗加工，建立数据加工企业管理目录，按照"高位奖励、末位淘汰"的原则，推进政府数据清洗加工。支持企业开展行业数据、互联网数据、企业数据的梳理加工，面向国内外市场从事数据清洗加工服务，逐步形成我市在大数据采集、清洗、加工、挖掘、分析和可视化领域的数据产品精加工产业生态。（牵头单位：市大数据委；责任单位：市直各部门，贵阳块数据公司，各区〔市、县〕人民政府、各开发区管委会）

五、推进政府数据共享

（一）建设政府数据共享交换平台

基于"云上贵州·贵阳平台"，构建政府数据共享交换平台，推动跨部门、跨区（市、县）、跨层级的数据资源按需共享。共享交换平台（内网）按照涉密信息系统分级保护要求，依托电子政务内网建设和管理；共享交换平台（外网）按照网络安全相关制度和要求，依托电子政务外网建设和管理。各政府部门业务信息系统原则上通过电子政务内网或电子政务外网承载，通过政府数据共享交换平台与其他政府部门共享交换数据。凡新建的需要跨部门共享数据的业务信息系统，必须通过政府数据共享交换平台实施数据共享，原有跨部门数据共享交换系统应逐步迁移到政府数据共享交换平台。探索利用区块链技术记录数据共享行为，开展基于智能合约的自动数据共享试验。加快与省级"云上贵州"系统平台进行对接，促进全省及全国数据资源共享。（牵头单位：市大数据委；责任单

位：市直各部门，各区〔市、县〕人民政府、各开发区管委会）

（二）建立政府数据共享机制

按照"谁提供，谁负责"的原则，提供部门应及时维护和更新数据，保障数据的完整性、准确性、时效性和可用性，确保所提供的共享数据与本部门所掌握数据的一致性。提供部门在向使用部门提供共享数据时，应明确数据的共享范围和使用用途，原则上通过政府数据共享交换平台提供，鼓励采用系统对接、前置机共享、联机查询、部门批量下载等方式。凡属于政府数据共享交换平台可以获取的数据，各政府部门原则上不得要求自然人、法人或其他组织重复提交。按照"谁经手，谁负责"的原则，使用部门应根据履行职责需要依法依规使用共享数据，属于无条件共享类的数据资源，使用部门在共享交换平台上直接获取。属于有条件共享类的数据资源，使用部门通过共享交换平台向提供部门提出申请，提供部门应当自受理申请之日起 10 个工作日内反馈意见并说明理由，同意共享的及时共享或者向使用部门提供。依法不能共享的政府数据，提供部门不予提供。使用部门应当加强共享数据使用全过程管理，对本部门滥用、未经许可扩散共享数据和非授权使用、泄露其他部门条件共享数据等违规行为及其后果负责。共享数据涉及国家秘密的，提供部门和使用部门应当遵守有关保密法律法规的规定，在数据共享开放工作中分别承担相关保障责任。建立疑义、错误数据快速校核机制，使用部门对获取的共享数据有疑义或发现有明显错误的，应及时反馈提供部门予以校核。（牵头单位：市直各部门，各区〔市、县〕人民政府、各开发区管委会）

（三）建立政府基础数据库和业务专题库

1. 建设人口基础数据库。

以公安机关的人口户籍信息为基础，进一步归集整合分散在各相关部门的人口信息，建立以公民身份号码为标识、以居民身份证信息为主要内容的人口基础数据库，进一步提升数据质量、加强数据资源的挖掘及关联分析，推动公安、民政、卫计、社保、教育等跨部门数据共享应用和业务协同。（牵头单位：市公安局；责任单位：市大数据委、市人力资源社会保障局、市卫生计生委、市民政

局、市教育局）

2. 建设法人单位基础数据库。

以工商部门的企业信息为基础，推进以法人和其他组织统一社会信用代码为标识的机关、事业、企业、社团及其他依法成立的各类机构法人单位基础数据库建设，促进工商、税务、质监、工信、发改、财政、科技、商务等基础库共建单位间信息共享、互联互通和业务协同，进一步提升我市企业信用信息系统建设水平。在此基础上，依据我市信用体系建设规划，积极推进贵阳市企业信用信息块数据库建设，加快健全信用政策法规和标准体系，为适时启动实施全社会信用信息系统整合工程，形成覆盖全社会的征信系统打下坚实基础。（牵头单位：市工商局；责任单位：市大数据委、市民政局、市国税局、市工业和信息化委、市质监局、市发展改革委、市财政局、市科技局、市商务局）

3. 建设自然资源和空间地理基础数据库。

以测绘基础地理信息为主要内容，结合基础测绘规划、城乡规划管理工作，有序更新基础地理信息，进一步整合国土、房管、工信等相关部门的基础地理信息数据，建立完善全市统一规范的基础地理信息数据库。推动相关业务部门逐步建设地下管线、行政区划及地名数据、综合交通、水源水系分布、产业分布、自然资源分布等专业图层。通过进一步推进和丰富全市地理信息公共服务平台的应用，为全市基础数据库建设和各级、各部门应用提供基础地理信息服务。（牵头单位：市国土资源局；责任单位：市规划局、市住房城乡建设局、市大数据委）

4. 建设宏观经济基础数据库。

强化金融、税收、统计等基础数据资源开发利用，逐步完善消费、投资、进出口以及经济运行、节能减排、知识产权等方面的业务信息资源，为开展经济运行动态监测分析、产业发展预测预警等决策分析提供基础支撑。（牵头单位：市发展改革委、市统计局；责任单位：市财政局、市大数据委）

5. 建设电子证照基础数据库。

通过制订电子证照技术标准规范，建设电子证照共享服务平台，实现电子证照目录编制、数据采集、证照生成和证照应用共享。建设电子证照目录服务系统、电子证照生成管理系统、电子证照综合管理平台和电子证照公共服务平台等四个子系统，完善电子证照技术标准规范和基础设施。（牵头单位：市政务服务

中心；责任单位：市发展改革委、市大数据委)

6. 建立政府业务专题库。

围绕经济社会发展的某一主题领域，推进建设健康保障、社会保障、食品药品安全、安全生产、价格监管、能源安全、信用体系、城乡建设、社区治理、生态环保等政府业务专题库。(责任单位：市直各部门)

(四) 推进政府数据共享应用

基于政府数据资源目录和政府数据共享交换平台，按照业务工作实际和综合应用场景，加快开展供给侧改革、信用、健康、生态文明、数据铁笼、综合治税等跨部门数据资源共享和业务协同应用示范，全市提出不少于 50 个具有引领示范效应的共享数据应用项目，由市大数据委审核后组织各部门分别实施。(牵头单位：市大数据委；责任单位：市直各部门，各区〔市、县〕人民政府、各开发区管委会)

六、推进政府数据开放与增值应用

(一) 建立政府数据开放网站与管理机制

加快建设集开放数据处理与标准化、开放数据库、数据资源开放目录体系、数据开放管理平台、门户网站等于一体的政府数据开放网站。按照动态管理的原则，分年度制定并实施政府数据开放计划，鼓励各方在保障公共利益和个人隐私前提下的政府数据增值利用，探索构建互联互通的分布式开放数据体系。政府部门加强落实本部门政府数据开放工作职责，编制数据开放负面清单，建立政府数据脱敏的标准和流程，确立契约式开放三方主体的职责和义务，及时向社会公布。除法律法规明确不宜开放的数据，一律分级、分类逐步向社会开放。依法不予开放和需要特定相对人申请开放的政府数据，数据目录和限制开放依据应当向社会公布。除法律法规另有规定外，对涉及国家秘密、商业秘密、个人隐私的政府数据，依法按程序进行脱敏、脱密等技术处理符合开放条件的向社会开放。对安全性、稳定性、业务处理能力要求较高的数据资源，可依法申请开放。数据提供部门与相关部门对申请主体资质、数据资源使用范围等审核通过后，以接口方式定向开放。探索基于区块链技术的数据资源开放使用情况的链上跟踪和追溯。在依法利用和保障安全的原则下，对具备良好市场应用前景、较大经济和社会价值的政府开放数据，政府部门可通过政府购买服务、协议约定、依法提供等方式引入合法机构开展政府数据市场化开发应用。鼓励依申请开放类政府数据的申请者对其合法利用数据开发的衍生产品或应用面向社会公益开放。政府部门应当对开放数据进行动态更新管理，确保开放数据及时有效。（牵头单位：市大数据委；责任单位：市直各部门，贵阳块数据公司，各区〔市、县〕人民政府、各开发区管委会）

（二）实施引领性共享开放专项行动

在政府数据共享关联的基础上，贵阳块数据公司提出不少于100个的主题关联数据包，通过公共数据开放网面向社会进行开放，形成具有引领示范效应的政府数据开放模式。引导各类企业、行业协会、科研机构、社会组织等依法依规采集并开放数据，探索政府数据以契约方式向社会和企业开放，建立起政府和社会互动的数据采集、整合、开放、利用机制。（牵头单位：市大数据委；责任单位：市直各部门，贵阳块数据公司，各区〔市、县〕人民政府、各开发区管委会）

（三）发展政府数据增值服务

加快贵州大数据综合试验区实验基地与政府数据增值服务平台建设，鼓励和支持各类社会主体在生产、经营、管理等环节充分利用并深度开发政府数据资源，创造新业态、新模式、新产品，孵化大数据增值服务企业。在确保安全可靠的前提下开放政务信息系统数据 API 接口，允许贵阳块数据公司经授权，开展政府数据与社会数据的整合，形成新的数据资源与数据开发。入驻示范基地的企业与大数据运营公司签订契约并通过审查后可以使用数据增值服务平台中的数据资源。（牵头单位：市大数据委；责任单位：市直各部门，贵阳块数据公司，各区〔市、县〕人民政府、各开发区管委会）

七、加强政府数据共享开放安全保障

（一）加强数据安全技术防护

围绕数据采集、清洗加工、共享、开放等环节，统筹构建"云上贵州·贵阳平台"物理层、网络层、平台层、主机层、应用层、数据层的整体安全技术防护体系和认证体系。探索建设首个国家大数据安全靶场，在攻防演练、能力测试、产品测试和人才教育培养等方面先行先试，积累数据安全保障经验。推进自主可控的数据安全产品研发与应用，支持国产密码算法的数据加解密、数据脱敏、访问控制、数据审计、数据溯源、数据销毁、完整性验证、数据备份、数据迁移与恢复等数据安全产品技术研发及应用推广，构建全方位、多层次的数据防护网，全面提升针对隐私数据泄露、违法数据流动等安全风险隐患的识别、监测和处置能力。（牵头单位：市公安局、市大数据委；责任单位：市直各部门，贵阳块数据公司，各区〔市、县〕人民政府、各开发区管委会）

（二）制定数据安全管理规范

建立健全政府数据资源共享开放安全管理制度和工作规范，制定针对政府数据采集、质量管控、敏感数据管理、共享开放的数据安全法规制度，明确数据采集、加工、使用、共享、开放等环节涉及数据安全的范围和格式、数据管理的权限和程序以及开放数据的内容、格式和访问方式等，建立数据提供和使用方的责任追责体系。建立数据灾备、安全防护管理和应急处理制度，实现安全评测、风险评估和应急演练规范化、精细化、常态化。政府部门应当加强本部门信息系统的数据加密、访问认证等安全保护，按照"谁管理、谁定级"原则，依据贵州省《政府数据数据分类分级指南（试行）》确定数据的安全等级属性，并以此为依据建立信息系统的安全体系。政府部门按照"谁建设，谁维护；谁使用，谁负责"的原则，在各自的职责范围内，加强政府数据资源采集、共享、使用时的安全保障工作，落实本部门对接系统的数据安全防护措施，防范数据滥用和不当使用。（牵头单位：市公安局、市大数据委；责任单位：市直各部门，各区〔市、县〕人民政府、各开发区管委会）

（三）建立基于区块链的数据安全监管平台

建立数据安全外部检验和否决的工作机制，植入区块链及其检验等技术，全面掌握"谁来拿数据""拿数据干什么"，稳妥履行数据安全监管职能，对数据共享开放对象进行筛选、记录、追踪，推动数据安全监管平台建设。利用区块链技术明确数据资产来源、所有权、使用权和流通路径，通过数据脱敏、多签名私钥、加密技术、安全多方计算技术等技术防止个人隐私和核心数据泄露。加强数据安全风险评估、检查和监督，定期排查安全隐患，建立数据安全审计跟踪机制，提升数据安全监测、预警等能力。（牵头单位：市公安局、市大数据委；责任单位：市直各部门，贵阳块数据公司，各区〔市、县〕人民政府、各开发区管委会）

八、组织实施政府数据共享开放工作

（一）优化工作机制

强化数据共享开放工作的统筹推进力度，落实市主要领导月调度、工作专班日常推进的工作机制。市大数据委要统筹协调政府数据共享开放工作，将共享开放工作作为当前大数据发展的首要工作，确保该项工作抓出成果，取得实效。各委办局、区（市、县）要高度重视，落实"一把手责任制"，主要负责人员要亲自安排部署本部门数据共享开放工作。各委办局、区（市、县）设立首席数据官，负责数据共享开放工作。各政府部门建立健全政府数据资源共享开放工作管理制度，明确目标、责任和实施机构。（牵头单位：市大数据委；责任单位：市直各部门，各区〔市、县〕人民政府、各开发区管委会）

（二）保障资金投入

市直各部门要统筹安排好相关经费，将政府数据共享开放工作涉及的信息系统建设改造、数据资源汇集、加工、处理等费用纳入行政机关年度预算，按照工作计划，合理安排财政资金，保证各项工作有序开展。市发展改革委、市财政局、市大数据委建立政府数据共享开放项目建设投资和运维经费协商机制，对政府部门落实政府数据资源共享开放要求和数据安全要求的项目进行联合审批，凡不符合政府数据资源共享开放要求的，不予审批建设项目，不予安排运维经费。政府数据共享开放项目立项申请前应预编形成项目数据资源目录，作为项目审批要件。项目建成后应将项目数据资源目录纳入数据资源目录台账系统，作为项目验收要求。政府数据资源共享开放相关项目建设资金纳入政府固定资产投资，政府数据资源共享开放相关工作经费纳入部门财政预算，并给予优先安排。（牵头单位：市大数据委、市发展改革委、市财政局；责任单位：市直各部门，贵阳块数据公司，各区〔市、县〕人民政府、各开发区管委会）

（三）制定工作计划

市直各部门、各区（市、县）要切实做好本部门的政府数据资源采集、加工、共享、开放和管理实施计划并抓好落实，确保政府数据资源共享开放工作扎实健康、有序、安全推进。（责任单位：市直各部门，各区〔市、县〕人民政府、各开发区管委会）

（四）组织专题培训

进一步提升全市各级各部门对数据共享开放工作的认识和相关工作能力，由市大数据委组建专班负责组织面向各级各部门主要领导、分管领导和专业技术人员的共享开放系列专题培训。（牵头单位：市大数据委；责任单位：市直各部门，各区〔市、县〕人民政府、各开发区管委会）

（五）建立考核机制

切实发挥绩效考评的促进作用，依据政府数据共享开放评价指标体系，从共享开放范围、数据质量、可用性、时效性等角度制定评价标准，对政府数据资源共享开放工作进行考核，并纳入年度绩效考评范畴，逐步加大绩效考评工作力度。（牵头单位：市大数据委、市督办督查局；责任单位：市直各部门，各区〔市、县〕人民政府、各开发区管委会）

文件编号：甘政办发〔2017〕167号
发布时间：2017年9月30日
发布机关：甘肃省人民政府办公厅

甘肃省政务信息系统整合共享实施方案

一、总体要求

（一）指导思想

全面贯彻党的十八大和十八届三中、四中、五中、六中全会精神，深入贯彻习近平总书记系列重要讲话精神和治国理政新理念新思想新战略，全面落实习近平总书记视察甘肃重要讲话和"八个着力"重要指示精神，紧紧围绕统筹推进"五位一体"总体布局和协调推进"四个全面"战略布局，牢固树立和贯彻落实创新、协调、绿色、开放、共享的发展理念，以人民为中心，紧紧围绕政府治理和公共服务的改革需要，以最大程度利企便民，让企业和群众少跑腿、好办事、不添堵为目标，加快推进电子政务公共基础设施共建共享和政府部门政务信息系统整合共享，聚焦现实问题，统筹规划，抓好落实，实现重点突破、尽快见效。

（二）基本原则

依托我省已有电子政务公共基础设施，通过资源整合，实现共建共享，避免各自为政、自成体系、重复投资、重复建设。

1. 统一基础设施。建设完善全省统一的电子政务网络平台、数据共享交换平台和电子政务云平台，为有效推进政务信息系统整合共享提供支撑。

2. 统一工程规划。围绕落实国家政务信息化工程相关规划，建设"大平台、大数据、大系统"，形成覆盖全省、统筹利用、统一接入的数据共享大平台，建

171

立物理分散、逻辑集中、资源共享、政企互联的政务信息资源大数据，构建深度应用、上下联动、纵横协管的协同治理大系统。切实加强统筹协调，不断优化完善政务信息化建设项目立项审批流程。

3. 统一标准规范。切实加强国家政务信息化标准的实施，注重数据和通用业务标准的统一，促进跨地区、跨部门、跨层级数据互认共享。建立动态更新的政务信息资源目录体系，确保政务信息有序开放、共享、使用。

4. 统一备案管理。实施政务信息系统建设和运维备案制，推动政务信息化建设和运维经费审批在同级政府政务信息共享主管部门的全口径备案。

5. 统一审计监督。各级审计部门在审计过程中，要关注电子政务公共基础设施共享利用和政务信息系统整合共享成效等情况，揭示反映存在的问题，督促认真整改落实。

6. 统一评价体系。根据国家政务信息共享评价指标体系，建立我省政务信息共享评价与行政问责、部门职能、建设经费、运维经费约束联动的管理机制。

（三）工作目标

按照国家发展改革委、中央网信办、中央编办、财政部、审计署《加快推进落实〈政务信息系统整合共享实施方案〉工作方案》（发改高技〔2017〕1529号）的总体要求，2017年10月底前，按照整合一批、清理一批、规范一批的原则，基本完成省政府各部门内部政务信息系统整合清理工作，初步建立部门政务信息资源目录，实现部门内部信息共享，为网上政务服务等跨部门业务应用提供数据支持。2017年底前，按照统一规划、集约共享、分级负责的要求，基本建成全省统一的电子政务网络平台、省市两级数据共享交换平台以及省市两级电子政务云平台等电子政务公共基础设施，一些涉及面宽、应用广泛、有关联需求的重要政务信息系统实现互联互通；省政府各部门完成整合后的政务信息系统接入统一的数据共享交换平台，建立健全省级政府部门政务信息资源目录体系，基本实现省政府部门政务信息资源跨部门共享。各市州根据国务院和省政府的统一部署，结合实际统筹推进本地区政务信息系统整合共享工作，2017年底前初步实现国家、省、市三级数据共享交换平台的逐级对接。各地各部门在完成阶段性工作目标的基础上，逐步拓展政务信息系统整合共享范围，健全完善政务信息资源共享长效机制，继续深化政务信息资源开发利用，进一步支撑"放管服"改革，不断提升政府治理能力。

纳入整合共享范畴的政务信息系统包括由政府投资建设、政府与社会企业联合建设、政府向社会购买服务或需要政府资金运行维护的，用于支撑政府业务应用的各类信息系统。

二、加快建设完善电子政务公共基础设施

（一）统一电子政务网络平台

加快推进电子政务内网政府系统建设，2017年底前，基本建成安全保密、运转高效的省级政府系统电子政务内网平台（省政府办公厅牵头，省政府各部门配合）。整合甘肃省政务专网和电子政务外网，2017年底前，基本对接形成统一的甘肃省电子政务外网平台，提升跨部门、跨地区、跨层级的支撑服务能力（省政府办公厅、省发展改革委牵头，各市州政府、省政府各部门配合）。各地各部门梳理内部现有业务专网，除极少数特殊情况外，以是否涉密为分类标准，于2018年6月底前完成向电子政务内网平台或外网平台的迁移整合工作（各市州政府、省政府各部门负责）。

（二）统一数据共享交换平台

2018年6月底前，初步建成省级政府系统电子政务内网数据共享交换平台（省政府办公厅负责）。2017年11月底前，建设完善甘肃省电子政务外网数据共享交换平台，对接已有数据共享交换平台，形成省市两级统一的电子政务外网数据共享交换平台体系（省发展改革委会同省政府办公厅牵头，各市州数据共享交换平台建设管理单位负责）。建立健全政府部门数据共享交换常态化管理机制，政府系统跨部门、跨地区、跨层级的数据共享交换必须依托全省统一的电子政务内网或电子政务外网数据共享交换平台进行（各市州政府、省政府各部门负责）。

（三）统一电子政务云平台

依托统一的电子政务网络平台和已建成的电子政务云平台资源，构建"省市

两级、多级应用"的电子政务云平台体系。2018 年起，全面推进省级电子政务外网云平台应用，推动建设市级电子政务外网云平台。2018 年底前，基本建成政府系统省级电子政务内网云平台和市级电子政务外网云平台，实现省市两级电子政务外网云平台的互联互通（省政府办公厅、省发展改革委、省委网信办牵头，各市州政府、省政府各部门负责）。

（四）统一电子政务公共基础设施建设管理

理顺统一的电子政务网络平台、数据共享交换平台和电子政务云平台等电子政务公共基础设施建设管理的体制机制，进一步加强对全省政务信息化工程规划建设的协调指导和考核监督（省政府办公厅、省发展改革委、省委网信办负责）。

三、加快推进政务信息系统整合共享

（一）查清结合，加快消除"僵尸"信息系统

2017 年 10 月底前，省政府各部门对本部门政务信息系统建设应用情况进行全面自查，重点掌握信息系统数量、名称、功能、使用范围、使用频度、审批部门、审批时间、经费来源等，形成自查报告（省政府各部门负责）。组织开展政务信息系统整合共享专项督查，全面摸清各部门政务信息系统的底数，为政务信息系统整合清理工作奠定基础（省政府办公厅、省发展改革牵头，省政府各部门配合）。2017 年 11 月底前，基本完成对系统使用与实际业务流程长期脱节、功能可被其他系统替代、所占用资源长期处于空闲状态、运行维护停止更新服务，以及使用范围小、频度低的"僵尸"信息系统的清理工作（省政府各部门负责）。

（二）推进整合，加快省政府部门内部信息系统整合共享

推动部门分散隔离的政务信息系统加快进行整合，2017 年 11 月底前，省政府各部门根据自身信息化建设实际情况，提出本部门清理整合的信息系统清单和接入共享平台的信息系统清单，以及需要其他部门提供共享的信息资源需求。同时，原则上将分散的、独立的信息系统整合为一个互联互通、业务协同、信息共

享的"大系统"，以处室或科室等名义存在的独立政务信息系统原则上必须整合（省政府各部门负责）。

（三）促进共享，推进接入统一数据共享交换平台

2017年11月底前，依托统一的数据共享交换平台，推进公民、社会组织、企业、事业单位等信息实现跨部门共享并逐步扩展，加快完善基础信息资源库的覆盖范围和相关数据标准，优化便捷共享查询方式，为"放管服"改革重点领域提供数据服务，实现对跨部门业务应用的数据支撑，变"群众跑腿"为"数据跑路"（省编办、省公安厅、省民政厅、省工商局等部门负责）。2017年底前，省政府各部门推进本部门政务信息系统接入统一的电子政务网络平台和数据共享交换平台（省政府办公厅、省发展改革委牵头，省政府各部门负责）。

（四）推动开放，加快公共数据开放网站建设

2017年底前，建成统一规范、互联互通、安全可控的数据开放网站。基于省级政府部门政务信息资源目录体系，构建省级政府部门公共信息资源开放目录，按照公共数据开放有关要求，推动省政府部门和公共企事业单位的原始性、可机器读取、可供社会化再利用的数据集向社会开放，开展数据创新系列活动，鼓励和引导社会化开发利用（省发展改革委、省委网信办、省政府办公厅按职责分工负责）。

（五）强化协同，推进甘肃省政务信息共享网站建设

建设甘肃省政务信息共享网站，支撑政府部门间跨地区、跨层级的信息共享与业务协同应用。2017年底前，完成甘肃省政务信息共享网站开通上线，按照"以试点促建设、以普查促普及、以应用促发展"的工作思路，加强共享网站推广（省发展改革委负责）；实现信用体系、公共资源交易、投资、价格、自然人（基础数据以及社保、民政、教育等业务数据）、法人（基础数据及业务数据）、能源（电力等）、空间地理、交通、旅游等重点领域数据基于甘肃省政务信息共享网站的共享服务（省发展改革委牵头，各有关部门按职责分工负责）。2018年6月底前，实现省政府各有关部门重要政务数据基于甘肃省政务信息共享网站的

共享服务（省政府各有关部门负责）。

（六）构建目录，开展政务信息资源目录编制和全省大普查

落实《政务信息资源共享管理暂行办法》有关要求，开展政务信息资源大普查。省政府各部门依据《政务信息资源目录编制指南》，积极与国家对口部委衔接，于 2017 年 10 月底前编制完成本部门政务信息资源目录，各市州同步完成相关工作（各市州政府、省政府各部门负责）。2017 年 11 月底前，汇总形成省级政府部门政务信息资源目录体系（省发展改革委牵头，各市州政府、省政府各部门配合）。

（七）一体化服务，规范网上政务服务平台体系建设

加快推动形成全省统一的政务服务平台，统筹推进统一、规范、多级联动的"互联网 + 政务服务"技术和服务体系建设，着力解决跨地区、跨部门、跨层级政务服务信息难以共享、业务难以协同、基础支撑不足等突出问题。2017 年底前，依托甘肃政务服务网，整合分散的政务服务系统和资源，基本建成全省一体化网上政务服务平台，主动做好与中央政府门户网站的对接，实现与国家政务服务平台的数据共享和资源接入（省政府办公厅牵头，各市州政府及省政府各部门配合）。各地各部门要依托全省一体化政务服务平台开展网上政务服务，新建、已建网上政务服务系统必须实现与全省一体化网上政务服务平台的互联互通（各市州政府、省政府各部门负责）。

（八）上下联动，推进"互联网 + 政务服务"试点

围绕"互联网 + 政务服务"的主要内容和关键环节，组织开展培训交流和试点示范（省政府办公厅、省发展改革委牵头）。加快实施信息惠民工程，做好兰州市、白银市、敦煌市的"一号一窗一网"国家试点工作。2017 年底前，初步实现试点城市跨地区、跨部门、跨层级的政务服务（省发展改革委牵头，兰州市政府、白银市政府、敦煌市政府负责）。

四、加大体制机制保障和监督落实力度

（一）加强组织领导

成立省政务信息系统整合共享工作推进领导小组，加强对省级政务信息系统整合共享工作的统筹协调、有序推动工作；领导小组下设综合协调组、组织推进组、技术支撑组、专家咨询组等 4 个工作组，加强对整合共享工作的组织协调、推进落实、技术支持和咨询指导（省政府办公厅、省发展改革委负责）。强化各市州政府及省政府各部门主要负责人对政务信息系统统筹整合和政务信息资源共享工作的责任，建立健全组织领导工作机制，原则上单位主要负责人为第一责任人。省级政府部门和单位要加强对本系统、本行业政务信息系统整合共享工作的督促指导（各市州政府、省政府各部门负责）。

（二）加快推进落实

各地各部门要把信息共享有关工作列入重要日程，建立推进落实工作机制，明确时间表、路线图，加强台账和清单式管理，精心组织实施，切实保障工作进度。从 2017 年 10 月起，每月 3 日前，各地各部门向省政府办公厅、省发展改革委报送政务信息资源共享情况，包括政务信息资源目录编制情况、政务信息系统接入统一共享平台进展、数据对接共享和支撑协同应用情况等（各市州政府、省政府各部门负责）。加强经费保障，政务信息资源整合共享相关项目建设资金和工作经费纳入部门预算统筹安排（各级财政部门、各级发展改革部门负责）。

（三）强化评价考核

充分发挥甘肃省电子政务工作统筹协调机制作用，建立政务信息共享工作评价常态化机制，督促检查政务服务平台体系建设、政务信息系统统筹整合和政务信息资源共享工作落实情况。2018 年 6 月底前，组织制定我省政务信息共享工作评价办法，每年对各部门提供和使用共享信息情况进行评估，并公布评估报告和改进意见（省政府办公厅、省发展改革委、省委网信办、省编办、省财政厅等部门负责）。

（四）加强督查审计

落实《国务院办公厅秘书局关于印发政务信息系统整合共享督查工作方案的通知》（国办秘函〔2017〕21 号）要求，成立督查工作组，加强对本实施方案贯彻落实的督查工作，对责任落实不力的地方和部门予以通报并责令整改（省政府办公厅牵头负责）。审计机关在对其他事项审计中，要关注政务信息系统专项资金的管理使用情况，针对审计发现的问题，督促相关主管部门整改落实（省审计厅牵头负责）。

（五）优化建设模式

推动政务信息化建设投资、运维和项目建设模式改革，鼓励推广云计算、大数据等新技术新模式的应用与服务，积极探索采用政府购买服务方式，提升集约化建设水平（省发展改革委、省财政厅牵头负责）。2018 年 6 月底前，制定出台我省电子政务服务采购管理相关办法，完善政府购买信息系统、数据中心、云计算服务、数据资源和运维服务等信息化服务的相关政策（省财政厅牵头负责）。

（六）建立备案制度

相关部门申请政务信息化项目建设和运维经费时，应及时向同级政府政务信息共享主管部门全口径备案。加强项目立项建设和运行维护信息采集，掌握项目名称、建设单位、投资额度、运维费用、经费渠道、数据资源、应用系统、等级保护和分级保护备案情况等内容，在摸清底数的前提下，加大管理力度。加快制订出台政务信息系统项目管理办法，研究建立政务信息化项目建设投资审批和运维经费审批的跨部门联动机制，优化完善审批流程，杜绝政务信息系统建设各自为政、条块分割、重复建设、信息孤岛等问题（省发展改革委、省政府办公厅、省财政厅牵头）。加大对统一的电子政务网络平台、数据共享交换平台、电子政务云平台等公共性基础性平台的运维经费保障力度，逐步减少直至取消信息孤岛系统和利用程度低的专网的运维经费（省政府办公厅、省发展改革委、省财政厅、省编办等部门负责）。

（七）加强安全保障

强化政务信息资源共享网络安全管理，推进政务信息资源共享风险评估，切实按照相关法律法规要求，保障政务信息资源使用过程中的个人隐私（省委网信办牵头负责）。加强政务信息资源采集、共享、使用的安全保障工作，凡涉及国家秘密的，应当遵守有关保密法律法规的规定（各市州政府、省政府各部门负责）。加强统一数据共享交换平台安全防护，切实保障政务信息资源共享交换的数据安全。

文件编号：永政办发〔2017〕145 号
发布时间：2017 年 7 月 11 日
发布机关：永登县人民政府办公室

永登县政府数据资源更新管理实施细则

第一章 总 则

第一条 为了加强和规范政府数据资源更新工作，建立数据更新长效体制，确保做好全县政府数据资源整合共享工作，推动政府数据在各单位业务中的充分作用，依据《兰州市政府数据资源共享管理办法》和《兰州市政府数据资源更新管理暂行办法》相关规定，结合本县实际，特制订本细则。

第二条 本细则所称的政府数据资源，是指永登县各级法定行政机关、法律法规授权的具有管理公共事务职能的组织（以下统称"数据源单位"）在公共管理活动中采集、产生和生成的信息资源。

第三条 本细则适用于各数据源单位的数据资源更新。

第四条 兰州市三维数字社会服务管理中心永登分中心（以下简称"县三维中心"）具体负责全县政府数据资源开放共享、统筹协调、应用管理等工作，负责协调解决政府数据资源建设和共享有关重大问题，会同有关部门制定相关数据标准规范，制定永登县政府数据资源目录体系，负责全县信息化重大项目审核、资金使用、业务指导和工作考核。

第二章 更新内容

第五条 组织领导与工作机制。各数据源单位建立健全工作机制，制定信息资源梳理、归集及共享应用的管理制度和工作流程，并明确分管领导及专项工作联系人。

第六条 政府数据安全保障。各数据源单位应当按照"谁提供，谁维护；谁使用，谁负责"的原则，在各自的职责范围内，做好政府数据资源安全和信息保密的监督和管理工作。

第七条 政府数据共享范围。政府数据资源以共享为原则，不共享为例外。数据源单位应当在职能范围内，按照政府数据资源共享属性（普通共享、按需共享、不共享）提供各类政府数据资源。

第八条 信息资源梳理及目录的编制、维护。依据《兰州市政府数据资源共享管理办法》相关标准及规范，开展本单位内部政府信息资源梳理，编制本单位的数据资源目录，并建立数据资源目录管理、更新制度，数据源单位对数据资源目录每年至少进行两次维护和更新，审核通过的数据目录及时提交县三维中心，确保政府数据目录的完整性、时效性及准确性。

第九条 数据资源的归集、更新及维护。根据政府数据资源目录，及时归集新数据，同时根据更新频率要求，对数据资源进行更新及维护。

第十条 数据共享方式。各数据源单位有信息化平台的，满足政府数据所在的网络环境及数据特点，首先考虑通过接口或数据库方式进行平台对接，不得以需要支付各类费用为由拒绝开放接口。

第十一条 数据共享公用。各数据源单位有义务向其他单位提供可以共享的政府数据资源，也有权利从其他单位获得其履行职责所需的政府数据资源。除法律、法规另有规定外，各数据源单位不得拒绝数据共享。

第三章　更新要求

第十二条　政府数据资源更新应遵循以下要求：

（一）各数据源单位依照提供的政府数据资源目录进行数据共享和更新，县三维中心不再提供相关文件。

（二）各数据源单位提供的数据项应与政府数据资源目录保持一致。

（三）各数据源单位应指定专人负责政府数据资源的更新，发生人员调整时，应及时做好数据交接工作，并向县三维中心报备。

第四章　考核机制

第十三条　县三维中心具体负责全县政府数据资源更新考核工作，负责制定每年政府数据更新考核方案，负责考核方法的完善、修订，并会同其他有关部门制定相关数据标准规范，督促考核办法的具体实施。

第十四条　考核工作以提高政府执行力和加强效能建设为重点，坚持实事求是、客观公正的原则，坚持依法、公开、公平和高效的原则，建立科学规范、客观公正、权责明晰、注重实效的考核体制，实现绩效考核工作的科学化、规范化和法制化，提高政府管理水平和服务水平。

第十五条　数据更新考核采取日常考核与年终考核相结合的方式进行。县三维中心对各数据源单位政府数据资源的目录编制、资源共享和更新维护等情况进行评估，结合数据质量、数据更新频率，数据更新方式，数据共享条件等适当设置加分项和减分项。

第十六条　日常考核是指采用人工监测与技术监测相结合的方式，对各数据源单位提供的数据质量，数据更新频率，数据更新方式等进行详细记录，对超时限未提供数据的、数据返还次数多于 3 次的进行预警纠错，日常考核情况纳入年终考核结果。

第十七条　年终考核采用单位自评和综合考核相结合的方式。县三维中心根据本年度政府数据更新考核方案对各数据源单位进行考核。

第十八条　政府数据更新考核实行百分制。考核结果分为优秀（90 分以上）、良好（80 分以上）、合格（60 分以上）、不合格（60 分以下）4 个等次。

第十九条　政府数据更新考核每年组织一次，按下列程序实施：

（一）县三维中心依据考核办法和评分细则，制定本年度政府数据更新考核方案，明确考核工作的时间安排。

（二）各数据源单位对照考核方案进行自查总结，形成自评结果、工作总结和相关证明资料。

（三）县三维中心根据考核方案，按照评分细则，对各单位上报的自评材料，逐项进行量化打分，形成年终考核结果。

（四）县三维中心根据日常考核、年终考核结果，确定各数据源单位的最终考核结果并予通报。

第二十条　对考核中发现的问题，由县三维中心提出整改意见，限期整改。

第五章　责任追究

第二十一条　数据源单位违反本办法规定，有下列情形之一的，由县三维中心会同县政府办公室根据实际情况予以书面通报，并责令其期限改正，造成严重不良后果的，由县政府办公室按照效能检查的相关规定予以处理：

（一）不按照规定将本单位资源目录和掌握的政府数据资源提供给其他单位共享的；

（二）不按照规定随意采集政府数据资源，扩大数据采集范围，造成重复采集数据，增加社会成本，给社会公众增加负担的；

（三）故意提供不真实、不准确、不全面的资源目录和政府数据资源的，未按照规定时限发布、更新资源目录和政府数据资源的；

（四）对获取的共享数据资源管理失控，致使出现滥用、非授权使用、未经许可的扩散以及泄露的；

（五）不按照规定，擅自将获取的共享数据资源用于本单位履行职责需要以外的，或擅自转让给第三方，或利用共享数据资源开展经营性活动的；

（六）对监督检查机关责令整改的问题，拒不整改的；

其他违反本办法应当给予处分的行为。

第二十二条 数据源单位违反法律、法规和本办法有关规定，造成国家、法人、其他单位和个人损失的，依法追究相关单位和直接责任人员的法律责任。

第六章 附 则

第二十三条 本办法自印发之日起施行。

文件编号：南府办〔2017〕24 号
发布时间：2017 年 4 月 18 日
发布机关：南宁市人民政府办公厅

南宁市政务信息资源目录管理暂行办法

第一章　总　则

第一条　为规范政务信息资源管理工作，保障政务信息资源编目和管理有效进行，加快推动信息共享和业务协同，降低行政成本，提高行政效率，提升公共管理和服务水平，根据《国务院关于印发政务信息资源共享管理暂行办法的通知》（国发〔2016〕51 号）及有关法律法规，制定本办法。

第二条　本办法有关术语定义如下：

（一）政务信息资源是指政务部门在履行职责过程中制作或获取的，以一定形式记录、保存的文件、资料、图表和数据等各类信息资源，包括政务部门直接或通过第三方依法采集的、依法授权管理的和因履行职责需要依托政务信息系统形成的信息资源等。

（二）政务部门是指南宁市本级各行政机关和依法行使行政职能的事业单位和社会组织。

（三）政务信息资源目录是按照一定格式和标准，对各政务部门的政务信息资源基本属性进行描述和组织管理的条目，是实现政务信息资源共享和业务协同的基础，是政务部门间信息资源共享的依据。

（四）政务信息资源目录管理系统（以下简称目录系统）为政务信息用户提供政务信息资源查询、发现、定位和浏览服务，为政务部门提供政务信息资源组织和展现服务。

第三条　本办法适用于南宁市本级政务部门政务信息资源目录建设、使用以及相关管理活动。

第四条　南宁市发展和改革委员会负责指导、组织、协调、监督政务信息资源目录体系建设，组织开发全市市级统一的目录系统。

各政务部门按照本办法规定负责本部门政务信息资源目录编制，并通过目录系统完成本部门目录成果的审核、管理和更新维护。

第五条　目录的编制、审核、发布、更新等管理，应通过全市市级统一的目录系统实现，各政务部门不得另行建设目录系统。

第二章　目录编制要求

第六条　南宁市发展和改革委员会负责制定《南宁市政务信息资源目录编制指南》，明确政务信息资源的分类、责任方、格式、属性、更新时限、共享类型、共享方式、使用要求等内容。

第七条　各政务部门按照《南宁市政务信息资源目录编制指南》要求，根据法定职责，对本部门所掌握的政务数据资源进行梳理，确定其共享和公开属性，并按照技术标准，在统一的目录系统进行目录编制。编目需确保内容的完整性、逻辑一致性、命名的准确性、描述的可理解性，不得瞒编、漏编、错编。

第八条　政务部门在编目时应根据《国务院关于印发政务信息资源共享管理暂行办法的通知》中的信息资源分类，将部门政务信息资源分为三类：无条件共享、有条件共享、不予共享三类。其中无条件共享、有条件共享类政务信息资源组成部门政务信息资源共享目录。对于不予共享类，各政务部门应提供法律、法规、规章、政策等依据，由南宁市发展和改革委员会核定；对于有条件共享，各政务部门需标明其共享范围。

第九条　政务部门应当指定专人负责本部门资源目录的编制和审核。审核人员应当逐条审核已提交的目录信息，确保其准确性、完整性和合规性。审核通过的目录，应当及时发布；审核未通过的目录，应当及时退回修改。

第三章　目录使用管理

第十条　政务部门信息用户可以通过目录系统，按部门、主题和关键字检索、发现和定位全市市级政务信息，查看政务信息的详细描述信息。

第十一条　政务部门应当建立本部门政务信息资源目录管理制度，并加强对本部门政务信息资源目录编制、审核、发布、更新等管理。

第十二条　政务部门负责更新维护本部门政务信息资源目录，并在有关法律法规作出修订或行政管理职能发生变化之日起 15 个工作日内更新本部门政务信息资源目录。各政务部门每年要在市发展改革委指导下对本部门政务信息资源目录进行一次全面的普查，如有更新的及时予以更新。

第十三条　政务部门政务信息化项目立项前应预编形成项目信息资源目录，作为项目审批要件。项目建成后应将项目信息资源目录纳入共享平台目录管理系统，作为项目验收要求。不编制本部门项目信息资源目录的，除涉密项目外，电子政务项目审批部门不得批准建设，财政部门不得安排建设资金。

第十四条　南宁市发展和改革委员会提供政务信息资源目录信息的数量、质量、更新时效、服务态度和应用成效等指标，每年定期对各政务部门政务信息资源目录进行评估，并公布评估结果和改进意见，同时将结果纳入市级政务部门电子政务绩效考核。

第十五条　各政务部门如违反本办法规定的，其他政务部门有权向南宁市人民政府办公厅、南宁市发展和改革委员会投诉，接到投诉后，应当及时按照国家和自治区相关文件进行协调处理，并将处理结果反馈投诉部门。

第四章　附　则

第十六条　本办法具体应用的问题由南宁市发展和改革委员会负责解释。

第十七条　本办法自印发之日起实施。

文件编号：粤府办〔2008〕64号
发布时间：2008年11月12日
发布机关：广东省人民政府信息产业厅

广东省政务信息资源共享管理试行办法

第一章 总 则

第一条 为规范和促进政务信息资源共享，推动政务信息资源优化配置和有效利用，支持业务协同，避免重复建设，强化社会管理和公共服务，根据有关法律法规规定，结合本省实际，制定本办法。

第二条 本办法适用于各级行政机关政务信息资源共享活动。

第三条 本办法所称政务信息资源，是指各级行政机关和依法授权行使行政职能的组织（以下统称行政机关）依法履行职责中掌握的信息资源。

第四条 政务信息资源分为三种类型，可以无附加条件地提供给所需行政机关共享的政务信息资源为无条件共享类；按照设定条件提供给所需行政机关共享的政务信息资源为条件共享类；不能提供给其他行政机关共享的政务信息资源为不予共享类。

与行政许可或跨部门并联审批相关的政务信息资源列入无条件共享类，行政机关必须提供共享。

与政府协同办公相关，信息内容敏感的，只能按特定条件提供给相关行政机关共享的政务信息资源，列入条件共产类。

有明确法律、法规或政府规章规定不能提供给其他行政机关共享的政务信息资源，列入不予共享类。

第五条　政务信息资源共享遵循需求导向、统筹管理、无偿提供、保障安全的原则。

第六条　信息化主管部门负责制定政务信息资源共享目录和共享交换体系，组织建设并管理政务信息资源共享基础设施，协调政务信息资源建设和共享重大事项，定期对政务信息资源共享工作进行检查评估。

其他行政机关应当在各自职责范围内做好政务信息资源采集、维护、更新和共享工作，并按照法律、法规和有关规定要求合法使用所获取的共享信息。

第二章　采集与提供

第七条　行政机关信息采集应当符合国家和省电子政务总体规划要求，符合本部门工作实际，明确信息收集、发布、维护的规范和程序，确保信息真实、可靠、完整、及时。

第八条　行政机关采集信息应当遵循"一数一源"的原则，可以通过信息共享方式从其他行政机关获取的信息，不再重复采集。法律、法规另有规定的除外。

第九条　行政机关应当充分利用信息技术，将采集的信息进行电子化记录、存贮和利用，加强跨部门合作，更好地为公民、法人或其他组织提供服务。

第十条　省档案管理部门负责对行政机关电子文件（档案）管理工作进行指导，牵头制定电子文件（档案）归档、移交、接收制度和标准并组织实施，加快以传统载体保存的公文、档案、资料等信息资源的数字化进程。

第十一条　行政机关有权从其他行政机关获取其履行职能需要的信息，也有责任提供其他行政机关履行职能需要的信息。

非法定事由，行政机关不得拒绝其他行政机关提出的信息共享要求。

第十二条　行政机关根据本办法规定，对本机关信息资源进行分类整理，确定可供共享的信息及共享条件，并根据履行职能需要提出对其他行政机关的信息共享需求，有关情况报送信息化主管部门。

第十三条　信息化主管部门统筹行政机关可供共享的信息和共享需求，制定政务信息资源共享目录，标明可供共享的信息名称、数据格式、提供方式、共享条件、提供单位和更新时限等。

第十四条 行政机关可供共享的信息和共享需求发生变化时，应及时报告信息化主管部门，信息化主管部门根据实际情况对政务信息资源共享目录进行调整。

第十五条 信息化主管部门统筹建设电子政务信息资源中心，建立政务信息资源共享目录和政务信息资源共享交换体系，为行政机关信息共享提供服务。

第十六条 ·凡是列入政务信息资源共享目录的信息，行政机关必须以电子化形式，按照统一规定和标准，向电子政务信息资源中心提供数据访问接口。

必要时，行政机关应按电子政务信息资源中心的建设要求，提供相关应用软件必要的开发文档，以加快推进信息共享开发工作。

为方便信息共享，行政机关根据实际情况也可将共享信息资源库托管在电子政务信息资源中心。

第十七条 行政机关对所提供的共享信息实行动态管理，进行实时更新。

条件尚不具备的，根据实际情况，每天、每周或每月进行数据更新；属于特殊情况的，应当至少每季度第一个月的前 10 日内追加和更新一次。

第十八条 行政机关之间提供的信息不一致的，由信息化主管部门会同提供信息的行政机关共同核实。

第十九条 行政机关应当无偿提供共享信息。

第三章 获取与使用

第二十条 无条件共享类政务信息资源由行政机关通过电子政务信息资源中心自行获取。

第二十一条 条件共享类政务信息资源或政务信息资源共享目录以外的信息资源，由需求信息的行政机关向提供信息的行政机关提出申请。

第二十二条 提供信息的行政机关应当自收到申请之日起 15 个工作日内予以答复，同意提供信息的，通过电子政务信息资源中心或按双方约定的方式共享信息，并报信息化主管部门备案；不同意提供信息的，应当书面说明理由。经协商未达成一致意见的，需求信息的行政机关可报请信息化主管部门协调处理。信息化主管部门会同法制、保密、监察等有关部门研究解决，必要时报请信息化工作领导小组决定。

第二十三条 行政机关无偿使用共享信息。

第二十四条 行政机关所获取的共享信息，只能用于本机关履行职责需要，不得用于任何其他目的。

第二十五条 行政机关未经提供信息的行政机关同意，不得擅自向社会发布和公开所获取的共享信息。属于政府信息公开范围内的信息除外。

第二十六条 信息化主管部门应当及时检查和统计信息共享和使用情况，并按季度抄送各行政机关。

第二十七条 行政机关认为获取的共享信息有错误时，应当及时书面报告信息化主管部门。信息化主管部门会同提供信息的行政机关及时处理，处理结果书面反馈获取信息的行政机关。

第四章 管理与维护

第二十八条 省信息化主管部门会同省保密、公安等部门制定政务信息资源安全工作规范，建立应急处理和灾难恢复机制，制定事故应急响应和支援处理措施。

第二十九条 行政机关应当加强政务信息资源日常维护，及时更新数据，保障信息系统正常运行，确保信息有效共享。

第三十条 行政机关应当加强政务信息资源安全管理，制定信息安全管理规章制度，做好信息安全防范工作。

第三十一条 电子政务信息资源中心应当建立身份认证机制、存取访问控制机制和信息审计跟踪机制，对数据进行授权管理，设立访问和存储权限，防止越权存取数据。

第三十二条 电子政务信息资源中心应当加强信息安全管理，按照国家保密有关规定严格管理信息资源，严格按照共享条件提供信息，建立异地备份设施，建立信息安全等级保护措施，确保信息安全、可靠、完整。

第三十三条　基础性、公益性的信息资源库和跨部门重大电子政务应用系统的主要信息资源库，应当在电子政务信息资源中心进行异地备份。

第三十四条　涉及国家秘密、商业秘密和个人隐私的信息，需求信息的行政机关和提供信息的行政机关要签订政务信息资源共享安全保密协议，按约定方式共享信息。涉及国家秘密的报保密部门备案。

第三十五条　行政机关信息共享的维护经费纳入本机关电子政务运行维护费用，由各级财政予以保障。

第五章　监督检查

第三十六条　行政机关根据本办法要求，制定政务信息资源共享内部工作程序和管理制度以及相应的行政责任追究制度，指定专人负责政务信息资源共享工作。

第三十七条　信息化主管部门应当每年开展政务信息资源共享工作检查，对各行政机关提供信息的数量、更新时效和使用情况进行评估，并公布评估结果和改进意见。

第三十八条　监察部门、信息化主管部门负责政务信息资源共享工作的监督。政务信息资源共享工作纳入监察部门电子监察系统监察范围，逐步实行全过程监督。

第三十九条　行政机关违反本办法规定，其他行政机关有权向监察部门或信息化主管部门投诉。接到投诉后，有关部门应当及时调查处理，处理结果书面反馈投诉单位。

第四十条　行政机关违反本办法规定，有下列行为之一的，由监察部门或信息化主管部门责令其限期改正；逾期不改正的，根据实际情况，给予书面通报批评。

（一）拒绝提供政务信息资源的；

（二）无故拖延提供政务信息资源的；

（三）违规使用、泄漏共享信息或擅自扩大使用范围的。

第四十一条　行政机关违规使用涉及国家秘密、商业秘密或个人隐私的共享信息或造成国家秘密、商业秘密或个人隐私泄漏的，按国家保密有关规定给予行政处分；构成犯罪的，依法追究刑事责任。

第六章　附　则

第四十二条　本办法自颁布之日起实施。

第四十三条　本办法由省信息产业厅负责解释。

文件编号：穗府规〔2016〕3号
发布时间：2016年5月17日
发布机关：广州市人民政府

广州市政府信息共享管理规定实施细则

第一章　总　则

　　第一条　为有效推进和规范本市各级政府部门之间的信息共享，提高本市公共服务水平，根据《广州市政府信息共享管理规定》及其他相关法规、规章与规范性文件，结合我市实际，制定本实施细则。

　　第二条　本市各级行政机关和行使国家行政权力的其他组织（以下统称行政机关）提供和共享政府信息的行为，适用本实施细则。

　　中央行政机关派驻本市的机关或者派出机构参与政府信息共享的行为，可参照本实施细则执行。法律、法规、规章另有规定的除外。

　　本市行政区域内的其他机关和组织在依法行使国家行政权力时共享政府信息的活动，参照本实施细则执行。

　　第三条　行政机关可以通过共享方式从责任信息采集部门获取的信息，不再重复采集。法律、法规、规章另有规定的除外。

　　责任采集部门应当负责相关信息的核准、更新，确保信息的准确性和及时性。

　　共享政府信息的责任采集部门，应当依照本实施细则第二章的规定予以确定。

　　其他机关已采集的信息与责任采集部门记载的同一信息内容上不一致的，由责任采集部门负责核准和更新。

第四条 行政机关根据履行法定职权的需要，依照法定程序使用通过共享获得的政府信息。

行政机关不得自行向公众发布或向其他部门转让通过共享获得的政府信息；非经法定授权，不得利用共享政府信息牟利。

第五条 行政机关之间进行政府信息共享，应当保障共享信息的安全，明确各自的法律责任。

行政机关之间共享政府信息，应当保守国家秘密、商业秘密和个人隐私，不得侵犯公民、法人或其他组织的合法权益。

第六条 市信息化主管部门负责本市政府信息共享的日常管理工作，协调各机关之间的信息共享事务，具体职责包括：

（一）组织《广州市政府信息共享目录》的编制和修订；

（二）组织建设本市政府信息共享平台等基础设施，负责本市政府信息共享的统筹协调；

（三）会同有关部门检查、评估政府信息共享工作；

（四）会同有关部门制定政府信息共享的相关标准规范；

（五）组织政府共享信息的开发利用工作。

区信息化主管部门在市信息化主管部门的指导下，负责本行政区域内政府信息共享的日常管理、目录编制与修订以及区级政府信息共享平台的建设、日常管理和维护工作。

第七条 市信息化主管部门指定市政府信息共享平台管理机构负责本市政府信息共享的下列具体工作：

（一）市政府信息共享平台的建设、日常管理、维护和安全保障；

（二）为各共享部门提供信息共享技术支持；

（三）根据《广州市政府信息共享目录》为共享部门提供共享信息服务；

（四）协助开展信息共享评估和绩效考核工作；

（五）协助开展政府共享信息开发利用工作。

第八条 各共享部门应当在各自的职权范围内做好政府信息的采集、核准、更新和共享工作，并依照法律、法规和有关规定，合法使用共享获得的政府信息。

各共享部门需指定专人担任信息共享工作的分管领导、信息共享责任人、技术实施责任人，并报市信息化主管部门备查。

共享信息的责任采集部门应当确保其采集与提供的政府信息真实、完整、准确、及时，符合市信息化主管部门制定的技术标准。

各部门之间不涉及国家秘密的信息共享应当通过法定共享平台实现，不得另行建设用于数据交换的平台、接口或系统。

各部门应当对现行管理制度和规范性文件中与本办法不相适应的条款进行修订，消除信息共享的制度障碍。

第二章　信息的采集、核准与提供

第一节　自然人基础信息的采集、核准与提供

第九条　公安机关依照法定职责，负责下列户籍登记信息的采集、核准与提供：

姓名、公民身份号码、性别、民族、户籍地镇（街道）、户籍地派出所、相片和户籍信息状态（"正常"或者"注销"）、注销前行政区划、注销前派出所、注销日期、注销原因（"迁出"或者"死亡"）。

第十条　来穗人员服务管理部门和镇人民政府、街道办事处依照法定职责，负责下列居住证登记信息的采集、核准与提供：

姓名、身份证件类型、身份证件号码、性别、民族、出生日期、户籍地址、居住证号码、居住地址详址、居住地（区、镇、街道、村）、居住地居委会、居住地派出所、居住证发证时间、登记机关、登记机关行政区划、登记日期、注销日期。

第十一条　民政部门和镇人民政府依照法定职责，负责内地居民下列婚姻登记和收养登记信息的采集、核准与提供：

结婚登记日期、离婚登记日期、婚姻状况（适用于在民政部门办理婚姻登记的情况）、收养证号、发证机关名称、发证机关行政区划。

第十二条　卫生和计划生育行政部门、公安机关依照法定职责，负责下列出生和死亡登记信息采集、核准与提供：

出生医学证号、新生儿姓名、性别、性别代码、健康状况、健康状况代码、母亲姓名、母亲公民身份号码、父亲姓名、父亲公民身份号码、出生日期、证明发出时间、证明发出单位。

行政区划代码，省、市、县名称，《死亡证》编号、死者姓名、性别、民族、国家或地区、年龄、身份证件类型、身份证件号码、常住地址、户籍地址、出生日期、死亡日期、死亡地点、死亡原因、家属姓名、联系电话、家属住址或单位、医师签名、医疗卫生机构名称、民警签名、派出所名称。

第十三条　卫生和计划生育行政部门和镇人民政府、街道办事处依照法定职责，负责下列计划生育信息的采集、核准与提供：

计划生育服务证号码、流动人员婚育证明号码、领证日期、发证机关、发证机关行政区划。

第十四条　人力资源和社会保障部门、民政部门依照法定职责，负责下列社会保障信息和最低生活保障信息的采集、核准与提供：

从业状况、个人参保状况、个人社保号、险种类型、个人参保日期、个人停保日期、工作单位名称、工作单位社保号、登记机关、登记机关行政区划、登记日期、专业技术职务资格、取得资格时间、聘任职务名称、聘任单位、聘任单位行政区划、聘任时间。

低保证号、发证机关名称、发证机关行政区划。

第十五条　教育行政部门、普通高等学校和科学研究机构依照法定职责，负责下列教育信息的采集、核准与提供：

学籍号、学生姓名、性别、出生日期、出生地、户籍所在地、入学时间、入读学校、学校地址、学业考试信息、体育运动技能与艺术特长、参加社区服务和社会实践情况、体质健康测试及健康体检信息、预防接种信息、在校期间的获奖信息、享受资助信息、毕（肄）业时间、毕（肄）业学校、转学时间、转出学校、转入学校、休学时间、复学时间、退学时间、离校时间、离校原因、学历、专业、毕业（学历）证书号、学位、学位授予时间、学位授予单位、学位证书号、登记机关、登记机关行政区划、登记日期。

第十六条 残疾人联合会依照法定职责，负责下列残疾人登记信息的采集、核准与提供：

残疾人证号码、发证机关、发证机关行政区划、发证日期、残疾人证注销原因、注销机关、注销机关行政区划、注销日期。

第十七条 住房公积金管理中心依照法定职责，负责下列住房公积金登记信息的采集、核准与提供：

个人住房公积金账户状态、工作单位名称、登记日期。

第十八条 有权颁发职业资格证书和执业证书的行政机关和组织依照各自法定职责，负责下列有关资格证书和执业证书信息的采集、核准与提供：

资格证书名称、资格证书号码、执业证书名称、执业证书号码、发证部门、发证部门行政区划、发证日期、证件注销日期。

第十九条 除公安机关外，其他行政机关和法律、法规、规章授权的组织在提供自然人基础信息时，也应同时提供相关自然人的姓名和身份证件类型和号码，以便对相关信息进行比对。

第二节 法人和其他组织基础信息的采集、核准与提供

第二十条 工商行政管理部门依照法定职责，负责下列企业和个体工商户登记信息的采集、核准与提供：

（一）企业法人登记信息：统一社会信用代码、企业注册号、企业名称、法定代表人姓名及其公民身份号码、行政区划代码、行政区划、登记住所（工商）、企业类型、行业、成立日期（工商）、登记机关（工商）。

（二）个体工商户登记信息：统一社会信用代码、个体工商户注册号、业户名称、经营者姓名及其公民身份号码、行政区划代码、行政区划、登记经营场所（工商）、经营范围、行业、成立日期（工商）、登记机关（工商）。

第二十一条 质量技术监督部门依照法定职责，负责下列组织机构登记信息的采集、核准与提供：

组织机构批准文号、机构注册类型、注册地址、校核日期、校核结果、成立日期（质监）、颁证日期（质监）。

第二十二条 地方税务部门依照法定职责，负责下列企业地方税务登记信息的采集、核准与提供：

纳税人识别号（地税）、注册地址（地税）、登记日期（地税）、登记机关（地税）。

第二十三条 国家税务部门依照法定职责，负责下列企业国家税务登记信息的采集、核准与提供：

纳税人识别号（国税）、注册地址（国税）、登记日期（国税）、登记机关（国税）。

第二十四条 民政部门依照法定职责，负责下列非营利组织登记信息的采集、核准与提供：

（一）民办非企业：单位名称、单位地址、联系电话、民办非企业单位类型、行政区划代码、行政区划、法定代表人（责任人）姓名、法定代表人（责任人）身份证件号码、业务主管单位、业务范围、登记日期（民政）、登记机关（民政）。

（二）社会团体：社会团体登记证号、单位名称、单位地址、联系电话、行政区划代码、行政区划、法定代表人（责任人）姓名、法定代表人（责任人）身份证件号码、业务主管单位、社团类型、登记日期（民政）、登记机关（民政）。

（三）社会福利机构：社会福利机构登记证号、单位名称、单位地址、联系电话、行政区划代码、行政区划、法定代表人（责任人）姓名、法定代表人（责任人）身份证件号码、福利机构类型、登记日期（民政）、登记机关（民政）。

第二十五条 机构编制管理部门依照法定职责，负责下列事业单位登记信息的采集、核准与提供：

事业单位法人证书号、单位名称、单位地址、联系电话、法定代表人姓名、登记日期（编办）。

第三节 其他信息的采集、核准与提供

第二十六条 国土资源、农业、林业、海洋、水利、气象、环境保护等部门和从事相关研究的事业单位依照法定职责，负责土地、水、矿产、能源、森林、草地、渔业、野生动物、海洋、气候（气象）、城乡规划等自然资源和空间地理基础信息的采集、核准与提供。

自然资源和空间地理基础信息的范围，依照国务院及其组成部门的规定来确定。

第二十七条 行政机关之间共享非基础信息，应当依照法律、法规规定的权限和国家相关政策的规定进行，并通过《广州市政府信息共享目录》的方式予以公布。

第三章 政府信息共享平台和目录

第二十八条 本市建立市、区两级政府信息共享平台，分别由市、区两级信息化主管部门负责统筹建设并指定相应平台管理机构进行管理维护。

本实施细则第二章所列举之共享信息，依照信息采集部门的法定职责和权限，提供给市、区两级共享平台。

第二十九条 市信息化主管部门应当制定全市统一的技术标准和规范，包括政府信息的数据元标准、代码标准、信息分类标准、接口规范等。本市各级行政机关应当遵守全市统一的技术标准和规范，确保有效实现互联互通。

市信息化主管部门制定的技术标准和规范，应当注意与国家、省的标准协调，保证数据输出格式的一致性和兼容性。

第三十条 市政府信息共享平台管理机构根据本实施细则第二章的规定，编制《广州市政府信息共享目录》并报送市信息化主管部门核实。《广州市政府信息共享目录》应当包括共享信息的名称、内容、责任采集部门、信息更新频度、信息所在平台、使用范围和使用方式、共享期限等内容。

市信息化主管部门核实《广州市政府信息共享目录》后，报送市人民政府批准并公布实施。

国家、省、市的有关法规、规章和其他规范性文件已规定应当纳入共享范围的政府信息，市政府信息共享平台管理机构应当依照相关规定纳入《广州市政府信息共享目录》。

第三十一条 《广州市政府信息共享目录》内容的增减以及责任采集部门的变化，应当依照本实施细则第三十条规定的程序进行。

第三十二条 各区可以参照《广州市政府信息共享目录》的编制和更新程序，制定本行政区域的政府信息共享目录。

第四章 政府信息共享的程序

第三十三条 市属行政机关共享政府信息，应当优先通过市级政府信息共享平台进行。

区属行政机关共享政府信息，应当优先通过区级政府信息共享平台进行。

第三十四条 行政机关首次接入市政府信息共享平台，应当依照市政府信息共享平台管理机构的规定办理接入手续。

市政府信息共享平台管理机构应当要求各共享部门提供本部门负责政府信息共享工作的分管领导、信息共享责任人、技术实施责任人，汇总后在共享平台上发布。各部门相关负责人员发生变更的，应当在变更后 5 个工作日内告知共享平台管理机构。

第三十五条 行政机关初次申请共享《广州市政府信息共享目录》信息，可在市政府信息共享平台提交申请，将所需共享的信息名称、要求共享的法定职权依据逐项列出，信息提供部门应在 10 个工作日内予以答复，对确认的信息在 5 个工作日内提供。如信息提供部门不按期答复或答复不予共享的，由市信息化主管部门组织供需双方协商，并将协商结果在政府信息共享平台予以公示。

对仍有争议的共享申请，由市信息化主管部门定期汇总，会同市机构编制管理部门、市政府法制部门、市政务服务管理部门联合会审；会审仍不能解决的，争议双方可以书面提请市人民政府裁定。

经市政府审议决定应当共享的申请，信息提供部门应当在 5 个工作日内依照本实施细则的规定提供相关信息。信息提供部门拒不执行审议决定的，市信息化主管部门不再受理该部门下一年度政府投资信息化项目申请。

第三十六条　行政机关要求共享《广州市政府信息共享目录》之外的信息的，由提出共享要求的机关依照法定权限与可能提供信息的机关之间协商解决；协商不成的，依照本实施细则第三十五条规定的争议处理程序解决。

第三十七条　区属行政机关要求跨区共享政府信息，应当通过本区共享平台提出申请，由本区共享平台管理机构向信息提供方所在区的共享平台管理机构或者向市共享平台管理机构提出申请，收到申请的管理机构应当在 5 个工作日内将申请转交给信息提供部门，并依照本实施细则第三十五条和第三十六条规定的程序协商解决。

第五章　安全保障和监督管理

第三十八条　政府信息共享的管理部门和各共享部门在采集、存储、传输、查询和使用信息的过程中应当采用加密、数字证书、电子签名等技术手段，保障政府信息共享活动安全进行。

政府信息共享平台应采用管理对象身份标识信息与其他信息分离、关联技术，避免敏感信息的非授权使用。

政府信息共享的管理部门和各共享部门应当对自己管理的政府信息定期备份。

第三十九条　各行政机关应当分别与同级信息化主管部门签订安全保密协议，确保不因信息共享而侵害国家秘密、商业秘密和个人隐私。安全保密协议中涉及国家秘密的，应当报市保密部门备查。

第四十条　市信息化主管部门负责制定政府信息共享安全管理制度，定期开展信息安全检查。

第四十一条　各共享部门每年 11 月 30 日前应当向同级信息化主管部门提交

本年度共享信息使用情况和应用成效，由信息化主管部门汇总并通报。

第四十二条 市信息化主管部门应建立政府信息共享工作监督机制，制定政府信息共享工作绩效评价指标。

政府信息共享工作绩效评价指标应当包括以下内容：

（一）政府信息共享的机制建设情况，包括是否建立共享规范和共享信息保密制度，是否指定专人担任信息共享工作的分管领导、信息共享责任人、技术实施责任人，并及时备查等；

（二）采集、核准与提供的政府信息情况，包括所提供的信息是否符合技术规范，内容是否真实、完整、准确、及时，对其他行政机关提出的共享异议的核查、更正与反馈是否及时等；

（三）共享信息的使用情况，包括使用共享信息是否超越授权范围，是否有泄露国家秘密、商业秘密、个人隐私等情况；

（四）履行本实施细则及相关规范性文件设定的其他政府信息共享义务情况。

第四十三条 对申请新建的部门信息系统，未明确部门间信息共享需求的，市信息化主管部门不得批准；在建的部门信息系统，验收前应当通过市政府信息共享平台完成信息资源目录注册工作，否则市信息化主管部门不受理验收申请；凡信息系统不能与其他部门互联共享信息的，不得通过验收。

第六章　争议解决与法律责任

第四十四条 行政机关对共享的政府信息内容、格式、标准、更新状况等方面有异议的，应当向市政府信息共享平台管理机构提出复核申请。

市政府信息共享平台管理机构在接到核查申请 3 个工作日内对问题进行核查。对于因技术原因产生的信息差异，应当在确定原因后 3 个工作日内进行更正。

对于非技术原因产生的信息差异，市政府信息共享平台管理机构应当及时通知相关信息的责任采集部门，由信息责任采集部门在 3 个工作日内进行核查处理，更正确有错误的信息，并向市政府信息共享平台管理机构报送核查结果和更正情况。

市政府信息共享平台管理机构应当在核查结束后制作核查报告，存档备查，并抄送核查申请机关。

第四十五条 行政机关在政府信息共享的目录制定、信息提供或使用等过程中发生争议的，可以向市信息化主管部门申请协调处理。对仍有争议的共享申请，参照本实施细则第三十五条的争议处理程序办理。

第四十六条 行政机关违反本实施细则，其他行政机关有权向市监察部门或市信息化主管部门投诉。最先接到投诉的部门应当及时调查处理，并将处理结果书面向投诉部门反馈。

第四十七条 由于共享信息不准确导致行政机关作出的行政行为侵犯了公民、法人或其他组织的合法权益的，受害人有权依法申请行政复议、提起行政诉讼和申请国家赔偿。

作出行政行为的行政机关在对权益受损的公民、法人或其他组织承担相应的法律责任后，可以向同级信息化主管部门或监察部门投诉提供错误信息的行政机关。接受投诉的机关应当依法作出处理。

第七章　附　则

第四十八条 本市区级政府部门之间共享政府信息，参照本实施细则规定执行。区政府对区级政府信息共享程序有特殊规定的，从其规定。

第四十九条 行政机关可以依法通过信息共享程序获得的信息，不得要求公民、法人或其他组织重复提供。

行政机关应当从技术层面完善本机关信息系统，保障通过信息共享程序获得的信息正常使用。

电子证照的办理和更新中涉及公民、法人或其他组织基础信息的，参照前款规定执行。

第五十条 本实施细则自 2016 年 7 月 1 日起施行，有效期 5 年。有效期届满，根据实施情况依法评估修订。

文件编号：鄂政发〔2017〕39 号
发布时间：2017 年 8 月 13 日
发布机关：湖北省人民政府

湖北省政务信息资源共享管理暂行办法

第一章　总　则

第一条　为贯彻落实《国务院关于印发政务信息资源共享管理暂行办法的通知》（国发〔2016〕51 号）和《省人民政府关于印发湖北省大数据发展行动计划（2016—2020 年）的通知》（鄂政发〔2016〕49 号）等文件精神，规范和促进全省政务信息资源共享及部门政务信息化系统的协同应用，实现政务信息化项目的集约化发展，提升政府社会治理能力和公共服务水平，结合湖北实际，制定本办法。

第二条　本办法所称政务信息资源，是指政务部门在履行职责过程中，直接或通过第三方依法采集、依法授权管理的和因履行职责需要依托政务信息系统形成的各类信息资源。

本办法所称政务部门，是指政府部门及法律法规授权具有行政职能的事业单位和社会组织。

第三条　本办法适用于规范全省各级政务部门间政务信息资源共享工作，包括因履行职责需要使用其他政务部门政务信息资源和为其他政务部门提供政务信息资源的行为。

第四条　湖北省促进大数据发展暨"互联网+行动"联席会议（以下简称联席会议）负责组织、指导、协调和监督全省政务信息资源共享工作。

各政务部门按本办法规定负责本部门与数据共享交换平台（以下简称共享平台）的联通，并按照政务信息资源目录向共享平台提供共享的政务信息资源（以下简称共享信息），从共享平台获取并使用共享信息。

第五条 政务信息资源共享应当遵循"统筹规划、应享尽享、标准统一、使用合法、保障安全"的基本原则。

第二章 政务信息资源目录

第六条 各政务部门按照国家发展改革委制定的《政务信息资源目录编制指南》要求，编制、维护本部门政务信息资源目录，并在有关法律法规作出修订或者行政管理职能发生变化之日起 15 个工作日内更新本部门政务信息资源目录。

省发展改革委负责汇总形成省级政务信息资源目录，并建立目录更新机制。省级政务信息资源目录是实现省级政务信息资源共享和业务协同的基础，是省级各政务部门间信息资源共享的依据。

各市（州）、县（市、区）人民政府按照《政务信息资源目录编制指南》要求编制、维护本级政务信息资源目录，并负责对本级各政务部门政务信息资源目录更新工作的监督考核。

第三章 政务信息资源的分类及共享要求

第七条 政务信息资源按共享类型分为无条件共享、有条件共享、不予共享等三种类型。

可提供给所有政务部门共享使用的政务信息资源属于无条件共享类。

可提供给相关政务部门共享使用或仅能够部分提供给所有政务部门共享使用的政务信息资源属于有条件共享类。

不宜提供给其他政务部门共享使用的政务信息资源属于不予共享类。

第八条 政务信息资源共享及目录编制应遵循以下原则：

（一）凡列入不予共享类的政务信息资源，必须有法律、行政法规或党中央、国务院政策依据。

（二）人口信息、法人单位信息、自然资源和空间地理信息、电子证照信息等基础信息资源的基础信息项是政务部门履行职责的共同需要，必须依据整合共建原则，通过在各级共享平台上集中建设或通过接入共享平台实现基础数据统筹管理、及时更新，在部门间实现无条件共享。基础信息资源的业务信息项可按照分散和集中相结合的方式建设，通过各级共享平台予以共享。基础信息资源目录由基础信息资源库的牵头建设部门负责编制并维护。

（三）围绕经济社会发展的同一主题领域，由多部门共建项目形成的主题信息资源，如医疗健康、社会保障、食品药品安全、安全生产、价格监管、能源安全、信用体系、城乡建设、社区治理、生态环保、应急维稳等，应通过各级共享平台予以共享。主题信息资源目录由主题信息资源牵头部门负责编制并维护。

第四章　共享信息的提供与使用

第九条　共享平台是管理政务信息资源目录、支撑各政务部门开展政务信息资源共享交换的关键信息基础设施，包括共享平台（外网）和共享平台（内网）两部分。

共享平台（外网）应按照国家网络安全相关制度和要求，依托全省电子政务外网建设和管理，充分利用"楚天云"已有的软硬件资源；共享平台（内网）应按照涉密信息系统分级保护要求，依托全省电子政务内网建设和管理。

各政务部门业务信息系统原则上应通过全省电子政务外网或全省电子政务内网承载，通过共享平台与其他政务部门共享交换数据。各政务部门应抓紧推进本部门业务信息系统向全省电子政务外网或全省电子政务内网迁移，并接入本地共享平台。凡新建的需要跨部门共享信息的业务信息系统，必须通过各级共享平台实施信息共享，原有跨部门信息共享交换系统应逐步迁移到共享平台。

省发展改革委负责组织推动省级共享平台及全省共享平台体系建设。各市、州、直管市、神农架林区人民政府要明确政务信息资源共享主管部门，负责组织本级共享平台建设，建设满足政务信息资源共享和业务协同需求的、统一的共享平台。

县级及以下人民政府不再建设本级共享平台，已有的应当逐步向各市（州）共享平台迁移。

第十条 各政务部门应根据履行职责需要使用共享信息。属于无条件共享类的信息资源，使用部门在共享平台上直接获取；属于有条件共享类的信息资源，使用部门通过共享平台向提供部门提出申请，提供部门应在 10 个工作日内予以答复，使用部门按答复意见使用共享信息，对不予共享的，提供部门应说明理由；属于不予共享类的信息资源，以及有条件共享类中提供部门不予共享的信息资源，使用部门因履行职责确需使用的，由使用部门与提供部门协商解决，协商未果的由本级政务信息资源共享主管部门协调解决，涉及省有关部门的由联席会议协调解决。

提供部门在向使用部门提供共享信息时，应明确信息的共享范围和使用用途（如作为行政依据、工作参考，用于数据校核、业务协同等），原则上通过共享平台提供，鼓励采用系统对接、前置机共享、联机查询、部门批量下载等方式。

第十一条 各政务部门应当按照法定职责采集政务信息，充分利用共享信息。凡属于共享平台可以获取的信息，各政务部门原则上不得要求自然人、法人或其他组织重复提交。

第十二条 按照"谁主管、谁提供、谁负责"的原则，提供部门应及时维护和更新信息，保障数据的完整性、准确性、时效性和可用性，确保所提供的共享信息与本部门所掌握信息的一致性。

第十三条 按照"谁经手、谁使用，谁管理、谁负责"的原则，使用部门应根据履行职责需要依法依规使用共享信息，并加强共享信息使用全过程管理。

使用部门对从共享平台获取的信息，只能按照明确的使用用途用于本部门履行职责需要，不得直接或以改变数据形式等方式提供给第三方，也不得用于或变相用于其他目的。

第十四条 建立疑义、错误信息快速校核机制，使用部门对获取的共享信息有疑义或发现有明显错误的，应及时反馈提供部门予以校核。校核期间，办理业务涉及自然人、法人或其他组织的，如已提供合法有效证明材料，受理单位应照常办理，不得拒绝、推诿或要求办事人办理信息更正手续。

第五章　信息共享工作的监督和保障

第十五条　联席会议负责全省政务信息资源共享工作的统筹协调，建立信息共享工作评价机制，督促检查政务信息资源共享工作落实情况。

第十六条　省发展改革委、省经信委、省网信办组织编制信息共享工作评价办法，每年会同省编办、省财政厅等部门，对省级各政务部门提供和使用共享信息情况进行评估，并公布评估报告和改进意见。

第十七条　省政府各部门，各市、州、直管市、神农架林区人民政府和省级共享平台管理单位应于每年 12 月底前向联席会议提交本年度政务信息资源共享情况报告，联席会议对各单位提交的报告进行评估并反馈评估意见。每年 1 月底前，联席会议向省人民政府提交上一年度政务信息资源共享情况报告。

第十八条　省质监局会同省级共享平台管理单位、政务信息资源目录牵头编制单位，在已有政务信息资源相关标准基础上，加强政务信息资源的目录分类、采集、共享交换、平台对接、网络安全保障等方面国家标准的跟踪，制定政务信息资源共享地方标准，形成完善的政务信息资源共享标准体系。

第十九条　省网信办负责组织建立省级政务信息资源共享网络安全管理制度，指导督促省级政务信息资源采集、共享、使用全过程的网络安全保障工作，指导推进政务信息资源共享风险评估和安全审查。

共享平台管理单位要加强共享平台安全防护，切实保障政务信息资源在传输和共享交换时的数据安全；提供部门和使用部门要加强政务信息资源采集、共享、使用时的安全保障工作，落实本部门对接系统的网络安全防护措施。

政务信息拟提交共享平台的，提供部门应对信息内容进行保密审查。共享信息涉及国家秘密的，共享平台管理单位、共享信息提供部门和使用部门应当遵守有关保密法律法规的规定，在信息共享工作中分别承担相关保障责任。

第二十条　省发展改革委、省经信委、省财政厅、省网信办建立省级政务信息化项目建设投资和运维经费协商机制，对省级政务部门落实政务信息资源共享要求和网络安全要求的情况进行联合考核，凡不符合政务信息资源共享要求的，不予审批建设项目，不予安排运维经费。

省发展改革委负责在省级政务信息化项目审批、投资计划安排、项目验收等环节进行考核，省财政厅负责在省级政务信息化建设项目预算下达、运维经费安排等环节进行考核，省网信办负责在省级网络安全保障方面进行考核。

政务信息化项目立项申请前应预编形成项目信息资源目录，作为项目审批要件。项目建成后应将项目信息资源目录纳入共享平台目录管理系统，作为项目验收要求。

政务信息资源共享相关项目建设资金纳入政府固定资产投资，政务信息资源共享相关工作经费纳入部门预算，并给予优先安排。

第二十一条 各级审计机关应依法履行职责，在全省推动政务信息资源共享工作中发挥监督作用，保障专项资金使用的真实性、合法性和效益性，推动完善相关政策制度。

第二十二条 各政务部门应建立健全政务信息资源共享工作管理制度，明确目标、责任和实施机构。各政务部门主要负责人是本部门政务信息资源共享工作的第一责任人。

第二十三条 省级政务部门，各市、州、直管市、神农架林区人民政府有下列情形之一的，由省发展改革委通知整改；未在规定时限内完成整改的，省发展改革委要及时将有关情况上报省人民政府：

（一）未按要求编制或更新政务信息资源目录；

（二）未向共享平台及时提供共享信息；

（三）向共享平台提供的数据和本部门所掌握信息不一致，未及时更新数据或提供的数据不符合有关规范、无法使用；

（四）将共享信息用于履行本单位职责需要以外的目的；

（五）违反本办法规定的其他行为。

第二十四条 联席会议推动制定共享信息互认、共享使用信息责任认定等相关制度。

第六章　附　则

第二十五条　本办法由省发展改革委负责解释。

第二十六条　本办法自印发之日起施行。

文件编号：武政办〔2015〕146号
发布时间：2015年11月30日
发布机关：武汉市人民政府办公厅

武汉市政务数据资源共享管理暂行办法

第一章 总 则

第一条 为促进政务数据资源的优化配置和有效利用，充分发挥武汉市政务云平台数据中心的作用，推动政府部门之间数据共享和业务协同，切实提高行政效能、服务质量和管理水平，结合本市实际，制定本办法。

第二条 本办法适用于本市行政区域内政务数据资源的采集、归集和共享应用及其监督管理。

第三条 本办法所称政务数据资源，是指本市市级国家行政机关或者其他依法经授权、受委托行使行政职能的组织（以下统称行政机关），在履行职责过程中产生、采集的非涉密数据。

第四条 本办法所称武汉市政务云平台数据中心（以下称云端武汉），是指在该服务平台上，为行政机关之间数据资源共享提供支撑的信息技术平台。该平台具备政务数据资源梳理服务、信息资产登记服务、数据目录服务、共享交换服务、数据资源监管服务等功能。

第五条 政务数据资源共享遵循以下原则：

（一）规范采集。行政机关按照一数一源、多元校核、动态更新的要求和统一的标准规范采集数据。

（二）无偿提供。行政机关负责无偿为云端武汉服务平台及其他行政机关提供政务数据共享，及时响应其他单位提出的共享需求。

（三）平台归集。需共享的数据应当通过全市统一的云端武汉服务平台进行交换归集。

（四）按需共享。行政机关共享使用其他部门的政务数据资源，应当符合部门职能和履职需求，不得超越职能获取和使用其他部门的政务数据资源。

第六条 全市政务数据资源共享工作在市推进"互联网+"行动委员会的组织领导下，由市网信办负责其统筹规划和具体实施工作。

各行政机关负责本单位数据的采集、提供和更新工作，与云端武汉服务平台实现对接。

第七条 行政机关的政务数据作为政府公共信息资产纳入统一管理，并由云端武汉服务平台提供统一的信息资产登记系统供各行政机关使用。

第八条 政务数据资源共享情况作为安排各行政机关信息化建设资金的重要依据；对不响应数据共享的行政机关，暂停安排其相关新建项目和运行及维护经费。

第二章　数据采集和归集

第九条 行政机关按照市网信办的统一要求，通过信息资产登记系统及时登记、审核、发布、更新本单位政务数据，确保数据的真实性、完整性、时效性。

第十条 行政机关在数据采集过程中，统一通过云端武汉服务平台与其他单位的相关数据进行比对，发现数据不一致时，由市网信办协调核实并及时修改。

第十一条 行政机关应当以数字化方式采集、记录和存储数据，同时将具备条件的数据进行结构化处理，并通过数据库进行管理。非数字化数据应当按照相关技术标准开展数字化改造。

第十二条 行政机关对文书类、证照类数据应当加盖全市统一的电子印章，确保数据不可更改。

第十三条 行政机关应当对所提供的政务数据资源进行动态管理，其中文书类、证照类数据应当实时更新，其他业务数据原则上要求在产生后 2 个工作日内予以更新，不能及时更新的应当向市网信办说明原由并报备。

第十四条　行政机关应当对提供的共享数据进行保密审查，经审查为涉及国家秘密的信息，不得在云端武汉服务平台上共享。

第十五条　市网信办根据行政机关登记的信息资源情况，统一编制市级《数据目录》，包括数据名称、数据格式、共享类别、共享范围、更新频度、时效要求、提供方式、提供单位、可否向社会开放等内容，并在云端武汉服务平台上公布。

第十六条　市网信办应当按照"物理分散、逻辑集中"的原则，以各行政机关建立的人口、法人单位、自然资源和空间地理、宏观经济、房屋信息等数据为基础，构建全市的基础数据库并进行维护。其中，人口数据以法定身份证号码作为标志，法人及其他机构数据以统一社会信用代码或者组织机构代码作为标志。

第三章　数据共享应用

第十七条　政务数据资源按照共享类别分为以下三类：

（一）可供行政机关无条件共享的非受限共享类数据；

（二）只能按照特定方式或者提供给指定对象共享的受限共享类数据；

（三）依照法律、法规和规章规定不能共享的非共享类数据。

第十八条　政务数据资源应当通过以下方式进行共享：

（一）通过调用验证服务接口进行比对，获取验证结果的比对验证模式；

（二）通过调用查询服务接口，获取或者引用查询对象相关数据的查询引用模式；

（三）直接下载或者通过云端武汉服务平台获取批量数据的批量复制模式。

第十九条　行政机关应当通过云端武汉服务平台发布共享数据，并在目录系统中注册受限或者非受限共享数据目录。

第二十条　使用非受限共享类数据时，行政机关可以直接通过云端武汉服务平台选取进行共享。

第二十一条　使用受限共享类数据时，行政机关应当向市网信办提出申请。市网信办应当会同数据提供单位在 5 个工作日内对申请进行审核。审核通过的，在云端武汉服务平台开放相应的访问权限给申请单位；未通过审核的，应当说明理由。

第四章　数据监督管理

第二十二条　市网信办应当通过建立政务数据资源安全保障制度，定期对云端武汉服务平台进行信息安全风险评估；通过开展政务数据资源共享工作检查等方式，加强云端武汉服务平台的日常监控工作，对政务数据资源数据交换与共享工作的运行情况进行监督。

行政机关应当按照市网信办的要求，严格落实各项安全保障制度，并指定专人负责政务数据资源的采集、归集和共享工作。

第二十三条　行政机关违反本办法的规定，其他行政机关可以向市网信办反映情况。接到反映后，市网信办应当及时调查处理，并将处理结果书面反馈给投诉单位。

第二十四条　行政机关违反本办法的规定，有下列行为之一的，由市网信办责令其限期改正；逾期不改正的，提请市人民政府予以通报批评：

（一）无理由拒绝提供政务数据资源的；

（二）无故拖延提供政务数据资源的；

（三）违规使用、泄漏共享信息或者擅自扩大使用范围的。

第二十五条　行政机关违规使用涉及商业秘密、个人隐私的共享信息，或者造成商业秘密、个人隐私泄漏的，按照国家有关法律、法规规定处理。

第五章　附　则

第二十六条　本办法自印发之日起施行，由市网信办负责解释。

第二十七条 各区政务数据资源共享管理参照本办法的规定执行。(该文件会在文件夹中附注)

文件编号：宜府办发〔2010〕118号
发布时间：2010年10月8日
发布机关：宜昌市人民政府办公室

宜昌市人民政府办公室关于加强政务信息资源整合共享工作的实施意见

一、充分认识加强政务信息资源整合共享的重要意义

政务信息是党委、政府科学决策的基本依据，是政府及各部门履行社会管理与公共服务职能的核心资源，政务信息资源整合共享度是构建"高效、廉洁、服务型"现代政府的重要体现。目前，我市政务信息资源存在着多头重复采集、部门分散管理、数据正误不一、利用效率较低等"条块分割"和"信息孤岛"现象，需要采取措施大力推进政务信息整合共享工作，建立全市统一标准的政务信息数据库和共建共享工作机制。抓好这项工作，有利于推动政府转变职能，促进政府行政流程的优化、再造以及行政机制的创新；有利于提高行政效能，促进部门间信息互通和业务协同，改善条块分割、各自为政的状况；有利于推动服务型政府建设，提高政府管理和服务精细、便捷程度，形成自然人和法人生命周期内接受政府管理和服务的比较完整的活动信息，提供"一体化、一站式"的便民服务，提高政府公共服务水平。

二、明确政务信息资源整合共享工作的目标与原则

工作目标：建立并完善信息共享交换基础设施，建立政务信息资源共享机制和规范标准，制定政务信息资源共享办法及共享目录，开发利用人口、法人、空间地理和自然资源、宏观经济与社会发展等基础信息资源库和专题信息资源库，推动重点领域和跨部门的政务信息资源共享和业务协同，进一步提高决策能力、

217

行政效能和服务水平。

工作原则：统筹协调，需求导向，共建共享，确保安全。实行统筹规划，分类指导，分步推进，避免重复建设和资源浪费；根据当前社会管理与公共服务的需要，选择关联性强、信息共享迫切的领域优先开展分类整合，开发政务信息资源应用；依据法律法规规定和职责分工，明确各级各部门政务信息共建共享的内容、方式、责任、权利和义务，各负其责，各施其职；建立健全信息安全保障体系，强化信息安全管理，正确处理政务信息资源共享与保障安全、保守秘密的关系，保护国家秘密、企业秘密和公民隐私。

三、建立政务信息资源整合共享工作机制

（一）建立政务信息资源采集、交换、比对机制

数据采集：按照"业务产生数据"的原则，各部门根据其职责建设本部门政务信息资源数据库，建立数据库备案、运行、更新、注销管理制度，实行动态管理。

交换更新：建立"宜昌市政务信息资源交换和管理中心"，制定宜昌市政务信息资源交换目录，实行集中式数据交换，部门之间不得实行点对点数据交换。信息提供部门对提供的交换信息应及时更新、实时交换。尚不具备实时交换条件的，根据需要定期进行数据交换。避免重复采集、多头交换。

比对修正：对来自不同部门的同类数据进行比对，发现不完整、不准确的数据，由数据提供部门进行核实并根据核查结果修正错误数据，确保政务信息完整性和准确性。

（二）建立政务信息资源共享协调机制

市电子政务办负责统筹协调全市各级、各部门信息资源的共享需求及响应情况。共享信息需求单位按照统一格式填写信息共享需求申请表报市电子政务办，经市电子政务办根据政务信息资源分类及相关规定协调确认后，编制《宜昌市政务信息资源共享目录》，开展政务信息资源共享。

政务信息提供部门因故不予或不能提供共享政务信息的，必须将有关情况、

理由书面报市电子政务办。市电子政务办会商有关部门研究解决，重大事项提请市电子政务工作领导小组会议讨论决定。

（三）建立政务信息资源安全保障机制

市电子政务办要明确专门机构和人员负责政务信息资源的交换与管理。建立和不断完善政务信息资源安全技术措施和安全制度保障措施。

各部门在政务信息资源共享过程中应当加强政务信息资源管理，涉及保密要求的，共享信息需求单位和提供单位要签订政务信息共享安全保密协议，并报市保密局备案。通过共享取得的政务信息资源，只能用于共享协议指定的用途和范围，未经允许不得向其他任何单位和个人提供。

四、切实抓好政务信息资源共享的重点工作

（一）建设和完善政务信息数据共享交换平台，编制政务信息资源交换目录和共享目录，制定政务信息资源共享配套措施，包括政务信息采集、交换、共享、管理、信息安全保障等工作的具体实施方案与管理办法。

责任单位：市电子政务办。

（二）以工商部门的企业信息为基础，以质监部门的组织机构代码为唯一标识，建立宜昌市法人基础数据库。

第一批责任单位：市工商局、市质监局、市民政局、市编办。

第二批责任单位：人行市中心支行、市国税局、市地税局、市经信委、市住建委、市国资委、市统计局、市财政局、市商务局、市文化局、市环保局、市安全监管局、市食品药品监管局、市交通运输局、市旅游局、市卫生局、市知识产权局等。

（三）以公安部门人口户籍信息为基础，与有关部门人口信息相关联，建立宜昌市人口基础数据库。

第一批责任单位：市公安局、市民政局、市人力资源社会保障局、市统计局、市人口计生委、市卫生局、市残联、宜昌住房公积金中心。

第二批责任单位：市中级法院、人行市中心支行、市教育局、市住建委、市司法局、市民族宗教局、市房管局、市旅游局、宜昌供电公司、宜昌电信公司、

宜昌移动公司、宜昌联通公司、楚天数字宜昌分公司、宜昌三峡水务公司、宜昌中燃公司等。

（四）建立以 GIS 平台为基础的空间地理与自然资源基础数据库。

牵头单位：市规划局（测绘局）、市国土资源局。

协助单位：市房管局、市城管局、市邮政局、市农业局、市林业局、市水利水电局、市公路局、市畜牧局、市水产局、市地震局、市气象局、市能源办等。

（五）建立以统计信息为基础的宏观经济和社会发展基础数据库。

牵头单位：市统计局。

协助单位：市发展改革委、市经信委、市财政局、市商务局、市物价局、市招商局。

五、加强政务信息资源整合共享工作的组织领导

全市政务信息资源整合共享工作在宜昌市电子政务工作领导小组统一领导下进行，市电子政务办负责具体组织协调工作，负责研究制定全市政务信息资源整合共享规划及相关配套管理办法及措施，研究制定年度计划并组织实施和督办落实，协调各部门间共享需求与信息提供之间的问题，研究政务信息资源共享新的开发应用，最大限度发挥共享政务信息资源的作用。

各地、各部门要高度重视政务信息资源整合共享工作，明确专门人员负责政务信息整合共享工作，负责各自领域内的政务信息资源采集、加工和管理，负责根据宜昌市政务信息资源交换目录提供本部门相关政务信息，管理本部门获取的共享政务信息，确保政务信息资源共享工作扎实有序推进。

政务信息资源整合共享工作纳入各部门电子政务年度工作综合目标考核内容，市监察部门要利用电子监察系统对全市政务信息资源整合共享实行全过程监督。

文件编号：荆政发〔2017〕8号
发布时间：2017年03月16日
发布机关：荆门市政府办公室

荆门市人民政府关于加快推进政务信息资源整合共享的实施意见

一、总体要求

（一）指导思想

深入贯彻创新、协调、绿色、开放、共享发展理念，以国家大数据战略为指导，以建设"荆门云"、提升政务信息化水平为目标，以数据开放共享为主线，以强化政务信息化项目管理、提高财政资金使用效率为抓手，着力打破数据资源壁垒，推进技术融合、数据融合、业务融合、服务融合，实现跨层级、跨地域、跨系统、跨部门、跨业务协同管理和服务，为荆门实现"三大定位""三个率先"，在湖北中部崛起提供有力支撑。

（二）工作原则

——统筹规划，集约建设。"荆门云"顶层设计、规划布局、共建共享等内容，以市电子政务公共云平台和城市大数据中心为支撑，有序整合我市政务信息软硬件资源，优化基础设施布局，避免重复建设，减少资源浪费，促进电子政务集约化发展。

——创新引领，应用为要。坚持以应用需求为导向，积极推动"应用、数据、技术"三位一体协同发展，加快云应用建设和数据资源整合，促进系统大集成、数据大开放、业务大协同，进一步提升公共管理和服务水平。

——全面共享，依法使用。按照"规范采集、无偿提供、平台归集、按需共享"的思路，统筹建设全市统一的安全支撑、网络支撑、应用支撑平台，建立健全政务信息资源目录体系、共享交换体系和政务信息采集、维护、共享工作机制。

——统一标准，保障安全。强化平台安全，广泛采用安全可信产品和服务，提升基础设施关键设备安全可靠水平，建立完善的容灾机制。强化数据安全，明确数据采集、传输、存储、使用、开放等环节保障网络安全的范围边界、责任主体和具体要求，建立数据分级分类授权访问机制，加强对涉及国家利益、公共安全、商业秘密、个人隐私等信息的保护。

（三）工作目标

到 2020 年，建成提供部门业务应用服务和提供公共服务的"荆门云"，打造"一个中心"（城市大数据中心）、"两大基础平台"（云基础设施综合服务平台和网络传输平台）和"三大支撑体系"（数据交换共享体系、信息安全保障体系、服务运维体系），"荆门云"综合承载能力、硬件设施利用能力、信息资源集聚共享能力、信息综合服务能力整体达到全省一流水平。

——基础设施进一步完善。全面完成县（市、区）、市直各部门数据库和非涉密应用系统向"荆门云"迁移接入，实现与国家、省直部门、县市区（部门、乡镇、街办、社区、村）的纵向联通，与市直部门的横向联通，与"楚天云"的数据交换共享。

——数据应用进一步深化。建成人口、法人、空间地理、宏观经济、建筑物等基础数据库和信用、税收、健康、交通等主题数据库。加快推进大数据应用，重点以市电子政务公共云平台和城市大数据中心为支撑，推动大数据在政府管理、决策中的广泛应用；以网格化社会管理和数字化城市管理监督指挥中心为支撑，推动网格化社会管理和数字化城市管理创新发展；以数字荆门地理空间框架为支撑，推动地理时空信息云平台建设；以"在荆门"市民融合服务平台为支撑，推动"互联网+政务服务"深入开展；以公安 110 指挥中心为支撑，推动城市综合应急体系建设。有序推进政务信息资源向社会开放，推动社会主体利用开放数据资源进行增值开发利用，促进信息消费和信息服务产业转型发展。

——管理机制进一步规范。建立标准统一、流程清晰、责任明确的政府投资信息化项目管理和绩效考评体系，促进项目建设资金高效使用、部门应用充分融合、政府数据依法依规共享。

二、主要任务

（一）大力推动部门基础数据库和应用系统迁移"上云"

按照"不影响正常办公、不影响群众办事、不影响系统运行"的总体要求，制定各部门基础数据库和应用系统向"荆门云"迁移接入工作方案，对条件成熟、架构相对简单的应用系统优先迁移接入，确保稳妥、有序、平滑迁移。优化迁移方式，对各部门已建在建应用系统，优先将应用系统和数据库部署在"荆门云"；对使用专用特殊设备的系统，采用设备迁移和云平台部署相结合的方式进行迁移；对系统复杂不适宜部署在"荆门云"上的系统，采用整体搬迁、服务托管的方式迁移。迁移接入的应用系统及数据资源，实行安全管理责任不变、数据归属关系不变、安全管理标准不变。2017—2018 年，完成 80% 的市直部门数据库和非涉密应用系统向市电子政务云平台的迁移接入，实现"荆门云"与"楚天云"互联互通；2019—2020 年，完成县（市、区）、市直部门数据库和非涉密应用系统向市电子政务云平台迁移接入，建成全市统一的数据传输网络，形成跨地域、跨部门、跨行业的共建共享机制。

（二）大力推动政务信息数据资源整合融合

1. 完善政务信息数据资源采集体系。制定全市政务信息数据资源目录体系和数据采集标准、流程和方法，建立数据采集、更新机制和数据库备案、运行、更新、注销管理制度。完善政务信息资源共享实施协议制度，各地各部门要明确共享内容、更新频率、共享形式，并及时更新数据，建立"目录清晰、标准统一、一数一源、动态更新"的信息资源架构和数据采集体系。

2. 加快政务信息数据资源入库。以人口、法人、空间地理、宏观经济和建筑物为基础库进行资源整合，扩展政务信息基础数据库领域，引导社会数据向"荆门云"汇聚，为政务信息资源整合共享提供有力支撑。

3. 推动政务信息数据资源交换共享。无设定条件、可普遍共享的政务信息数据资源，通过前置服务器、API 等方式实现集中交换、充分共享；有设定条件的政务信息数据资源通过身份鉴别和访问控制实现有限共享。共享信息资源由数据使用部门向数据提供部门提出申请，数据提供部门应在 10 个工作日内予以答复。

4. 健全政务信息数据比对修正机制。对不真实、不完整、不准确的数据，由市智慧城市建设办公室按照"多元校核"原则提出数据校核要求，由数据提供部门基于"一数一源"数据采集原则进行核实修正，确保政务信息数据的真实性、完整性和准确性。

（三）大力推动政务信息资源开放利用

1. 建立政务信息资源开放制度。制定政务信息资源面向社会开放利用目录，明确政府数据开放目标、实施原则、开放范围、开放渠道、开放方式和保障措施，引导企业、行业协会、科研机构及其他社会组织主动采集开放数据。除法律法规明确不开放的数据外，按照动态管理的原则，分级分类推进交通运输、教育科技、卫生计生、空间地理、公共安全、金融服务、市场监管、文化旅游等领域数据资源共享。

2. 打造政务信息数据资源开放平台。依托全市政府网站统一平台，建设政务信息数据资源开放平台，面向社会提供各类可公开的政务信息资源，鼓励社会服务机构开展政务信息资源挖掘利用。

（四）大力推动政务信息化项目统筹统管

各地各部门新建、续建、改（扩）建政府投资信息化项目，要按照"三不"（不再新建基础平台、不再新建综合机房、不再新建数据中心）和"八统一"（统一规划设计、统一方案评审、统一工程监理、统一软件测评、统一安全认证、统一项目验收、统一资金管理、统一运维服务）的原则进行建设。

1. 强化流程管理。市直行政事业单位建设政府投资信息化项目由市智慧城市建设办公室统一受理（部门管理单位信息化项目建设需求由主管部门汇总后报送），严格按照财政入库评审、立项、建设方案评审、财政投资评审、政府采购、项目监理、软件测评、项目验收、项目审计等程序建设。

新建、续建、改（扩）建项目由市财政局会同市智慧城市建设办公室每季度对申报的项目进行入库评审，评审通过后纳入市级财政专项资金项目库管理；市智慧城市建设领导小组每年对入库项目进行审定，确定年度建设计划，市财政局纳入年度预算统筹安排。对于临时增加、确需建设的项目，经市智慧城市建设领导小组审定后，可追加预算。由国家、省全额投资建设的项目，建设方案报市智慧城市建设办公室备案。

市直行政事业单位信息化建设资金实行归口集中管理，项目建设单位提出申请用款计划，市财政局将预算指标下达至项目建设单位，由项目建设单位按进度支付。

2. 规范服务管理。规范监理服务，所有政府投资信息化项目必须实行监理制。规范软件测评服务，软件项目建设完成后，需经国家认可的第三方软件测评机构测试通过，方可组织验收。规范网上政务服务，所有网上政务服务必须经过实名认证，建立统一的身份认证平台。规范运维服务，公开招标确定"荆门云"运维租赁价格，市财政局按照招标价格统筹安排运行维护经费，从 2020 年起，市级财政原则上不再单独安排各部门自建机房运行维护经费。通过招标确定具备相应资质的 2 至 3 家监理公司、1 家第三方软件测评机构和 1 家 CA 认证机构，具体承担政府投资信息化项目监理、软件测评和 CA 认证工作。

3. 严格质量管理。项目竣工后由市智慧城市建设办公室组织专家验收，验收结论作为项目绩效评估和审计依据，未经验收或者验收不合格的，不得投入使用。项目审计完成前，支付项目建设资金不得超过总额的 80%。

三、保障措施

（一）加强组织领导

全市政务信息资源整合共享工作由市智慧城市建设领导小组统一指导推进，市智慧城市建设办公室具体组织制定政务信息资源采集、处理、发布和开放共享工作计划，推动政务信息资源交换共享。各地各部门要确定专人负责政务信息资源共享日常工作，确保数据整合共享工作顺利实施。

（二）完善人才体系

经常性组织开展专业业务培训，大力培养政务信息化专业人才和复合型人才。成立智慧城市建设专家咨询委员会，聘请国内知名信息化专家、学者、企业家，参与规划编制、技术攻关、方案咨询、方案评审和成果鉴定等工作，为推动政务信息资源整合共享提供智力支撑和人才保证。

（三）强化安全保障

建立健全政务信息资源安全保障机制，定期对市电子政务公共云平台和城市大数据中心进行信息安全风险评估。加强对新型网络安全威胁的识别和防御，严厉打击网络攻击、窃取和售卖企业与个人信息、侵犯隐私等行为。落实国家信息安全等级保护制度，对潜在的网络安全威胁进行预防和实时监控。加强数据容灾备份等传统安全工作，确保突发情况下的数据资源安全。强化运维保障，制定高效便捷的运行维护流程，建立服务质量监督制度、服务标准规范和服务质量评价体系，提升服务支撑能力。

（四）严格绩效评估

市智慧城市建设办公室要开展政务信息资源共享工作考核，对各部门提供信息的数量、更新时效和使用情况进行评估。积极开展部门应用系统迁移接入绩效评估，健全考核评价体系，并强化考核结果运用。

文件编号：河北省人民政府令〔2015〕第5号
发布时间：2015年11月13日
发布机关：河北省人民政府办公厅

河北省政务信息资源共享管理规定

第一条 为规范政务信息资源共享，促进业务协同，提高行政效能，提升政府治理能力，根据《河北省信息化条例》，结合本省实际，制定本规定。

第二条 本省行政区域内行政机关、法律法规授权的具有管理公共事务职能的事业单位以及其他组织（以下统称机关单位）政务信息资源的目录编制、交换共享和应用等活动，适用本规定。

本规定所称政务信息资源，是指机关单位在依法履行职责过程中制作或者获取的信息资源。

第三条 政务信息资源共享应当遵循需求导向、统筹管理、无偿共享、保障安全的原则。

第四条 县级以上人民政府应当加强对政务信息资源共享工作的领导，协调本行政区域内政务信息资源共享方面的重大事项，整合各类政府信息平台，推进政务信息资源共享。

第五条 县级以上人民政府信息化主管部门或者县级以上人民政府确定的负责信息资源共享管理的部门（以下统称信息共享主管部门），负责组织指导和监督检查本行政区域内政务信息资源共享工作，建设政务信息资源目录体系、共享体系和政务信息资源交换共享平台（以下简称共享平台）等基础设施。

第六条 省信息资源管理机构协助省信息共享主管部门建立全省统一的政务信息资源目录体系和共享体系，具体负责省级共享平台的建设管理、应用培训、运行维护、日常监测，制定政务信息资源共享管理制度、标准、技术规范，为政务信息资源共享工作提供技术支撑。

第七条　机关单位应当按照本级政府政务信息资源共享工作的总体安排，做好政务信息资源目录的编制、更新和维护工作，提出共享需求、提供共享信息。

第八条　省、设区的市人民政府应当根据信息化发展规划，按照集约高效的原则，统筹本级政务信息资源目录体系和共享平台建设，推进本级和下级机关单位之间的信息共享。

具备条件的县（市、区）人民政府可以在上级信息共享主管部门的指导下，统筹本级共享平台建设。不具备条件的县（市、区）人民政府及其有关机关单位，应当依托上级共享平台，开展政务信息资源共享工作。

第九条　机关单位不得建设跨部门、跨领域的交换共享设施。各类交换共享设施应当实现与共享平台的对接，纳入共享平台统一管理。

机关单位使用财政性资金建设的信息化工程项目不支持政务信息资源共享的，除涉密项目以外，审批部门不得批准建设，财政部门不得安排建设资金。

第十条　机关单位应当建立健全政务信息资源共享工作管理制度，设置共享平台前置交换系统，明确人员管理，实现与共享平台之间的有效联通，部门业务数据库与前置交换数据库的同步更新。

第十一条　省信息共享主管部门会同省机构编制部门，按照一数一源的原则，指导机关单位编制政务信息资源目录，确保政务信息来源的一致性和准确性。

省级机关单位应当依照法定职责，编制本系统、本单位的政务信息资源目录，报省信息共享主管部门备案，并纳入全省政务信息资源目录体系管理。

设区的市、县（市、区）机关单位应当依照上级机关单位的政务信息资源目录编制本系统、本单位的政务信息资源目录，报本级信息共享主管部门备案，并纳入本级政务信息资源目录体系管理。

机关单位因机构改革或者法定职责调整等事项，需要变更政务信息资源目录内容的，应当将更新后的政务信息资源目录报本级信息共享主管部门备案。

第十二条　纳入政务信息资源目录体系管理的政务信息资源，除依法需要保密的以外，必须通过共享平台向有共享需求的机关单位无偿提供，并保证准确、完整、及时。不具备通过共享平台提供政务信息资源条件的，应当通过其他方式提供。

非因法定事由，机关单位不得拒绝提供政务信息资源。

因政务信息资源是否属于国家秘密产生争议的，由保密部门依法确定。

第十三条 有政务信息资源共享需求的机关单位，应当根据履行职责需要与政务信息资源提供单位进行协商，确定具体共享内容。经协商双方达成一致的，有政务信息资源共享需求的机关单位应当报本级信息共享主管部门备案，共享平台的运行维护管理单位按照共享内容实施授权，通过共享平台实现信息共享。

经协商双方未达成一致的，有政务信息资源共享需求的机关单位应当向本级信息共享主管部门提出共享申请。收到申请的信息共享主管部门，应当要求政务信息资源提供单位在十五日内书面说明有关情况及理由。信息共享主管部门应当在收到说明的三十日内与政务信息资源提供、需求单位协调确定有关共享内容。经协调仍然不能达成一致的，信息共享主管部门应当会同机构编制、保密等有关部门，协商确定有关共享事项。

第十四条 信息共享主管部门应当制定共享平台的授权管理制度，共享平台的运行维护管理单位负责对使用共享平台的机关单位实施授权管理，组织开展共享平台使用管理培训。

第十五条 机关单位应当根据授权权限，通过共享平台获取并依法使用履行职责需要的政务信息资源。

禁止贩卖或者散布获取的共享政务信息资源。

第十六条 机关单位对获取的共享政务信息资源内容的准确性、完整性和时效性有疑义的，应当告知提供该政务信息资源的机关单位，协商修正有关内容。

第十七条 共享平台的运行维护管理单位，应当对政务信息资源共享过程进行监测记录，分析有关数据，并将监测分析结果定期通报机关单位。监测分析发现的问题，及时通报有关机关单位予以解决。

第十八条 信息共享主管部门应当会同公安、保密等部门，建立健全政务信息资源共享的安全保障制度，做好政务信息资源共享的安全保障工作。

共享平台的运行维护管理单位，具体负责共享平台的安全保障工作，其他机关单位负责其使用的共享平台前置交换系统的安全保障工作。

第十九条 县级以上人民政府应当在保障安全和保护隐私的前提下，按照国家有关规定，建立健全政务信息资源开放共享制度，制定开放共享标准，推动政务信息资源有序开放共享，为区域协调发展、城镇化和智慧城市建设等提供数据支撑服务。

鼓励企业和社会组织合法利用政务信息资源的开放共享数据，进行合作开发和综合利用，开发各类便民应用，开展大数据应用示范，实现公共服务的多方数据整合共享、制度对接和协同配合。

第二十条 对在政务信息资源共享工作中作出突出贡献的单位和个人，县级以上人民政府可以给予适当奖励。

第二十一条 信息共享主管部门应当会同监察机关对政务信息资源共享工作开展监督检查，监督检查情况定期向本级人民政府报告。对发现的问题，督促有关机关单位进行整改；对拒不整改的机关单位及相关责任人员进行通报批评。

第二十二条 信息共享主管部门、其他机关单位及其工作人员有下列行为之一的，由其上级行政主管部门或者有关机关责令改正；情节严重的，对直接负责的主管人员和其他直接责任人员依法给予处分；构成犯罪的，依法追究刑事责任：

（一）违反本规定建设跨部门、跨领域的交换共享设施的；

（二）违反本规定批准使用财政性资金建设信息化工程项目、安排建设资金的；

（三）未按规定编制、更新政务信息资源目录的；

（四）未按规定通过共享平台无偿提供共享政务信息资源的；

（五）贩卖或者散布获取的共享政务信息资源的；

（六）其他滥用职权、玩忽职守、徇私舞弊的行为。

第二十三条 本规定自 2016 年 1 月 1 日起施行。

文件编号：郑州市人民政府令第 213 号
发布时间：2015 年 5 月 1 日
发布机关：郑州市人民政府

郑州市政府信息资源共享管理办法

第一章 总 则

第一条 为规范和促进政府信息资源共享，推动政府信息资源优化配置和有效利用，降低行政成本，提高行政效能，根据有关法律、法规规定，结合本市实际，制定本办法。

第二条 本办法所称政府信息资源，是指市、县（市、区）行政机关和法律法规授权的具有管理公共事务职能的组织（以下统称行政机关）在依法履行职责过程中制作或者获取的信息资源。本办法所称政府信息资源共享，是指行政机关按照规定通过政府信息资源共享平台提供、获取、使用政府信息的行为。

第三条 本市行政机关之间政府信息资源共享活动，适用本办法。

第四条 政府信息资源共享应当遵循统筹规划、规范有序、便捷高效、无偿共享、保障安全的原则。

第五条 市、县（市、区）人民政府办公厅（室）是政府信息资源共享工作的主管部门，履行下列主要职责：（一）统筹、指导和协调政府信息资源共享管理工作；

（二）制定政府信息资源共享规划和政府信息资源共享规则、标准；

（三）定期组织政府信息资源调查，推动政府信息资源开发利用；

（四）指导行政机关编制部门政府信息资源目录、建设专业数据库、制定政府信息资源管理制度等。市人民政府办公厅所属的政府信息资源共享管理机构具体负责本市政府信息资源共享日常管理工作。其他行政机关应当在各自职责范围内，做好政府信息资源采集、维护、更新和共享工作。

第六条 市、县（市、区）建立统一的政府信息资源共享平台，县（市、区）政府信息资源共享平台应当与市政府信息资源共享平台对接。

政府信息资源共享平台由政府信息资源共享主管部门建设、维护和管理。

第七条 政府信息资源共享的建设资金列入同级政府固定资产投资，运行维护经费列入同级财政预算。

第二章　　信息采集和信息采集和数数据库建设

第八条 行政机关应当按照法定职责采集政府信息，并确保政府信息真实、有效、完整、及时。

第九条 行政机关可以通过共享方式获取政府信息的，不得重复采集，法律、法规另有规定的除外。

应当由业务主管机关采集而未采集的政府信息，政府信息需求行政机关应当与相关业务主管机关协商，明确政府信息采集主体。由非业务主管机关采集政府信息的，应当报政府信息资源共享主管部门备案。

第十条 行政机关应当建设和完善政府信息系统，将采集的政府信息进行数字化记录、存储和使用，并逐步实现对传统载体保存的公文、档案、资料等政府信息资源的数字化管理。

第十一条 新建政府信息系统应当避免与现有政府信息系统重复。现有政府信息资源共享可以满足需求的，不得开发新的政府信息系统。

第十二条 政府信息资源数据库包括基础数据库、综合数据库和专业数据库。

基础数据库由政府信息资源共享主管部门组织建设、管理和维护。综合数据库由政府信息资源共享主管部门会同相关部门建设、管理和维护。专业数据库由行政机关各自建设、管理和维护。

第三章　政府信息资源目录管理

第十三条　本市政府信息资源共享实行目录管理。政府信息资源目录包括部门政府信息资源目录和政府信息资源共享总目录。

第十四条　政府信息资源包括无条件共享类政府信息资源、附条件共享类政府信息资源和不予共享类政府信息资源。无条件共享类政府信息资源应当无附加条件提供给其他行政机关共享利用；附条件共享类政府信息资源由业务主管机关确定共享条件，提供给其他行政机关按照设定条件共享利用；不予共享类政府信息资源不能提供给其他行政机关共享利用。列为不予共享类政府信息资源的，业务主管机关应当提供法律、法规依据。

第十五条　行政机关对本机关政府信息资源应当进行分类整理，并按规定编制部门政府信息资源目录。附条件共享类政府信息资源和不予共享类政府信息资源，应当报政府信息资源共享主管部门认定。行政机关根据履行职责需要，可以提出对其他行政机关的政府信息共享需求。

第十六条　市政府信息资源共享主管部门根据各行政机关的部门政府信息资源目录和共享需求编制本市统一的政府信息资源共享总目录，标明共享政府信息名称、数据格式、提供方式、共享条件、提供单位和更新时限等内容。行政机关共享政府信息、共享需求发生变化时，应当及时告知市政府信息资源共享主管部门。本市政府信息资源共享总目录应当在政府信息资源共享平台上公布。

第四章　信息共享

第十七条　行政机关应当向其他行政机关提供可以共享的政府信息，也可以从其他行政机关获取其履行职责所需要的政府信息。

除法律、法规另有规定外，行政机关不得拒绝提供共享政府信息。

第十八条　无条件共享类政府信息资源由行政机关通过政府信息资源共享平

台自行获取。

附条件共享类政府信息资源由行政机关按照设定条件和规定程序共享。行政机关对共享条件存在争议的，由政府信息资源共享主管部门协调处理。

第十九条　涉及国家秘密、商业秘密和个人隐私的共享政府信息，需求行政机关和提供行政机关依法承担共享信息的安全保密责任和相应法律责任，确保共享政府信息的安全。

第二十条　行政机关所获取的共享政府信息，只能用于本机关履行职责，不得用于其他用途。

共享政府信息向公民、法人和其他组织的公开，按照《中华人民共和国政府信息公开条例》执行。

第二十一条　行政机关认为共享政府信息有错误时，应当及时告知政府信息资源共享主管部门。政府信息资源共享主管部门应当及时处理，并将处理结果予以反馈。

第二十二条　行政机关应当将共享的文书类、证照类政府信息资源加盖电子印章，保证政府信息的不可更改性。政府信息资源共享主管部门应当利用信息技术，在共享的文书类、证照类政府信息资源被获取使用时，可以同步生成数据快照等电子凭证。

第二十三条　行政机关通过政府信息资源共享平台获得的加盖电子印章的文书类、证照类政府信息资源，与纸质文书具有同等效力，可以作为行政机关履行职责的依据，法律、法规另有规定的除外。

行政机关可以通过电子方式确认的事项和获取的材料，不得要求行政管理相对人自行确认、提交，法律、法规另有规定的除外。

第二十四条　行政机关对所提供的共享政府信息实行动态管理，进行实时更新，保证共享政府信息的准确性、时效性，并根据政府信息需求行政机关反馈意见及时查核共享政府信息。

第五章　安全保障

第二十五条　政府信息资源共享主管部门应当会同保密、公安等部门制定政府信息资源共享安全工作规范，建立政府信息资源提供、获取、使用的安全保障制度。

第二十六条　政府信息资源共享主管部门应当会同公安、保密等部门建立共享政府信息安全应急处理和灾难恢复机制，制定事故应急响应和支援处理措施。

第二十七条　政府信息资源共享主管部门应当建立身份认证、存取访问控制、信息审计跟踪、容灾备份等机制，加强政府信息资源共享平台的安全管理。

第二十八条　行政机关应当制定政府信息资源共享内部工作程序和安全管理制度，采取技术措施做好政府信息安全保障工作。行政机关应当加强政府信息资源日常维护，及时更新数据，保障政府信息系统正常运行，确保政府信息有效共享。因客观原因不能提供共享政府信息的，应当采取相应补救措施，并告知政府信息资源共享主管部门。

第二十九条　共享的基础性、公益性和跨部门重大电子政务应用系统的政府信息资源，政府信息资源共享主管部门应当按照国家有关规定进行异地备份。

第六章　监督管理

第三十条　政府信息资源共享工作，由市、县（市、区）人民政府按规定进行考核。对在政府信息资源共享工作中成绩突出的单位或者个人，应当给予表彰或者奖励。

第三十一条　政府信息资源共享主管部门负责对政府信息资源共享工作的运行情况进行监督。

政府信息资源共享主管部门应当每年至少开展一次政府信息资源共享工作检查，对各行政机关共享政府信息的提供数量、更新时效和使用情况进行评估，并公布评估结果和改进意见。

第三十二条　对违反本办法规定的，有关行政机关可以向同级政府信息资源共享主管部门投诉。同级政府信息资源共享主管部门应当及时调查处理，并将处理结果予以反馈。

第三十三条　违反本办法规定，有下列行为之一的，由同级政府信息资源共享主管部门责令限期改正；逾期不改正的，由同级人民政府对该行政机关和相关责任人给予通报批评，由监察机关或者有管理权限的机关对直接责任人员依法给予行政处分；构成犯罪的，依法追究刑事责任：

（一）未按照本办法规定采集政府信息资源的；

（二）篡改政府信息内容的；

（三）无故拒绝提供或者拖延提供政府信息资源的；

（四）故意隐瞒本机关政府信息资源的；

（五）违反规定使用共享政府信息或者擅自扩大使用范围的；

（六）泄漏政府信息内容侵害公民、法人和其他组织合法权益的。

第七章　附　则

第三十四条　本办法自 2015 年 5 月 1 日起施行。

文件编号：湘政发〔2017〕34 号
发布时间：2017 年 11 月 22 日
发布机关：湖南省人民政府

湖南省政务信息资源共享
管理办法（试行）

第一章　总　则

第一条　为加快推动政务信息系统互联互通和公共数据共享，增强政府公信力，提高行政效率，提升服务水平，充分发挥政务信息资源共享在深化改革、转变职能、创新管理、大数据发展与应用中的重要作用，依据相关法律法规和《国务院关于印发政务信息资源共享管理暂行办法的通知》（国发〔2016〕51 号）、《湖南省人民政府关于印发〈湖南省加快推进"互联网+政务服务"工作实施方案〉的通知》（湘政发〔2017〕19 号）等文件规定，结合我省实际，制定本办法。

第二条　本办法所称政务信息资源，是指政务部门在履行职责过程中制作或获取的，以一定形式记录、保存的文件、资料、图表和数据等各类信息资源，包括政务部门直接或通过第三方依法采集的、依法授权管理的和因履行职责需要依托政务信息系统形成的信息资源等。

本办法所称政务部门，是指本省各级政府部门及法律法规授权具有行政职能的机构、事业单位和社会组织。

第三条　本办法用于规范政务部门间政务信息资源共享工作，包括因履行职责需要使用其他政务部门政务信息资源和为其他政务部门提供政务信息资源的行为。

第四条 省发改委负责组织、指导、协调和监督政务信息资源共享工作。省政府发展研究中心负责政务信息资源共享相关日常工作，指导和组织省级各政务部门、各市州人民政府编制政务信息资源目录，组织编制省级政务信息资源目录。

各政务部门按本办法规定负责本部门与数据共享交换平台（以下简称共享平台）的联通，并按照政务信息资源目录向共享平台提供共享的政务信息资源（以下简称共享信息），从共享平台获取并使用共享信息。

第五条 政务信息资源共享应遵循以下原则：

（一）以共享为原则，不共享为例外。各政务部门形成的政务信息资源原则上应予共享，涉及国家秘密和安全的，按相关法律法规执行。

（二）需求导向，无偿使用。因履行职责需要使用共享信息的部门（以下简称使用部门）提出明确的共享需求和信息使用用途，共享信息的产生和提供部门（以下统称提供部门）应及时响应并无偿提供共享服务。

（三）统一标准，统筹建设。按照国家和我省政务信息资源相关标准进行政务信息资源的采集、存储、交换和共享工作，坚持"一数一源"、多元校核，统筹建设政务信息资源目录体系和共享交换体系。

（四）健全机制，保障安全。省发改委、省政府发展研究中心统筹建立政务信息资源共享管理机制和信息共享工作评价机制，各政务部门和共享平台管理单位应加强对共享信息采集、共享、使用全过程的身份鉴别、授权管理和安全保障，确保共享信息安全。

第六条 各政务部门应加强基于信息共享的业务流程再造和优化，创新社会管理和服务模式，提高信息化条件下社会治理能力和公共服务水平。

第二章　政务信息资源的目录、分类与共享要求

第七条 各政务部门按照国家《政务信息资源目录编制指南》要求编制、维护部门政务信息资源目录，并在有关法律法规作出修订或行政管理职能发生变

化之日起 15 个工作日内更新本部门政务信息资源目录。

省政府发展研究中心汇总形成省级政务信息资源目录，并建立目录更新机制。

各市州人民政府按照国家《政务信息资源目录编制指南》要求编制、维护市级政务信息资源目录，并负责对本级各政务部门政务信息资源目录更新工作的监督考核。

第八条 政务信息资源按共享类型分为无条件共享、有条件共享、不予共享三种类型。

可提供给所有政务部门共享使用的政务信息资源属于无条件共享类。

可提供给相关政务部门共享使用或仅能够部分提供给所有政务部门共享使用的政务信息资源属于有条件共享类。

不宜提供给其他政务部门共享使用的政务信息资源属于不予共享类。

第九条 政务信息资源共享及目录编制应遵循以下要求：

（一）人口信息、法人单位信息、自然资源和空间地理信息、电子证照信息等基础信息资源的基础信息项是政务部门履行职责的共同需要，必须依据整合共建原则，通过在省政务大数据中心集中建设或通过接入省级数据共享交换平台实现基础数据统筹管理、及时更新，在部门间实现无条件共享。基础信息资源的业务信息项可按照分散和集中相结合的方式建设，通过各级共享平台予以共享。基础信息资源目录由基础信息资源库的牵头建设部门负责编制并维护。

（二）凡列入不予共享类的政务信息资源，必须有法律、行政法规或党中央、国务院和省委、省人民政府政策依据。

（三）围绕经济社会发展的同一主题领域，由多部门共建项目形成的主题信息资源，如健康保障、社会保障、食品药品安全、安全生产、价格监管、能源安全、信用体系、城乡建设、社会治理、生态环保、应急维稳、道路交通等，应通过各级共享平台予以共享。主题信息资源目录由主题信息资源牵头部门负责编制并维护。

第三章　共享信息的提供与使用

第十条　省发改委、省政府发展研究中心负责组织推进省级共享平台及全省共享平台体系建设。各市州人民政府要明确政务信息资源共享主管部门，负责组织本级共享平台建设，并做好与省级共享平台的对接。

共享平台是管理全省政务信息资源目录、支撑各政务部门开展政务信息资源共享交换的关键信息基础设施，应按照国家和省网络安全相关制度和要求，依托省电子政务外网建设和管理。

各政务部门业务信息系统原则上通过省电子政务外网承载，通过共享平台与其他政务部门共享交换数据。各政务部门应抓紧推动本部门业务信息系统向省电子政务外网迁移，并接入本级共享平台。凡新建的需要跨部门共享信息的业务信息系统，必须通过共享平台实施信息共享，原有跨部门信息共享交换系统应逐步迁移到共享平台。

第十一条　使用部门应根据履行职责需要使用共享信息。属于无条件共享类的信息资源，使用部门在共享平台上直接获取；属于有条件共享类的信息资源，使用部门通过共享平台向提供部门提出申请，提供部门应在 10 个工作日内予以答复，使用部门按答复意见使用共享信息，对不予共享的，提供部门应说明理由；属于不予共享类的信息资源，以及有条件共享类中提供部门不予共享的信息资源，使用部门因履行职责确需使用的，由使用部门与提供部门协商解决，协商未果的由本级政务信息资源共享主管部门协调解决，涉及中央有关部门的向促进大数据发展部际联席会议请求协调解决。

提供部门在向使用部门提供共享信息时，应明确信息的共享范围和使用用途（如，作为行政依据、工作参考，用于数据校核、业务协同等），原则上通过共享平台提供，鼓励采用系统对接、前置机共享、联机查询、部门批量下载等方式。

各政务部门应充分利用共享信息。凡属于共享平台可以获取的信息，各政务部门原则上不得要求自然人、法人或其他组织重复提交。

第十二条 按照"谁主管，谁提供，谁负责"的原则，提供部门应及时维护和更新信息，保障数据的完整性、准确性、时效性和可用性，确保所提供的共享信息与本部门所掌握信息的一致性。

第十三条 按照"谁经手，谁使用，谁管理，谁负责"的原则，使用部门应根据履行职责需要依法依规使用共享信息，并加强共享信息使用全过程管理。

使用部门对从共享平台获取的信息，只能按照明确的使用用途用于本部门履行职责需要，不得直接或以改变数据形式等方式提供给第三方，也不得用于或变相用于其他目的。

第十四条 建立疑义、错误信息快速校核机制，使用部门对获取的共享信息有疑义或发现有明显错误的，应及时反馈提供部门予以校核。提供部门修正疑议、错误信息后，应将校核结果反馈该共享信息相关使用部门。校核期间，办理业务涉及自然人、法人或其他组织的，如已提供合法有效证明材料，受理单位应照常办理，不得拒绝、推诿或要求办事人办理信息更正手续。

第四章 信息共享工作的监督和保障

第十五条 省发改委、省政府发展研究中心负责政务信息资源共享的统筹协调，建立信息共享工作评价机制，省政府办公厅督促检查政务信息资源共享工作落实情况。

第十六条 省发改委、省政府发展研究中心组织制定信息共享工作评价办法，并会同省编办、省网信办、省财政厅等部门，对各政务部门上一年度提供和使用共享信息情况进行评估，并公布评估报告和改进意见。

第十七条 省级各政务部门、各市州人民政府应于每年1月15日前向省发改委报告上一年度政务信息资源共享情况，省发改委汇总情况于1月底前向省政府提交省政务信息资源共享情况年度报告。

第十八条 省政府发展研究中心会同省质监局，在已有政务信息资源相关标准基础上，加强政务信息资源的目录分类、采集、共享交换、平台对接、网络安全保障等方面国家标准的跟踪，制定省政务信息资源共享标准，形成完善的政务信息资源共享标准体系。

第十九条 省网信办负责组织建立政务信息资源共享网络安全管理制度，指导督促政务信息资源采集、共享、使用全过程的网络安全保障工作，指导推进政务信息资源共享风险评估和安全审查。

共享平台管理单位要加强共享平台安全防护，切实保障政务信息资源共享交换时的数据安全；提供部门和使用部门要加强政务信息资源采集、共享、使用时的安全保障工作，落实本部门对接系统的网络安全防护措施。

共享信息涉及国家秘密的，提供部门和使用部门应当遵守有关保密法律法规的规定，在信息共享工作中分别承担相关保障责任。

第二十条 健全省党政系统信息化工作领导小组统筹协调，省电子政务外网建设工作小组各成员单位依职能分工负责的省电子政务外网项目建设投资和运维经费协商机制，对政务部门落实政务信息资源共享要求的情况进行联合考核，凡不符合政务信息资源共享要求的，不予审批建设项目，不予安排运维经费。

省发改委负责在省政务信息化建设规划制定、项目审批、投资计划安排、项目验收等环节进行考核。省财政厅负责在省政务信息化建设项目预算下达、运维经费安排等环节进行考核。省政府发展研究中心负责在政务信息资源共享提供、使用方面进行考核。

政务信息化项目立项申请前应预编形成项目信息资源目录，作为项目审批要件。项目建成后应将项目信息资源目录纳入共享平台目录管理系统，作为项目验收要求。

政务信息资源共享相关项目建设资金由同级财政预算进行安排，政务信息资源共享相关工作经费纳入部门财政预算，并给予优先安排。

第二十一条 审计机关应依法履行职责，在国家和省大数据政策的贯彻落实、政务信息资源共享中发挥监督作用，保障专项资金使用的真实性、合法性和效益性，推动完善相关政策制度。

第二十二条 各政务部门应建立健全政务信息资源共享工作管理制度，明确目标、责任和实施机构。各政务部门主要负责人是本部门政务信息资源共享工作的第一责任人。

第二十三条 省级各政务部门、各市州人民政府有下列情形之一的，由省发改委、省政府发展研究中心通知整改；未在规定时限内完成整改的，省发改委、省政府发展研究中心要及时将有关情况报省人民政府：

（一）未按要求编制或更新政务信息资源目录；

（二）未向共享平台及时提供共享信息；

（三）无故不受理政府信息资源共享申请；

（四）向共享平台提供的数据和本部门所掌握信息不一致，未及时更新数据或提供的数据不符合有关规范、无法使用；

（五）将共享信息用于履行本单位职责需要以外的目的；

（六）违反本办法规定的其他行为。

第五章 附 则

第二十四条 本办法自公布之日起施行。

文件编号：常政办发〔2016〕18号
发布时间：2016 年 6 月 26 日
发布机关：常德市人民政府办公室

常德市政府数据资源共享管理暂行办法

第一章　总　则

第一条　为加强政府数据资源管理，规范数据共享行为，促进数据资源开发和利用，优化数据资源配置，有效支撑业务协同，推动大数据对政府社会治理和公共服务的创新带动，根据有关法律、法规，结合我市实际，制定本办法。

第二条　本办法适用于全市范围内各级行政机关、事业单位和群团组织（以下统称各单位）之间数据资源的共享活动。

通过政府数据资源公开共享，引导企业等主动采集并开放数据。

第三条　本办法中有关术语定义如下：

（一）政府数据资源指各单位在工作过程中收集、整理、更新和维护的各种业务数据的集合。包括各单位为履行政务职能而采集、加工、使用的数据资源，各单位在办理业务和事项过程中产生和生成的数据资源，以及各单位直接管理的数据资源等。

（二）政府数据资源共享平台（以下简称共享平台）是由市电子政务部门负责统一建设和管理，为各单位提供数据共享的技术支撑平台。

（三）政府数据资源目录是按照一定格式和标准，满足基本信息项元数据要求，对各单位的数据资源基本属性进行描述和组织管理的条目，是数据共享的基础。

（四）数据共享是指各单位因履行职责使用其他单位数据资源，以及为其他单位履行职责提供本单位数据资源的行为。

（五）基础数据资源库是指具有基础性、基准性、标识性和稳定性等特征的数据资源库，包括人口、法人、空间地理、宏观经济和房屋等基础数据资源库。

（六）主题数据资源库是指与社会经济发展特定主题密切相关的，基于业务形成的数据资源库，包括社会信用、市场监管等主题数据资源库。

（七）业务数据资源库是指各单位自己管理的，与业务应用系统紧密结合的数据资源库，包括社会保障、卫生医疗等业务数据资源库。

第四条 数据共享应遵循以下原则：

（一）共享为原则、不共享为例外。除法律、法规和规章规定不能共享的情况外，各单位在履行职责过程中采集和生成的数据应无条件提供共享。

（二）需求导向，无偿使用。因工作原因需使用共享数据的单位（以下称使用单位）提出共享需求，掌握共享数据的单位（以下称提供单位）在法律、法规允许的前提下应及时响应并无偿提供共享服务。

（三）统一标准，统筹建设。按照国家和省规定的相关数据标准建立全市统一的标准规范，并进行政府数据资源的采集、存储、交换和共享工作，统筹建设全市数据共享的目录体系和交换体系。

（四）建立机制，保障安全。各单位应建立共享数据使用的安全保障机制，加强共享数据使用全过程的监督管理，确保共享数据安全。

第五条 电子政务部门负责组织、指导、协调和监督数据共享工作，组织各单位编制政府数据资源目录。

质监部门配合电子政务部门会同有关部门统筹制定政府数据资源相关标准规范，为标准规范的制定提供技术支撑。

档案部门负责制定政府数据资源归档的相关制度和标准，指导电子档案归档工作。

各单位负责本单位与共享平台的联通，向共享平台提供共享数据，按本办法规定使用共享数据。

第六条 各单位主要领导为本单位数据共享工作第一责任人。各单位应明确具体负责部门和专门的工作人员，从人力、物力和财力上给予充分保障。

各单位应加强基于数据共享的业务流程再造和优化，创新社会管理和服务模式，提高信息化条件下社会治理能力和公共服务水平。

第七条 智慧常德建设专项资金优先满足共享数据信息系统建设。市、县两级财政部门应加强数据共享工作的经费保障。

第八条 智慧常德建设项目应严格按照本办法在项目立项、评审、验收等环节，切实落实数据共享有关要求，对于不支持数据共享和业务协同的项目，项目管理部门将不予立项、审批和验收。

第二章　目录管理

第九条 政府数据资源分为共享数据和不予共享数据两类。可供各单位共享使用的政府数据资源称为共享数据，依据法律、法规和规章规定不能共享使用的政府数据资源称为不予共享数据。

第十条 各单位应按照目录体系的相关标准规范，通过共享平台目录管理系统编制本单位的数据资源目录，包括数据名称、编码格式、共享类别、提供单位、更新时限等，形成全市政府数据资源目录，由市电子政务部门统一发布。

各单位对本单位发布的数据资源目录应及时动态更新。

第十一条 各单位根据职责和履职需要，对全市政府数据资源目录中数据有使用需要的，向同级业务主管部门提出共享需求，审核通过后，由市电子政务部门列入全市政府数据资源共享目录。

第十二条 各单位对全市政府数据资源目录中的不予共享类数据有使用需求的，向同级电子政务部门提出申请。电子政务部门收到申请后会同相关部门组织论证和审核。经审核，对可以共享的数据由提供单位将数据属性变更为共享类数据，并由市电子政务部门列入全市政府数据资源共享目录；对依法不予共享的数据列入不予共享数据目录，并通过共享平台予以公布。

第十三条 列入不予共享目录的数据，当所依据的法律或政策发生变化可以共享的，提供单位应主动将相关数据调整为共享类数据，并通知电子政务部门将相关数据从不予共享数据目录中删除。

各单位对不予共享的数据提出异议的，由电子政务部门启动审核程序。

第三章　数据采集

第十四条　各单位应按照"一数一源、多元校核、动态更新"的原则进行数据采集。采集和生成的数据资源应符合相关标准规范要求，以电子化形式记录和存储，并加快对传统载体保存的公文、档案、资料等数据资源的数字化改造进程。

各单位应充分利用共享数据。凡是共享平台可以获取的共享数据，各单位不得重复采集（法律、法规另有规定的除外）。

第十五条　基础数据资源库和主题数据资源库建设由市电子政务部门牵头，统筹规划，各相关单位按照职责分工具体实施，并通过共享平台提供共享服务。

业务数据资源库由业务部门按照统一规范标准，根据履行职责需要进行建设，并通过共享平台提供共享服务。

第十六条　各单位应建立数据采集、入库和更新的管理制度，加强采集和生成数据的质量管理，确保本单位数据的完整性、准确性和时效性。

第十七条　列入全市政府数据资源共享目录的数据，属于基础数据资源库和主题数据资源库的，由同级电子政务部门直接提供共享使用；属于各单位业务数据资源库的，由同级电子政务部门通知提供单位，提供单位应在收到通知之日起10个工作日内向共享平台提供共享数据；电子政务部门通过共享平台及时监控各单位共享数据提供情况。

第十八条　提供单位将共享数据提交到共享平台后，由共享平台技术支撑单位负责为提出需求的单位开通使用。

各单位之间不涉及国家秘密的数据共享必须通过共享平台实现，不得另行建设用于数据交换的接口或系统，避免重复建设。

第四章　共享应用

第十九条　按照"谁提供，谁负责"的原则，提供单位应保障共享数据的质量，确保数据的完整性、准确性、时效性，确保提供给共享平台的数据与本单位业务数据资源库数据的一致性。

第二十条　按照"谁使用，谁管理，谁负责"的原则，使用单位应按照本单位职责合理使用共享数据，并加强共享数据使用全过程的监督管理。

各单位应当承担共享数据的安全保密责任。各单位从共享平台获取的数据，只能用于本单位履行职责，不得用于商业目的，不得向社会发布、向第三方提供或以其他形式直接公开。

第二十一条　按照"谁运行，谁负责"的原则，共享平台技术支撑单位应保证共享平台的稳定运行，确保共享数据在传输过程中的完整性，对共享平台运行进行有效监控。

第二十二条　使用单位在使用共享数据过程中发现数据不准确等问题应及时向同级电子政务部门反馈。电子政务部门应会同提供单位及时核实，数据确有错误的，提供单位应当予以纠正。

第二十三条　各单位应充分利用共享数据，为社会公众提供高效便捷的服务，包括业务协同、同城通办、主动服务、就近办理等。凡是可以从共享平台获取的数据，如证照、审批结果等，不得要求公众和企业等服务对象在办事过程中提供除身份证明以外的其他原件。

各单位应对现行管理制度和规范性文件中与本办法不相适应的条款进行修订，消除数据共享应用的制度障碍。

第二十四条　各单位应加强数据资源的开发利用，通过数据挖掘和大数据分析等技术手段，提高政府决策、管理和服务的科学性和预见性。

第五章　安全保密

第二十五条　市电子政务部门会同保密、档案、公安、国安等部门制定数据资源安全管理制度，建立数据资源安全管理的应急处理和灾难恢复机制，制定和落实事故应急响应和支援处理措施，建立平台身份认证机制、存取访问控制机制和信息审计跟踪、容灾备份等机制。

第二十六条　各单位应建立共享数据的使用管理制度，加强对共享数据的安全管理，根据职责和工作需要进行授权管理，对使用共享数据的具体用途、使用人员、批准人员、数据内容、获取时间、获取方式和介质类型等数据进行记录和监管。

各单位应加强保密意识，对涉及国家秘密的数据不得在共享平台上发布和交换。市保密部门应会同国安等部门对共享平台的数据内容是否涉密进行定期检查或抽查。

各单位接入共享平台的信息系统需通过专业机构的信息安全测评，确保接入共享平台的信息系统安全稳定运行。

第六章　监督考核

第二十七条　电子政务部门应建立考核机制，按职责分工负责对数据资源共享工作进行考核评估。

第二十八条　电子政务部门对数据资源共享工作实行全过程监督，采取日常督导与年底考核相结合的方式，每年至少开展一次数据资源共享工作检查，对各单位提供数据的数量、质量、更新时效和使用情况进行评估，并公布评估结果和改进意见。

第二十九条　各单位应当制定本单位数据资源共享工作程序、管理制度以及相应的责任追究制度，指定专人负责数据资源共享管理工作。

第三十条　各单位应每年向同级电子政务部门报送本单位提供和使用共享数据的情况。市电子政务部门根据各单位的情况，每年发布常德市政府数据资源共享报告。

第三十一条　各单位违反本办法规定的，其他单位可向同级电子政务部门投诉。电子政务部门应当及时调查处理，并书面反馈处理结果。

第三十二条　有下列情形之一的，由同级电子政务部门通知整改；在规定的期限内未完成整改且情节严重的，由有管理权限的部门对有关责任人员依法给予行政处分：

（一）未按要求编制或更新本单位数据资源目录的；

（二）无故拒绝或拖延提供本单位可共享数据的；

（三）未按规定时限更新本单位数据资源的；

（四）可通过共享平台获取证照、审批结果等共享数据，仍要求服务对象提供原件的；

（五）向共享平台提供的数据和本单位业务数据资源库不一致的，或提供的数据不符合有关规范无法使用的；

（六）违反规定使用共享数据或擅自扩大使用范围的；

（七）其他违反本办法应当追究责任的。

第三十三条　违反规定使用涉及国家秘密、国家安全、商业秘密和个人隐私的数据资源，或者造成国家秘密、国家安全、商业秘密和个人隐私泄漏的，由相关部门依照有关法律、法规规定处理；构成犯罪的，依法追究刑事责任。

第七章　附　则

第三十四条　本办法由市电子政务部门负责解释。

第三十五条　本办法自印发之日起施行。

文件编号：未查询到
发布时间：2014 年 12 月 19 日
发布机关：海南省人民政府办公厅

海南省政务信息资源共享管理办法

第一章　总　则

第一条　为规范和促进政务信息资源共享，推动政务信息资源优化配置和有效利用，推进业务协同，避免重复建设，依据《海南省信息化条例》和《关于进一步加强政务部门信息共享建设管理的指导意见》（发改高技〔2013〕733 号）的要求，结合我省实际，制定本办法。

第二条　本办法适用于本省开展政务信息资源共享活动的各级党委机关、权力机关、行政机关、政协机关、审判机关、检察机关、参照公务员法管理的事业单位等（以下简称政务部门）。涉及国家秘 密的政务信息资源共享，按国家相关保密制度处理。

第三条　政务信息资源以共享为原则，依法确定不能共享的信息资源除外。应当遵循"统筹协调、统一标准、需求导向、无偿共享、保障安全、节约高效"的工作原则，强化部门协同配合，促进服务型政府建设，提高依法行政能力。

第四条　全省政务信息资源共享工作在省信息化建设领导小组统一领导下进行。

省信息化主管部门负责组织、指导和协调全省政务信息资源共享工作，基于电子政务外网建设全省统一的电子政务信息共享交换平台（以下简称"共享交换平台"），为全省政务部门提供信息共享交换服务，实现信息资源共享和业务协同。

市县信息化主管部门负责组织和协调本行政区域内的政务信息资源共享工作。

其他政务部门应当在各自职责范围内做好政务信息资源采集、维护、更新和共享工作，合法使用所获取的共享信息。

第五条 本办法所称政务信息资源，是指各政务部门在依法履行职责过程中掌握的信息资源。包括政务部门为履行政务职能而采集、加工、使用的信息资源，政务部门在办理业务和事项过程中产生的信息资源，以及政务部门直接管理的信息资源等。

政务信息资源共享指政务部门向其他政务部门提供政务信息资源，以及需从其他政务部门获取政务信息资源的行为。

共享的政务信息资源按属性可分为两种类型：无条件共享类政务信息资源和条件共享类政务信息资源。无条件共享类为可以无附加条件地供给其他政务部门共享的政务信息资源；条件共享类为涉及敏感内容只能按照设定条件提供给其他政务部门共享的政务信息资源。

第二章　采集与提供

第六条 省信息化主管部门依托共享交换平台，组织建设政务信息资源共享目录体系和交换体系，确定政务信息资源的采集标准、采集部门及其工作职责。

第七条 各政务部门应当根据政务信息资源共享目录体系确立本部门的共享目录，及时采集和填充共享目录所包含的信息资源数据，并将其发布在共享交换平台上。

第八条 政务部门采集信息应当遵循"一数一源"的原则，不得重复采集，多头采集。政务部门应当按照信息采集、发布、维护的规范和程序，将采集的信息进行电子化记录、存储和使用，确保信息真实、可靠、完整、及时。

政务部门对所提供的共享信息实行动态管理和实时更新，保证共享信息的准确性、时效性。不具备实时更新条件的，至少应每月更新一次。应根据业务需求变化情况，及时调整、补充和完善信息共享授权范围，形成信息共享长效机制。

第九条 政务部门应对本部门信息资源进行分类管理。无条件共享类政务信息资源应当按技术标准要求直接发送到共享交换平台上；条件共享类政务信息资源可直接发送到共享交换平台上，也可利用共享交换平台的数据交换通道实现数据交互和业务协同。

第十条 政务部门有权从其他政务部门获取其履行职责所需的信息，也有责任向其他政务部门提供其履行职责所需的信息。非因法定事由，不得拒绝其他政务部门提出的信息共享要求。

第三章　获取与使用

第十一条 无条件共享类政务信息资源可直接通过共享交换平台获取和使用。政务部门首次接入共享交换平台使用信息资源前，需向省信息化主管部门书面申请接入，并承诺遵守信息资源共享规定和相关保密规定。

第十二条 条件共享类政务资源信息资源的获取和使用，需经提供信息的政务部门同意。使用信息的政务部门应当说明信息的用途、知悉范围、所采取安全措施等。提供信息的政务部门应当自收到其他政务部门的申请之日起 10 个工作日内予以答复。同意提供信息的，应当按约定方式通过共享交换平台进行信息的共享交换，双方根据需要签订共享使用协议；不同意提供信息的，应当书面说明理由并征得信息化主管部门同意。

第十三条 政务部门所获取的共享信息，适用于本机关履行职责需要，未经授权不得转给第三方，不得擅自向社会发布所获取的共享信息。

第四章　管理与安全

第十四条 省信息化主管部门应及时修订完善政务信息资源共享目录体系，加强业务和安全知识培训，明确专门机构负责共享交换平台的管理和运行。建立应急处理和备份恢复机制，应利用已建电子认证系统，为政务信息资源共享提供身份认证、授权管理、责任认定等安全管理服务，对数据进行授权管理，防止越权存取数据，确保数据可追溯。

第十五条 各政务部门要加强对政务信息资源共享工作的领导，确定本部门内负责此项工作的责任单位和具体职责。责任单位应牵头落实本部门的政务信息资源共享需求，保障本部门提供共享的政务信息资源安全可控，协调落实与其他部门间政务信息资源共享的长效机制。

第十六条 政务部门政务信息资源共享的采集、共享、维护经费纳入本部门信息化工作经费。

第五章　监督检查

第十七条 省信息化主管部门负责对全省政务信息资源共享情况进行监督检查，并通报检查结果。

第十八条 省信息化主管部门接到有关违反本办法规定的书面投诉后，应当及时协调处理，可会同有关部门研究解决，必要时报请省信息化建设领导小组决定，并将处理结果书面反馈给投诉单位。

第十九条 信息化主管部门要将信息共享作为电子政务项目立项和验收的重要内容。原则上，未按要求分析信息共享需求、列出信息共享目录、明确信息共享内容的项目，不予立项审批；对未达到信息共享要求的项目，不予通过验收，并限期整改。

第二十条 政务部门有下列违规行为之一的，由信息化主管部门责令其限期改正；逾期不改正的，由信息化主管部门通报批评并暂停其电子政务项目的立项审批。

（一）无理由拒绝提供政务信息资源的；

（二）无故拖延提供或不更新政务信息资源的；

（三）违规使用、泄漏共享信息或擅自扩大使用范围的；

（四）所辖信息系统投入使用后未按要求持续保障政务信息资源共享的。

第二十一条　政务部门因违反有关法规，致使共享的政务信息资源泄露，造成危害后果的，依法追究相关人员责任；构成犯罪的，依法追究刑事责任。

第六章　附　则

第二十二条　本办法由省信息化主管部门负责解释。

省政府对地理信息资源、公共安全视频监控资源的共享管理另有规定的，依照其规定。

第二十三条　本办法自发布之日起实施。2008 年 10 月 7 日省信息化建设领导小组办公室发布的《海南省数据共享平台管理暂行规定》同时废止。

文件编号：三府〔2016〕13 号
发布时间：2016 年 1 月 22 日
发布机关：三亚市人民政府

三亚市政务信息资源共享管理办法

第一章　总　则

第一条　为了规范和促进我市政务信息资源的开发利用，推进业务协同推动政务信息资源的优化配置，提高科学决策和管理水平，避免重复建设，降低行政成本，充分发挥电子政务在建设服务型政府中的作用，根据《海南省信息化条例》、《关于进一步加强政务部门信息共享建设管理的指导意见》（发改高技〔2013〕733 号）、《海南省政务信息资源共享管理办法》（琼府办〔2014〕176号）和《海南省信息化建设领导小组办公室关于协同推进全省电信基础设施共建共享的通知》（琼信组办〔2015〕5 号），结合本市实际，制定本办法。

第二条　三亚市行政区域内各级政务部门（党委、人大、政府、政协、公检法等，以下统称政务部门）之间通过电子化、网络化共享政务信息资源的行为，适用本办法。涉及国家秘密的政务信息资源共享，按国家相关保密制度处理。

第三条　本办法中有关术语定义如下：

一、政务信息资源指各政务部门在工作过程中收集、整理、更新和维护的各种业务数据的集合。包括政务部门为履行政务职能而采集、加工、使用的信息资源，各政务部门在办理业务和事项过程中产生和生成的信息资源，以及各政务部门直接管理的信息资源等。

共享的政务信息资源可分为两种类型：无条件共享类政务信息资源和条件共

享类政务信息资源。无条件共享类为可以无附加条件地供给其他政务部门共享的政务信息资源；条件共享类为涉及敏感内容只能按照设定条件提供给其他政务部门共享的政务信息资源。

二、政务信息资源共享指政务部门向其他政务部门履行政务职能提供政务信息资源，以及履行政务职能需从其他政务部门获取政务信息资源的行为。

三、基础数据库指储存基础政务信息资源的数据库，具有基础性、基准性、标识性和稳定性等特征。其中基础政务信息资源指全市经济社会发展中最为基础的、诸多政务部门在履行政务职能过程中共同需要的政务信息，包括法人、人口、空间与宏观经济等基础信息。

四、平台数据库指除基础数据库外，集中整合和储存各政务部门管理的，与社会经济发展、城市管理密切相关的某一特定领域的政务信息资源的数据库，包括人力资源、文化资源、社会诚信、城市管理等数据库。

五、专业数据库指各政务部门自己管理的、与业务应用系统紧密结合以及面向跨部门和领域应用的政务信息数据库。

六、节点数据库指各区范围内的综合政务信息数据库。

第四条 三亚市政务信息资源共享应当遵循以下原则：

一、统一标准。市信息化建设领导小组统一协调推动我市基础政务信息资源标准统一的工作，市信息化主管部门负责统一界定全市政务共享信息的条目、种类及范围，制定《三亚市政务信息资源共享目录体系》。市党政综合网络信息中心（以下简称市信息中心）按照统一的标准规范实施政务信息资源的采集、存储、交换、归档和共享工作，负责信息共享的技术支撑工作。

二、统筹协调。各政务部门依照其职能提出共享政务信息资源的需求，包括政务信息资源共享和交换的内容、范围、用途和方式等。掌握共享信息资源的政务部门应当对其他政务部门的共享需求及时给予响应。市信息化主管部门负责统筹协调全市各政务部门政务信息资源的共享需求及响应情况，对共享需求及响应情况进行备案。信息响应方不予提供或不能按已商定协议提供共享政务信息的，必须将有关情况、理由报市信息主管部门。市信息主管部门依据其职责与有关部门和单位研究解决，重大事项报市信息化建设领导小组决定。

三、无偿共享。凡列入《三亚市政务信息资源共享目录体系》的政务信息资源必须共享。各政务部门之间应无偿共享政务信息资源。信息响应方提供共享的政务信息应当免费、及时和全面。

四、保障安全。市信息中心构建全市政务部门信息安全保障体系，建立全市政务信息资源共享安全监管机制，保护国家安全、企业秘密和公民隐私，确保共享信息资源的安全保密。涉及保密要求的，信息需求方和响应方要签订政务信息共享安全保密协议，并报市保密局和市信息主管部门备案。

第五条 我市政务资源共享工作在市信息化建设领导小组统一领导下进行。市信息化主管部门负责组织、指导和协调全市政务信息资源共享工作，依托《三亚市政务信息资源共享目录体系》与共享交换体系，建立政务信息资源共享机制。其他政务部门应在各自职责范围内做好政务信息资源的采集、维护、更新和共享工作，合法使用所获取的共享信息。

市信息中心按照基础层、平台层、专业层和节点层四个层次，逐步整合全市政务信息资源，以三亚市政务资源交换平台为基础逐步健全我市政务信息资源的数据交换平台和构建市信息资源管理中心，并负责市政务信息资源系统和相关数据库及信息数据交换平台、安全监控和信息资源管理中心的运维。各政务部门主管领导为本单位政务信息资源共享第一责任人，各政务部门应当建立和完善本单位政务信息资源共享工作流程，明确目标和责任。

第二章　信息采集

第六条 信息采集是实现政务信息资源共享的前提和基础。我市信息化主管部门依托共享交换平台，组织建设政务信息资源共享目录体系和交换体系，确定政务信息资源的采集标准、采集部门及其工作职责。

第七条 政务信息资源的采集单位应按照《三亚市政务信息资源共享目录体系》的规定，确立本部门的共享目录，负责本部门政务信息资源的建设、更新与维护，确保政务信息资源的及时、准确和完整。

第八条 各政务部门采集政务信息资源应当遵循"一数一源、共建共用"的原则，依据统一标准采集共享信息，不得重复采集，多头采集。

各政务部门采集的政务信息资源应以电子形式记录、存储。市信息中心会同市档案局对各政务部门政务信息资源的存储方式及实施进行指导，并会同相关部门制定电子形式的政务信息资源归档标准，加快以传统载体保存的公文、档案、资料等信息资源的数字化进程，确保信息真实、可靠、完整、及时。

第九条　各政务部门应对本部门信息资源进行分类管理。无条件共享类政务信息资源应当按照技术标准要求直接发送到共享交换平台上；条件共享类政务信息资源可直接发送到共享交换平台上，也可利用共享交换平台的数据交换通道实现数据交互和业务协同。

第十条　市信息化主管部门和市信息中心应为政务信息资源共享提供高效、优质的服务，鼓励政务部门以共享方式获取其他政务部门已采集的信息，避免重复采集。

第十一条　各政务部门根据业务工作和公共服务的需要，建立完善各自的专业数据库，涉及共享信息的专业数据库建设应符合《三亚市政务信息资源共享目录体系》及相关标准。

第三章　信息共享

第十二条　我市无条件共享类政务信息资源可直接通过共享交换平台获取和使用。各政务部门首次接入共享交换平台使用信息资源前，需向市信息化主管部门书面申请接入，按照统一格式报送政务信息共享需求，并承诺遵守信息资源共享规定和相关保密规定。

我市条件共享类政务资源信息资源的获取和使用，需经提供信息的政务部门同意。使用信息的政务部门应当说明信息的用途、知悉范围、所采取安全措施等。提供信息的政务部门应当自收到其他政务部门的申请之日起10个工作日内予以答复。同意提供信息的，应当按约定方式通过共享交换平台进行信息的共享交换，双方根据需要签订共享使用协议；不同意提供信息的，应当书面说明理由并征得信息化主管部门同意。

第十三条　掌握信息资源的政务部门按照其他政务部门对本单位信息的需求

情况和相关规定，向市信息化主管部门报送本单位可共享信息的详细清单。

经市信息化主管部门会同相关单位根据政务信息资源分类及相关规定审核后，市信息化主管部门提出各政务部门的政务信息资源共享目录体系，协调各政务部门分别确认，编制《三亚市政务信息资源共享目录体系》。

《三亚市政务信息资源共享目录体系》是实现全市政务信息资源共享和业务协同的基础，是各政务部门之间信息共享的依据。《三亚市政务信息资源共享目录体系》详细列明各政务部门所需共享的政务信息资源，标明共享信息的名称、提供单位、类型、存储格式、密级、共享范围及更新时限等。

市信息化主管部门负责《三亚市政务信息资源共享目录体系》的制定、发布及解释。市信息化主管部门根据各政务部门的共享需求，对《三亚市政务信息资源共享目录体系》进行动态更新。

第十四条 政务信息资源基础数据库和平台数据库是全市共享政务信息资源的主要载体。各政务部门应根据《三亚市政务信息资源共享目录体系》，共享各自基础数据库和平台数据库中的政务信息资源。

第十五条 市信息化主管部门牵头构建全市政务信息资源交换体系。市信息中心负责制定政务信息资源基础数据库和平台数据库与专业数据库、节点数据库之间数据交换的统一接口标准。

第十六条 市信息中心依据全市电子政务规划和《三亚市政务信息资源共享目录体系》，负责全市政务信息资源基础数据库和平台数据库的统一规划、建设、管理、运行和维护，为各政务部门之间的政务信息资源共享交换提供技术支撑服务。并通过市门户网站发布基本的政务信息资源共享目录、交换目录与采集目录，提供信息查询、定位等服务。

第十七条 各政务部门应当依托我市电子政务外网，保证专业数据库、节点数据库与政务信息资源基础数据库和平台数据库之间的实时连通；各政务部门应当按《三亚市政务信息资源共享目录体系》规定的时限，向政务信息资源基础数据库和平台数据库上传和更新共享信息。

第十八条 各政务部门应确保所提供的信息的准确性、完整性、及时性。政务部门如对其他政务部门提供的信息有疑义，应及时以书面形式通知市信息化主管部门。市信息化主管部门会同提供该信息的部门予以及时处理，并反馈处理结果。

第十九条　各政务部门根据《三亚市政务信息资源共享目录体系》从市信息中心中获取的政务信息，只能用于本部门履行职责的需要，未经授权不得转给第三方，不得擅自向社会发布所获取的共享信息，也不得用于商业目的。

第二十条　市信息化主管部门会同市信息中心及相关政务部门在政务信息资源基础数据库、平台数据库、专业数据库和节点数据库的基础上，结合全市重点工作，推动领导决策支持、应急指挥、流动人口管理、行政审批、公共卫生、公共安全、社会保障管理与服务、企业与个人信用、土地资源管理、房地产市场管理、市政管理等方面的信息共享，深化电子政务应用，支持面向社会和政府的服务。

第四章　管理与安全

第二十一条　市信息化主管部门会同相关政务部门建立健全政务信息资源提供、获取、使用过程中的安全保障制度，做好政务信息资源共享的安全保障工作。

第二十二条　市信息化主管部门与市信息中心负责我市政务资源共享交换平台的管理和运行，建立系统应急处理和备份恢复机制，应利用电子认证系统，为政务信息资源共享提供身份认证、授权管理、责任认定等安全管理服务，对数据进行授权管理，防止越权存取数据，确保数据可追溯。

第二十三条　各政务部门要加强对政务信息资源共享工作的领导，确定本部门内负责此项工作的责任单位和具体职责，责任单位应保障本部门提供共享的政务信息资源安全可控。

第二十四条　市信息中心会同相关政务部门确保政务信息资源基础数据库、平台数据库的安全稳定运行，各政务部门应确保本单位专业数据库、节点数据库的安全稳定运行。

第二十五条　对涉及国家秘密、商业秘密或个人隐私的政务信息资源，提供单位应依据相关法律法规明确该保密信息的共享范围，共享该保密信息的政务部门应按照有关规定与该信息的提供单位签署共享安全保密协议。通过共享取得的政务信息资源，只能用于共享安全保密协议指定的用途和范围，未经允许不得向其他任何单位和个人提供，确保共享信息的安全。

第二十六条　市信息化主管部门应定期组织各政务部门负责政务信息资源共享工作的人员，开展业务和安全知识培训。

第五章　评估监督

第二十七条　市信息化主管部门根据各政务部门提供共享信息的数量、更新时效及利用频率等，制定政务信息资源共享、开发利用的评估体系，于每年年底对各政务部门的信息资源共享情况进行评估，并公布评估报告。

第二十八条　市信息化主管部门在每年年初向市信息化建设领导小组报告上一年度全市政务信息资源共享的总体情况。

第二十九条　市信息化主管部门负责督促落实全市政务信息资源建设和共享工作，将政务信息资源共享督促检查工作纳入工作范围。市信息化建设领导小组负责对全市政务信息资源共享实行全过程监督。

第三十条　政务部门如违反本办法规定的，其他政务部门有权向市信息化主管部门投诉。接到投诉后，市信息化主管部门应及时调查处理，必要时报请市信息化建设领导小组决定，并将处理结果反馈投诉单位。

第三十一条　信息化主管部门要将信息共享作为信息化项目立项和验收的重要内容。原则上，未按要求分析信息共享需求、列出信息共享目录、明确信息共享内容的项目，不予立项审批；对未达到信息共享要求的项目，不予通过验收，并限期整改。

第三十二条　政务部门有下列情形之一的，由市信息化建设领导小组对该政务部门进行通报批评，并限期改正；逾期不改正的，暂停其信息化项目的立项审批：

一、未将应当共享的政务信息资源及时共享的；

二、提供的共享信息内容不真实、不全面的；

三、未按规定时限更新本单位政务信息资源的；

四、违规、泄露共享信息或擅自扩大共享的政务信息资源适用范围的；

五、所辖信息系统投入使用后未按要求持续保障政务信息资源共享的；

六、对于监督检查机关责令整改的问题，拒不整改的；

七、泄露党和国家秘密的；

八、未经授权，对共享平台的应用程序和共享数据库进行删除或者修改；

九、其他违反政务信息资源共享管理办法给予纪律处分的。

第三十三条　政务部门因违反有关法规，致使共享的政务信息资源泄露，造成严重危害后果的，依法追究相关人员责任；构成犯罪的，依法追究刑事责任。

第六章　资金保障

第三十四条　各政务部门政务信息资源共享的采集、共享、维护经费纳入本部门信息化工作经费。

第三十五条　市信息化主管部门、市信息中心负责制定全市政务信息资源共享基础设施、重点信息资源建设和维护年度计划，市财政局给予资金安排。

第七章　附　则

第三十六条　本办法由市信息化主管部门负责解释。

第三十七条　本办法自发布之日起施行，2007 年三亚市政府发布的《三亚市政务信息资源共享管理办法》废止。

文件编号：苏政发〔2017〕133 号
发布时间：2017 年 10 月 26 日
发布机关：江苏省人民政府

江苏省政务信息资源共享管理暂行办法

第一章　总　则

第一条　为规范全省政务信息资源管理工作，加快推动全省政务信息系统整合和政务信息资源共享应用，充分发挥政务信息资源共享在深化改革、转变职能、创新管理中的重要作用，提升政务服务水平和行政效能，按照《国务院关于印发政务信息资源共享管理暂行办法的通知》（国发〔2016〕51 号）的要求，依据有关法律法规，结合我省实际，制定本办法。

第二条　本办法所称政务信息资源，是指政务部门在履行职责过程中形成或获取的，以一定形式记录、保存的文件、资料、图表和数据等各类信息资源，包括直接或通过第三方依法采集的、依法授权管理的和因履行职责需要依托政务信息系统形成的信息资源等。

本办法所称政务部门，是指政府部门、法律法规授权具有行政职能的事业单位和社会组织。本办法也适用其他依法经授权具有公共管理职能的组织。

第三条　本办法用于规范全省政务信息资源共享工作，包括政务部门间因履行职责需要使用其他政务部门政务信息资源和为其他政务部门提供政务信息资源的行为。

第四条　政务信息资源共享应遵循以下原则：

（一）以共享为原则，不共享为例外。各政务部门形成的政务信息资源原则上应予共享，涉及国家秘密和安全的，按相关法律法规执行。

（二）需求导向，无偿使用。因履行职责需要使用共享信息的部门（以下统称使用部门）提出明确的共享需求和信息使用用途，共享信息的产生和提供部门（以下统称提供部门）应及时响应并无偿提供共享服务。

（三）统一标准，统筹建设。按照国家和省政务信息资源标准规范进行政务信息资源的采集、存储、交换和共享工作，坚持"一数一源"、多元校核，统筹建设全省政务信息资源目录体系和数据共享交换体系。

（四）完善机制，保障安全。建立完善政务信息资源共享管理机制和政务信息资源共享工作评价机制，加强对共享信息采集、共享、使用全过程的身份鉴别、授权管理和安全保障，确保共享信息安全。

第五条 江苏省政务信息系统整合共享工作领导小组（以下简称领导小组）负责组织、指导、协调和监督全省政务信息资源共享工作。

领导小组办公室设在省发展改革委，负责政务信息资源共享的组织实施，指导政务信息资源目录编制及日常管理，负责并推动政务数据共享交换平台的建设、运行和维护，具体承担落实领导小组议定的各项任务和日常协调服务工作。

各市、县（市、区）应加强本行政区域内政务信息资源统筹管理，明确本地区政务信息资源共享主管部门，负责政务信息资源共享工作，协调解决政务信息资源管理中遇到的重大问题。

各政务部门按照本办法规定负责本部门政务信息资源共享工作的具体推进和落实，负责本部门与政务数据共享交换平台的联通，并按照政务信息资源目录向政务数据共享交换平台提供共享的政务信息资源，从政务数据共享交换平台获取并使用共享信息。

第六条 各政务部门应加强基于信息共享的业务流程再造和优化，利用政务信息资源，推动政务服务、社会治理、商事服务、宏观调控、安全保障、税收共治等领域政府治理水平显著提升，促进交通运输、社会保障、环境保护、医疗健康、教育、文化、旅游、住房城乡建设、食品药品等民生服务普惠化。

第二章　政务信息资源目录

第七条　政务信息资源目录是实现全省政务信息资源共享和业务协同的基础，是政务部门间信息共享的依据。

第八条　省发展改革委按照国家和省有关部署要求，组织制定《江苏省政务信息资源目录编制指南》，明确政务信息资源的分类、责任方、格式、属性、更新时限、共享类型、共享方式、使用要求等内容。

省级政务部门按照国家和省政务信息资源目录编制指南的要求，编制本部门政务信息资源目录。各市、县（市、区）要加强对本地区政务信息资源的梳理，按照国家和省政务信息资源目录编制指南的要求，编制本地区政务信息资源目录。省发展改革委汇总形成全省政务信息资源目录。

第九条　省发展改革委负责建立全省政务信息资源目录更新机制。按照"谁编制、谁负责"的原则，省级政务部门负责更新维护本部门的政务信息资源目录，当有关法律法规作出修订或行政管理职能发生变化时，相关政务部门应在15个工作日内更新本部门政务信息资源目录。各市、县（市、区）负责更新维护本级政务信息资源目录，并对本级各政务部门政务信息资源目录更新维护工作进行监督考核。

第三章　政务信息资源分类与共享要求

第十条　政务信息资源按共享类型分为无条件共享、有条件共享和不予共享等三种类型。

可提供给所有政务部门共享使用的政务信息资源属于无条件共享类。

可提供给相关政务部门共享使用或仅能够部分提供给所有政务部门共享使用的政务信息资源属于有条件共享类。

不宜提供给其他政务部门共享使用的政务信息资源属于不予共享类。

第十一条　政务信息资源共享及目录编制应遵循以下原则：

（一）凡列入不予共享类的政务信息资源，必须有法律、行政法规或党中央、国务院政策依据。

（二）人口信息、法人单位信息、自然资源和空间地理信息、电子证照信息、社会信用信息等基础信息资源的基础信息项是政务部门履行职责的共同需要，必须依据整合共建原则，通过在各级政务数据共享交换平台上集中建设或通过接入政务数据共享交换平台实现基础数据统筹管理、及时更新，在部门间实现无条件共享。基础信息资源的业务信息项可按照分散和集中相结合的方式建设，通过政务数据共享交换平台予以共享。基础信息资源目录由基础信息资源库牵头部门负责编制并维护。

（三）围绕经济社会发展的同一主题领域，由多部门共建项目形成的主题信息资源，如医疗健康、社会保障、食品药品安全、安全生产、价格监管、能源安全、信用体系、城乡建设、社区治理、生态环保、应急维稳、精准扶贫、政务服务等，应通过政务数据共享交换平台予以共享。主题信息资源目录由主题信息资源牵头部门负责编制并维护。

第四章　政务数据共享交换平台

第十二条　江苏省政务数据共享交换平台是管理江苏省政务信息资源目录、支撑各地各部门开展政务信息资源共享交换的关键基础设施。按照承载网络，分为政务数据共享交换平台（内网）和政务数据共享交换平台（外网）两部分。

第十三条　政务数据共享交换平台（内网）应按照涉密信息系统分级保护要求，依托电子政务内网建设和管理。省发展改革委负责指导和推动全省政务数据共享交换平台（外网）的建设、运行和维护。省级政务数据共享交换平台（外网）作为全省大数据共享交换平台的核心，由省大数据管理中心建设和管理。省、市分别整合，形成统一的政务数据共享交换平台，实现国家、省、市共享交换平台的对接。

各设区市按照全省统一的标准体系，建设本级政务数据共享交换平台，逐步实现与省级政务数据共享交换平台的共享交换和业务协同。已建设本级政务数据共享交换平台的设区市必须按照全省统一的数据共享交换相关技术标准，做好与省级政务数据共享交换平台无缝对接工作，保证数据安全可靠、互联互通。

第十四条 各政务部门业务信息系统原则上通过省电子政务内网或省电子政务外网承载，通过政务数据共享交换平台与其他政务部门共享交换数据。

各政务部门业务信息系统须向省电子政务内网或省电子政务外网迁移，并接入全省统一的政务数据共享交换平台。凡新建的需要跨部门共享数据的业务信息系统，必须通过政务数据共享交换平台实施数据共享，原有跨部门数据共享交换系统应逐步迁移到全省统一的政务数据共享交换平台。

第五章　共享信息提供与使用

第十五条 属于无条件共享类信息，提供部门应按照政务信息资源目录要求，及时、规范地向政务数据共享交换平台报送；属于有条件共享类信息，提供部门应明确信息的共享条件、共享范围和使用用途（如，作为行政依据、工作参考，用于数据校核、业务协同等），统一通过政务数据共享交换平台提供，提供方式主要包括系统对接、前置机共享、联机查询、部门批量下载等。

第十六条 使用部门应根据履行职责需要使用共享信息。属于无条件共享类的信息资源，使用部门在政务数据共享交换平台上直接获取；属于有条件共享类的信息资源，使用部门通过政务数据共享交换平台向提供部门提出申请，提供部门应在 10 个工作日内予以答复，使用部门按答复意见使用共享数据，对不予共享的，提供部门应说明理由；属于不予共享类的，以及有条件共享类中提供部门不予共享的信息资源，使用部门因履行职责确需使用的，由使用部门与提供部门协商解决，协商未果的由本级政务信息资源共享主管部门协调解决，涉及省有关部门的由领导小组协调解决。

各政务部门应当按照法定职责采集政务信息，充分利用共享信息。凡属于政务数据共享交换平台可以获取的信息，政务部门原则上不得要求自然人、法人或其他组织重复提交。

第十七条　按照"谁主管，谁提供，谁负责"的原则，提供部门应及时维护和更新信息，保障数据的完整性、准确性、时效性和可用性，确保所提供的共享信息与本部门所掌握信息的一致性。

按照"谁经手，谁使用，谁管理，谁负责"的原则，使用部门应根据履行职责需要依法依规使用共享信息，并加强共享信息使用的全过程管理。使用部门对从政务数据共享交换平台获取的信息，只能按照明确的使用用途用于本部门履行职责需要，不得直接或以改变数据形式等方式提供给第三方，也不得用于或变相用于其他目的。

第十八条　建立疑义、错误数据快速校核机制。使用部门对获取的共享信息有疑义或发现有明显错误的，应及时反馈提供部门予以校核。校核期间，办理业务涉及自然人、法人或其他组织的，如已提供合法有效证明材料，受理单位应照常办理，不得拒绝、推诿或要求办事人办理信息更正手续。

第六章　政务信息共享工作的监督与保障

第十九条　领导小组负责全省政务信息资源共享工作的统筹协调，建立共享工作评价机制，督促检查政务信息资源共享工作落实情况。

省政府督查室、省发展改革委、省网信办组织编制政务信息资源共享工作评价办法，每年会同省编办、省经济和信息化委、省财政厅等部门，对省级各政务部门提供和使用共享信息情况进行评估，并公布评估报告和改进意见。评估结果纳入省级机关绩效管理察访核验工作内容。

省级政务部门、各设区市应于每年1月底前向领导小组报告上一年度政务信息资源共享情况。

第二十条　省质监局会同省发展改革委、省网信办，在已有政务信息资源相关标准基础上，加强政务信息资源的目录分类、采集、共享交换、平台对接、网络安全保障等方面国家标准的跟踪，制定政务信息资源共享地方标准，形成完善的政务信息资源共享标准体系。

第二十一条　省网信办负责组织建立政务信息资源共享网络安全管理制度，

指导督促政务信息资源采集、共享、使用全过程的网络安全保障工作，指导推进政务信息资源共享风险评估和安全审查。

政务数据共享交换平台管理单位要加强安全防护，切实保障政务信息资源在传输和共享交换时的数据安全；提供部门和使用部门要加强政务信息资源采集、共享、使用时的安全保障工作，落实本部门对接系统的网络安全防护措施。

共享信息涉及国家秘密的，共享信息提供部门和使用部门应当遵守有关保密法律法规的规定，在信息共享工作中分别承担相关保障责任。

第二十二条　省政府办公厅、省发展改革委、省财政厅、省网信办建立省政务信息化项目建设投资和运维经费协商机制，对政务部门落实政务信息资源共享要求和网络安全要求的情况进行联合考核，凡不符合政务信息资源共享要求的，不予审批建设项目，不予安排运维经费。

省发展改革委负责在政务信息化项目审批、投资计划安排、项目验收等环节进行考核，省财政厅负责在政务信息化建设项目预算下达、运维经费安排等环节进行考核，省网信办负责在网络安全保障方面进行考核。

政务信息化项目立项申请前应预编形成项目信息资源目录，作为项目审批要件。项目建成后应将项目信息资源目录纳入政务数据共享交换平台目录管理系统，作为项目验收要求。

各市、县（市、区）按要求负责对政务信息化项目建设进行管理和考核。

第二十三条　政务信息资源共享相关项目建设资金纳入政府固定资产投资，政务信息资源共享相关工作经费纳入部门财政预算，并给予优先安排。

各政务部门申请政务信息化项目建设和运维经费时，应及时向本级政务信息资源共享主管部门全口径备案。

审计机关、稽查机构应依法履行职责，在国家和省大数据政策的贯彻落实、政务信息资源共享中发挥监督作用，保障专项资金使用的真实性、合法性和效益性，推动完善相关政策制度。

第二十四条　各地、各部门应建立健全政务信息资源共享管理制度，明确目标、责任和实施机构，切实推进本地、本部门政务信息资源共享工作，及时协调解决工作推进中遇到的问题。各政务部门主要负责人是本部门政务信息资源共享工作的第一责任人。

第二十五条　省级政务部门、各设区市有下列情形之一的，由领导小组办公室通知整改；未在规定时限内完成整改的，领导小组办公室要及时将有关情况报送省政府：

（一）未按要求编制或更新政务信息资源目录；

（二）未按规定向政务数据共享交换平台及时提供共享信息；

（三）无故不受理政务信息资源共享申请；

（四）向政务数据共享交换平台提供的数据和本部门所掌握信息不一致，未及时更新数据或提供的数据不符合有关规范、无法使用；

（五）将共享信息用于履行本部门职责需要以外的目的；

（六）可共享获得的数据仍重复采集，增加社会公众负担；

（七）违反本办法规定的其他行为。

第七章　附　则

第二十六条　本办法由省政府办公厅、省发展改革委负责解释。

第二十七条　本办法自印发之日起施行。

文件编号：宁政发〔2011〕91号
发布时间：2011年4月20日
发布机关：南京市人民政府

南京市政务信息资源共享
管理办法（试行）

第一章 总 则

第一条 为规范和促进政务信息资源共享，推动政务信息资源优化配置和有效利用，推进业务协同，避免重复建设，充分发挥电子政务在建设服务型政府中的作用，根据《中华人民共和国政府信息公开条例》（国务院令第492号）、《关于加强信息资源开发利用工作的若干意见》（中办发〔2004〕34号）、《关于进一步加快国民经济和社会信息化的意见》（苏政发〔2005〕26号）的要求，结合我市实际，制定本办法。

第二条 本办法适用于本市各行政机关共享政务信息资源的行为。

政务信息资源共享指行政机关向其他行政机关提供政务信息资源，以及需从其他行政机关获取政务信息资源的行为。

第三条 本办法所称政务信息资源包括各行政机关为履行政务职能而采集、加工、使用的信息资源，各行政机关在办理业务和事项过程中产生和生成的信息资源，以及各行政机关直接管理的信息资源等。

第四条 政务信息资源分为两种类型：无条件共享类政务信息资源和条件共享类政务信息资源。

无条件共享类为可以无附加条件地供给其他行政机关共享的政务信息资源。

如法人基本信息、行政执法结果信息、公共服务设施信息、社会经济统计信息等；

条件共享类为按照设定条件提供给其他行政机关共享的政务信息资源。如商业秘密、个人隐私信息以及泄露后影响行政执法和机关正常办公的信息；

涉及国家秘密、根据国家相关法规与规章要求确定为秘密级以上的政务信息资源，按国家相关保密制度处理。

第五条 政务信息资源共享应当遵循以下规定：

（一）职能需求。行政机关对其他行政机关的政务信息共享需求，必须源于自身工作职能的需要，不得用于其他用途；

（二）程序规范。行政机关欲从其他行政机关获取共享信息，须按照相关规定履行规范的程序；

（三）无偿共享。各行政机关提供的共享信息，在机关范围内免费共享；

（四）安全保密。行政机关从其他行政机关获取的共享信息，负有安全保密义务和责任，不能泄露；

（五）节约高效。政务信息资源共享工作主要通过市政务数据中心，以数据交换、请求服务等技术方式实现，以减少重复建设投资。

第六条 市信息化主管部门负责组织、指导和协调全市政务信息资源共享工作，负责制订政务信息资源共享目录和共享交换体系，组织建设并管理政务信息资源共享基础设施，协调政务信息资源共享重大事项，对政务信息资源共享工作进行检查评估。

其他行政机关应在各自职责范围内做好政务信息资源采集、维护、更新和共享工作，按照法律、法规和有关规定要求，合法使用所获取的共享信息，并负责本单位业务应用系统到前置机之间的信息交换桥接、前置机的运行维护、请求服务接口开发维护等工作。

市信息中心负责为全市政务信息资源共享提供技术支撑、承担市政务数据中心、市级公共数据库的建设和维护工作。

涉密信息系统相关技术支撑，由市信息中心、相关保密职能部门和涉密信息系统责任部门共同负责。

第二章 采集与提供

第七条 行政机关信息采集应当符合国家、省、市电子政务总体规划要求，符合本单位工作实际，明确信息收集、发布、维护的规范和程序，确保信息真实、可靠、完整、及时。

第八条 行政机关采集信息原则上应当遵循"一数一源"的原则，可以通过信息共享方式从其他行政机关获取的信息，不再重复采集。法律法规另有规定的除外。

第九条 行政机关应当充分利用信息技术，将采集的信息进行电子化记录、存储和使用，并加强跨部门合作，更好地为公民、法人和其他组织提供服务。

第十条 行政机关有权从其他行政机关获取其履行职责所需的信息，也有责任提供其他行政机关履行职责所需的信息。非因法定事由，行政机关不得拒绝其他行政机关提出的信息共享要求。

第十一条 行政机关应对本单位信息资源进行分类整理，确定可供共享的信息及共享条件，并根据履行职责需要提出对其他行政机关的信息共享需求，将有关情况报送市信息化主管部门。

第十二条 市信息化主管部门负责统筹各行政机关可供共享的信息和共享需求，组织编制《南京市政务信息资源共享目录》，标明可供共享的信息名称、数据格式、提供方式、共享条件、提供单位和更新时限等。

第十三条 行政机关可供共享的信息和共享需求发生变化时应及时报告市信息化主管部门，市信息化主管部门根据实际情况对政务信息资源共享目录进行调整。

第十四条 行政机关对所提供的共享信息实行动态管理，进行实时更新，保证共享信息的准确性、时效性，并根据使用单位反馈意见及时查核共享信息。尚不具备实时更新条件的行政机关，可根据实际情况每天、每周或每月进行数据更新，并通报市信息化主管部门和相关共享单位。

第十五条 行政机关应当无偿提供共享信息。

第三章　获取与使用

第十六条　无条件共享类政务信息资源由行政机关通过市政务数据中心获取。行政机关使用前，需向市信息化主管部门提出申请，经市信息化主管部门同意后填写《南京市政务信息资源共享与交换信息备案表》（附件一）并签署《南京市政务信息资源共享与交换承诺书》（附件二），同时提交备案表电子版。市信息中心根据《南京市政务信息资源共享与交换信息备案表》协助资源需求方和资源提供方实现政务信息资源的共享交换。

第十七条　条件共享类政务资源或政务信息资源共享目录以外的信息资源，由提出信息需求的行政机关向提供信息的行政机关提出申请。提供信息的行政机关应当自收到申请之日起 15 个工作日内予以答复，同意提供信息的，通过市政务数据中心或按双方约定的方式共享信息，并报市信息化主管部门备案；不同意提供信息的，应当书面说明理由。

市信息化主管部门负责会同法制、保密、监察等有关部门协调行政机关之间协商共享信息。

第十八条　行政机关对获取的共享信息有疑义时，应当及时书面报告市信息化主管部门。市信息化主管部门会同提供信息的行政机关及时处理，并将处理结果书面反馈获取信息的行政机关。

第十九条　行政机关无偿使用共享信息。

第二十条　行政机关所获取的共享信息，只能用于本机关履行职责需要，未经授权不得转给第三方，不得以任何方式和形式用于社会有偿服务和其他商业用途。

第二十一条　行政机关未经提供信息的行政机关同意，不得擅自向社会发布和公开所获取的共享信息，属于政府信息公开范围内的信息除外。

第二十二条　行政机关应做好共享信息的利用工作，充分发挥政务信息资源的社会效益。

第四章　管理与安全

　　第二十三条　市信息化主管部门会同市保密、机要、公安等部门制订政务信息资源安全工作规范，建立应急处理和灾难恢复机制，制订事故应急响应处理措施。

　　第二十四条　行政机关应加强政务信息资源日常维护，指定专人，及时更新数据，保障信息系统正常运行，确保信息有效共享。如因不可抗力不能提供或不能及时提供的，应迅速采取相应的补救措施并通知市信息中心。

　　第二十五条　行政机关应加强政务信息资源安全管理，制订信息共享内部工作程序和信息安全管理规章制度，采取有效的技术措施，做好信息安全防范工作。

　　第二十六条　市信息中心应建立身份认证机制、存取访问控制机制和信息审计跟踪机制，对数据进行授权管理，设立访问和存储权限，防止越权存取数据。

　　第二十七条　市信息中心应加强信息安全管理，按照国家保密有关规定严格管理信息资源，严格按照共享条件提供信息，建立异地备份设施，建立信息安全等级保护措施，确保信息安全、可靠、完整。

　　第二十八条　基础性、公益性的信息资源库和跨部门重大电子政务应用系统的主要信息资源库，应当在市信息中心进行异地备份。

　　第二十九条　涉及条件共享类的信息共享，由提出信息需求的行政机关和提供信息的行政机关签订政务信息资源共享安全保密协议，按约定方式共享信息。

第五章　监督检查

　　第三十条　市信息化主管部门负责对政务信息资源数据交换与共享工作的运行情况进行监督。市信息化主管部门应当每年至少开展一次政务信息资源共享工作检查，对各行政机关提供信息的数量、更新时效和使用情况进行评估，并公布评估结果和改进意见。

第三十一条 行政机关违反本办法规定，其他行政机关可以向市信息化主管部门或者监察部门反映情况。接到反映后，市信息化主管部门或者监察部门应当及时调查处理，并将处理结果书面反馈给投诉单位。

第三十二条 行政机关违反本办法规定，有下列行为之一的，由市信息化主管部门责令其限期改正；逾期不改正的，提请市政府给予通报批评。

（一）无理由拒绝提供政务信息资源的；

（二）无故拖延提供政务信息资源的；

（三）违规使用、泄漏共享信息或擅自扩大使用范围的。

第三十三条 行政机关违规使用涉及商业秘密、个人隐私的共享信息，或者造成商业秘密、个人隐私泄漏的，按国家有关法律法规规定处理。

第六章 附 则

第三十四条 其他国家机关和市属企事业单位政务信息资源共享参照此办法执行。

第三十五条 本办法自 2011 年 4 月 21 日起实行。

文件编号：泰政发〔2014〕69号
发布时间：2014年7月4日
发布机关：泰州市人民政府

泰州市政务信息资源共享管理办法

第一章　总　　则

第一条　为规范和促进泰州市政务信息资源共享，推动政务信息资源优化配置和有效利用，支持业务协同，避免重复建设，强化社会管理和公共服务，根据有关法律法规，结合我市实际，制定本办法。

第二条　本市行政区域内政务信息资源共享活动适用本办法。

政务信息资源共享指行政机关向其他行政机关提供政务信息资源，以及需从其他行政机关获取政务信息资源的行为。

第三条　本办法所称政务信息资源，是指各级行政机关和依法授权行使行政职能的组织（以下统称各部门），依法履行职责中掌握的信息资源。

第四条　政务信息资源分为两种类型：无条件共享类政务信息资源和有条件共享类政务信息资源。

无条件共享类为可以无附加条件地提供给其他部门共享的政务信息资源。如法人基本信息、行政执法结果信息、公共服务设施信息、社会经济统计信息等；

有条件共享类为按照设定条件提供给其他部门共享的政务信息资源。如商业秘密、个人隐私以及泄露后影响行政执法和机关正常办公的信息。

涉及国家秘密、根据国家相关法规与规章要求确定为秘密级以上的政务信息资源，按国家相关保密制度处理。

第五条 市电子政务主管部门负责全市政务信息资源共享工作的统筹规划、组织协调、监督指导和技术保障。各市（区）电子政务主管部门根据全市统一规划、部署和标准、规范，负责本行政区域内政务信息资源共享工作的统筹规划、组织协调、监督指导和技术保障。

第六条 电子政务主管部门负责组织制定政务信息资源共享目录，建立共享交换标准体系，统一建设并管理全市政务信息资源共享平台和中央数据库。

政务信息资源共享平台是按照统一标准和规范开发部署的各类政务应用信息交换和共享的枢纽平台，由政务信息资源目录系统和政务信息资源交换系统组成。

中央数据库是整合分散于多个部门的同类或者面向同类管理和服务对象的信息资源而形成的综合性集中共享数据库。对人口、法人、空间地理、宏观经济、公文法规、行政执法、审批证照、社会诚信、基本公共服务等各类基础性政务信息资源，均应当建设中央数据库，并通过政务信息资源共享平台向各部门提供服务。

第七条 政务信息资源共享应当遵循以下原则：

• 需求导向。各部门应当依照其职能提出共享政务信息资源的需求，共享使用其他部门的信息资源，应当符合部门职能和履职需求，不得超越职能获取和使用其他部门的信息资源。

• 义务共享。各部门在履行职责过程中获取、产生的信息资源，是全市政务信息资源的组成部分，各部门应当履行无偿为其他部门提供信息资源共享的义务。

• 高效便民。通过部门间信息共享能够获取的信息，不得重复采集。在实施面向公民、法人的管理和服务过程中，通过部门间信息共享能够确认的信息，不得让公民、法人重复提供。

• 集中统一。各部门间共享政务信息资源，必须通过统一的政务信息资源共享平台进行，不得重复建设信息资源共享平台。涉及两个以上部门间的信息资源共享，应当通过建设中央数据库实现。

• 安全保密。政务信息资源共享属于国家机关内部管理活动，共享部门应当严格履行保护党和国家秘密、商业秘密、个人隐私的责任。未经信息提供部门许

279

可，信息共享部门不得对外公开发布共享信息。电子政务主管部门应当加强对信息交换过程和中央数据库的安全管理，建立完善的身份认证、存取访问控制、审计跟踪和容灾备份机制。

第二章　采集与提供

第八条　信息资源采集是实现政务信息资源共享的前提和基础。各部门采集信息应当遵循"一数一源"的原则，可以通过信息共享方式从其他部门获取的信息，不再重复采集。法律、法规另有规定的除外。

第九条　各部门应对本单位信息资源进行分类整理，确定可供共享的信息及共享条件，并根据履行职责需要提出对其他行政机关的信息共享需求，将相关情况报送电子政务主管部门。

第十条　电子政务主管部门负责统筹各行政机关可供共享的信息和共享需求，组织编制《泰州市政务信息资源共享目录》，标明可供共享的信息名称、数据格式、提供方式、提供单位、共享条件、更新方式、更新时限等关键要素。

第十一条　各部门提供的共享信息关键要素发生变化时，应当及时告知电子政务主管部门。电子政务主管部门根据变更情况对政务信息资源共享目录进行动态调整。

共享信息原则上以实时同步方式提供。尚不具备实时同步条件的，由信息提供部门和电子政务主管部门共同据实确定更新周期。

第十二条　各部门应当无偿提供共享信息。

第三章　获取与使用

第十三条　各部门应当充分利用政务信息资源目录系统检索、发现、定位和申请履行职能所需要的政务信息，并通过政务信息资源交换系统，实现信息共享与业务协同。

第十四条 各部门共享信息应当通过政务信息资源共享平台统一填报和受理。电子政务主管部门应当及时审核各部门呈报的《政务信息资源共享使用申请表》，若对部门的信息资源共享需求无异议，应当在收到申请后五个工作日内完成共享信息的授权访问配置或组织进行接口开发。

第十五条 各部门共享信息只能用于《政务信息资源共享使用申请表》约定的用途。共享信息提供方有权了解共享信息使用情况。

第十六条 各部门应当按照全市政务信息资源共享平台的技术要求，部署本部门前置交换系统，确保业务数据库与前置交换数据库之间、中央数据库与前置交换数据库之间的数据交换。

第十七条 各部门可以根据本部门实际情况选择以下信息资源共享服务模式：

（一）查询模式：电子政务主管部门通过政务信息资源共享平台，提供共享信息查询服务，各部门按访问权限使用。

（二）直接交换模式：电子政务主管部门通过政务信息资源交换系统，将中央数据库中部门所需信息直接推送至部门的前置交换系统。

（三）接口模式：电子政务主管部门通过政务信息资源交换系统，以接口服务的方式，为部门的业务应用系统定制数据接口服务。

第十八条 各部门可以利用中央数据库的数据比对校正本部门业务数据。对不一致的数据或者错误的数据，应当追溯至业务经办单位和经办人，进行核查、纠错，及时更新业务数据，保证中央数据库的准确完整。

第十九条 各部门应当保证所提供共享信息准确完整。信息使用部门若对信息提供部门提供的信息有异议，应当及时通知电子政务主管部门。电子政务主管部门应当及时要求信息提供部门在规定的时间内核实和更正有异议的信息，及时向信息使用部门反馈处理结果。

第二十条 各部门应当无偿使用共享信息。

第二十一条 电子政务主管部门会同相关单位可在政务信息资源中央数据库的基础上，做好政务信息资源的开发利用工作，确保政务信息资源共享工作效益最大化。

第四章　管理与安全

　　第二十二条　电子政务主管部门应当会同市保密、机要、公安等部门制定政务信息资源安全工作规范，建立应急处理和灾难恢复机制，制定事故应急响应处理措施。

　　第二十三条　各部门应当确定一名专职或者兼职信息资源管理员，负责本部门内设机构政务信息共享申请的审核把关。信息资源管理员应当讲政治、懂政务、通技术、会协调、善服务、守纪律，由具有高度责任心的正式在编人员担任，并保持相对稳定，变更时应当报电子政务主管部门备案。

　　信息资源管理员审核时应当以履行职责需要为主要依据，核定应用业务、使用对象、所需信息、共享模式等要素确保按需共享、安全共享。

　　第二十四条　各部门应当对政务信息资源按涉密和非涉密进行分类梳理，不同类别的政务信息资源共享工作应当在各自的网络中进行，并严格执行信息网络安全和保密等有关法律法规，确保信息安全。

　　第二十五条　信息提供部门应当依据相关法律法规明确信息资源的密级和共享范围。涉及有条件共享类的政务信息资源，信息提供部门、信息使用部门和电子政务主管部门应当签署三方数据保密协议，电子政务主管部门保证信息交换过程的安全性，信息使用部门保证信息使用过程的安全性。

　　第二十六条　信息使用部门负责管理获得的共享信息，对共享信息的滥用、泄密、非授权使用、未经许可的扩散等行为负责。

　　第二十七条　电子政务主管部门应建立身份认证机制、存取访问控制机制和信息审计跟踪机制，对数据进行授权管理，设立访问和存储权限，防止越权存取数据。

　　第二十八条　电子政务主管部门应加强信息安全管理，按照国家保密有关规定严格管理信息资源，按照共享条件提供信息，建立异地备份设施，建立信息安全等级保护措施，确保信息安全、可靠、完整。

　　第二十九条　基础性、公益性的信息资源库和跨部门重大电子政务应用系统的主要信息资源库，应当在市政务数据中心灾备中心进行异地备份。

第五章　评估与监督

第三十条　电子政务主管部门负责政务信息资源共享工作的日常监控，定期对各部门提供的信息数量、质量及更新、利用等情况进行综合评估，并公布评估结果和改进意见。

第三十一条　政务信息资源共享情况纳入市级机关绩效考评体系，电子政务主管部门会同相关部门对政务信息资源共享情况进行检查和考核。

第三十二条　有违反本办法行为的，其他部门有权向行政监察部门或者电子政务主管部门投诉。被投诉部门接到投诉转办件后，应当及时调查处理，在规定时限内将处理结果报送受理部门，并反馈投诉部门。

第三十三条　有下列情形之一的，由电子政务主管部门责令其限期改正，逾期不改正，将予以通报：

（一）无理由拒绝提供政务信息资源；

（二）提供信息共享的方式不能满足其他部门实际需求的；

（三）提供的共享信息不全面、不完整、不准确、不及时的；

（四）重复采集能够通过共享获取的信息资源，增加管理成本，给公民、法人增加负担的；

（五）对已经发现不一致的或者错误的信息，不进行核对和纠错的；

（六）对通过共享获得的信息管理不善，造成信息被滥用、扩散和泄漏的；

（七）未经授权，对政务信息资源共享平台的应用程序和中央数据库进行删除或者修改的；

（八）未经批准，擅自将获得的共享信息转让给第三方或者利用共享信息开展经营性活动的；

（九）其他危害政务信息资源安全的行为；

（十）其他违反本办法的行为。

第六章　附　则

第三十四条　本办法由市电子政务主管部门负责解释。

第三十五条　本办法自发布之日起施行

文件编号：未能查询到
发布时间：2015 年 7 月 15 日
发布机关：南通市人民政府办公室

南通市政务信息资源共享管理办法

第一章　总　则

第一条　为规范和促进政务信息资源共享，实现业务协同，提高行政效能，依据《江苏省信息化条例》等法律法规，制定本办法。

第二条　本办法所称政务信息资源，是指各级行政机关和依法行使行政职能的组织（以下统称各部门）在履行职能过程中产生、获取的信息资源。

第三条　本办法适用于本市行政区域内政务信息资源共享活动，各部门依照本办法，依托电子政务信息网络具体开展信息共享活动。

第四条　政务信息资源共享遵循统筹规划、统一标准，需求导向、无偿共享，安全高效、保护隐私的原则。

第五条　政务信息资源可分为三种类型：无需设定条件提供给其他部门共享的政务信息资源为无条件共享类；按照设定条件提供给其他部门共享的政务信息资源为有条件共享类；依法不能提供给其他部门共享的政务信息资源为不予共享类。

与行政管理或跨部门并联审批等相关的政务信息资源列入无条件共享类，在相关部门之间共享。

与协同管理相关、信息内容敏感、只能按照特定条件提供给相关部门共享的政务信息资源，列入有条件共享类。

有明确法律、法规、规章规定，不能提供给其他部门共享的政务信息资源，列入不予共享类。

依法应与特定部门共享的政务信息不受上述限制，应按照法律规定向特定部门提供共享信息。

第六条 政务信息资源共享涉及国家秘密的，按照国家相关保密制度管理。

第七条 市信息化主管部门负责全市政务信息资源共享的统筹规划、组织协调和监督指导工作。各县（市、区）信息化主管部门根据全市统一规划、标准及规范，负责本行政区域内政务信息资源共享工作。

其他各部门应当在各自职责范围内做好政务信息资源采集、维护和共享等工作，依法、高效、合理使用所获取的共享信息。

第八条 《政务信息资源目录》（以下简称《资源目录》）和《政务信息资源共享目录》（以下简称《共享目录》）是实现政务信息资源共享和业务协同的基础，是各部门之间信息共享的依据，由市信息化主管部门牵头组织编制。

第二章　平台建设

第九条 市信息化主管部门牵头建设全市统一的公共数据库，制定公共数据库与部门业务数据库之间数据交换的统一标准体系。

公共数据库包括人口、法人单位、自然资源和空间地理、宏观经济、建（构）筑物等公共基础数据，以及部门业务数据、服务数据及其他数据。

第十条 市信息化主管部门牵头建设全市统一的、满足政务信息资源共享和业务协同需求的公共信息共享交换平台（以下简称共享平台），包括政务信息资源目录系统（以下简称目录系统）、政务信息资源交换系统（以下简称交换系统）。

第十一条 各部门间的政务信息资源共享交换和业务协同必须通过共享平台进行，各部门之间不得重复建设跨部门使用的目录系统和交换系统。县级及以下政府应当按照全市统一的标准体系，建设本级共享平台，逐步实现与市级平台的共享交换和业务协同。

第十二条　各部门要按照共享平台的技术要求，部署本部门前置交换系统，确保业务数据库与前置交换数据库之间、平台公共数据库与前置交换数据库之间的有效联通和同步更新。

第三章　信息目录和采集

第十三条　各部门应当对本部门拥有的政务信息资源进行梳理，按照标准规范，编制本部门《资源目录》，确定可供共享的政务信息资源及共享条件，纳入全市《共享目录》。

各部门对不予共享的政务信息资源，应当在本部门《资源目录》中明确，并提供法律、法规、规章依据，由信息化主管部门核定。

第十四条　各部门应当在共享平台发布本部门《资源目录》，开通本部门目录系统，对照目录标准，及时逐条登记、审核相关政务信息资源。

第十五条　各部门应当建立本部门目录管理制度，指定本部门目录登记和审核人员，加强对本部门《资源目录》的登记、审核、发布、更新等工作。

第十六条　信息化主管部门统筹确认和调整本级部门编制的《资源目录》，组织共享信息和共享需求的梳理，形成本级统一的《资源目录》和《共享目录》，界定共享信息的名称、类别、提供单位、提供方式、共享条件和范围、更新时限等，并委托相关部门定期对《资源目录》中政务信息资源进行标准符合性测试。

第十七条　信息共享的关键要素发生变化时，各部门应当在 20 日内告知信息化主管部门。信息化主管部门根据变更情况对《共享目录》进行动态调整。

第十八条　各部门应当按照法定职责采集信息，明确本部门信息收集、发布、维护、更新的规范和程序，确保信息真实、完整、及时。各部门应当遵循"一数一源"的原则，可以共享方式获取的信息无需重复采集。

第十九条　凡列入全市《共享目录》的政务信息资源，各部门必须以电子化形式，按照统一规定和标准，向共享平台提供信息访问接口和接口规范说明文档等。

第二十条　各部门在信息采集过程中应当主动通过共享平台与其他部门的相关政务信息进行比对，发现信息不一致的，应当按照《资源目录》进行核对，必要时由信息化主管部门会同双方协商解决。

第二十一条　各部门因业务或职能调整，确需调整共享信息采集范围的，应当及时更新本部门政务信息资源共享目录，并向信息化主管部门备案。

第四章　信息共享

第二十二条　各部门应当充分利用全市政务信息资源共享系统检索、发现、定位和申请履行职能所需要的政务信息，并通过政务信息资源交换系统，实现信息共享与业务协同。非因法定事由，各部门不得拒绝其他部门提出的信息共享需求。共享信息提供方有权向使用方了解共享信息使用情况。

第二十三条　各部门应健全信息资源更新机制，有效维护、动态管理、及时更新所提供的共享信息，确保信息的准确性、完整性和时效性。

第二十四条　各部门可根据实际情况，通过信息查询、直接数据交换、接口服务或其他定制处理等共享服务模式获得政务信息资源。

第二十五条　无条件共享类政务信息资源由市级各部门通过共享平台自行获取；有条件共享类的政务信息资源由各部门按照约定条件进行共享。各部门之间对共享条件存有争议的，由信息化主管部门协调解决。

第二十六条　共享平台对政务信息资源共享交换等实现日志、查询日志等进行记录，记录数据保留时间为5年。

第二十七条　由共享平台本地存储的共享信息以及共享平台调用各节点信息而产生的综合性服务信息，各部门可根据需求提出使用申请，在征得信息提供部门和信息化主管部门同意后使用。

使用申请通过共享平台统一受理，信息化主管部门会同信息提供部门及时对申请予以审核，若无异议，应当在收到申请后5个工作日内完成共享信息的授权访问配置或组织进行接口开发。

第二十八条　各部门应当制定本部门政务信息资源共享内部工作程序、管理制度和责任追究机制，确定信息资源管理员负责审核其他部门的政务信息共享申请。审核以履行职责需要为主要依据，核定应用业务、使用对象、所需信息、共享模式、截止时间等要素，确保按需、安全共享。

各部门应当将信息资源管理员信息向同级信息化主管部门备案，如发生人员变动，应及时予以更新。

第五章　信息安全

第二十九条　各部门所获取的共享信息只能用于履行职责需要，不得用于其他目的，并对共享信息的滥用、非授权使用、未经许可的扩散以及泄露等行为承担责任。

第三十条　信息化主管部门应当会同保密、机要、公安、信息中心等部门制定政务信息资源安全工作规范，建立应急处理和灾难恢复机制。

使用有条件共享类政务信息资源的，信息使用部门、信息提供部门、信息化主管部门应当签署三方数据保密协议。

第三十一条　按照"谁建设，谁管理；谁使用，谁负责"的原则，电子政务网络、共享平台建设和管理部门以及信息使用部门，在各自职责范围内做好安全保密、监督、管理工作。出现安全问题时，各部门应及时向同级信息安全、保密等主管部门报告，并配合相关职能部门处置。

第三十二条　共享平台建设管理部门应当加强信息安全管理，按照国家保密有关规定严格管理信息资源，建立健全共享平台运行维护制度和应急处置预案，落实信息安全等级保护措施，做好异地备份工作，确保共享平台的安全稳定和可靠运行。

第三十三条　信息化主管部门应当建立身份认证机制、存取访问控制机制和信息审计跟踪机制，对数据进行授权管理，设立访问和存储权限，防止越权存取数据。

第六章　评估监督

第三十四条　信息化主管部门负责政务信息资源共享工作的日常评估监督，定期对各部门提供的信息数量、质量及更新、使用等情况进行综合评估，并公布评估结果和改进意见。

第三十五条　信息化主管部门、财政部门将各部门政务信息资源共享效果作为规划和安排部门信息化项目建设和运维预算的重要依据。对无正当理由，不按照本办法参与信息共享的部门，酌情暂停安排新项目建设。

第三十六条　有下列情形之一的，由信息化主管部门督促有关部门予以纠正；情节严重的，提请有关部门对负有直接责任的主管人员和其他责任人员依法依规给予处分：

（一）重复采集能够通过共享获取的信息资源的，随意扩大信息采集范围的；

（二）不按规定将本部门政务信息资源提供给其他部门共享的，提供信息共享的方式不能满足其他部门实际需求的；

（三）故意提供不真实、不全面共享信息内容的，未按要求及时发布、更新、纠正共享政务信息和资源目录的；

（四）对获得的共享信息管理不善，造成信息滥用、扩散和泄露的；

（五）未与信息提供部门签订相关许可协议，擅自将共享获得的信息转让给第三方或利用共享信息开展经营性活动的；

（六）对于监督检查机关责令整改的问题，拒不整改的；

（七）其他违反共享管理办法应当给予处分的行为。

第三十七条　各部门违反规定使用涉及国家秘密、商业秘密和个人隐私的共享信息，或者造成国家秘密、商业秘密和个人隐私泄漏的，按国家有关法律法规或国家保密规定处理；构成犯罪的，依法追究刑事责任。

第七章 附 则

第三十八条 本办法由市经济和信息化委员会负责解释。

第三十九条 本办法自发布之日起施行。

文件编号：常政发〔2014〕19号
发布时间：2014年3月31日
发布机关：常熟市人民政府办公室

常熟市政务信息资源共享
管理办法（暂行）

第一章 总 则

第一条　为充分发挥政务信息资源在建设智慧常熟和服务型政府中的作用，推动政务信息资源优化配置和有效利用，支持政务协同，降低行政成本，提高行政效能，提升公共管理和服务水平，根据《2006—2020年国家信息化发展战略》、《中华人民共和国政府信息公开条例》、《江苏省信息化条例》、《江苏省政府信息化服务管理办法》和其他有关法律法规，结合《智慧常熟战略发展规划》，制定本办法。

第二条　本办法所称政务信息资源，是指本市各级行政部门、法律法规授权的具有管理公共事务职能的组织（以下统称行政机关）在工作过程中形成、获取的各种业务数据的集合。政务信息资源以人口基础信息数据库、法人基础信息数据库、自然资源与空间地理基础信息数据库、宏观经济信息数据库和信用征信信息数据库为基础，包括其他基础数据。

政务信息资源共享指行政机关向其他行政机关履行政务职能提供政务信息资源，以及履行政务职能需从其他行政机关获取政务信息资源的行为。

第三条　政务信息资源共享应当遵循依法管理、统筹规划、规范有序、便捷高效、保障安全的原则，促进行政管理协同和政令畅通。行政机关之间无偿共享政务信息资源。

第四条　常熟市信息化工作领导小组统筹、协调、推进政务信息资源共享与应用工作中的重大事项。

市经济和信息化委员会（常熟市信息化工作领导小组办公室）是信息化主管部门，负责具体协调、解决政务信息资源建设和共享的有关问题，建立政务信息资源共享目录和交换体系，并会同常熟质监局和其他部门制定相关标准规范。

各相关单位应当在其职责范围内做好政务信息资源采集、维护、更新和共享工作，并按照法律、法规和有关规定要求，合法使用所获取的共享信息资源。

第五条　市信息资源管理中心负责建设政务信息资源共享目录平台、数据共享交换平台等，负责信息资源维护管理、安全运行管理、技术平台保障等工作。

市信息化发展有限公司承担政务信息资源共享项目的建设、运行和维护工作。

第六条　市各级财政部门对各单位申报的政务信息资源共享的基础设施、纳入共享的政府信息系统和基础数据库等建设、改造及维护所需经费，优先予以资金保障。

第二章　信息形成

第七条　本市行政机关和有关单位应当按照"一数一源"的原则，依法做好政务信息资源的采集和维护工作，确保信息真实、可靠、完整、适时。

除法律、法规另有规定以外，行政机关不得重复采集可以通过共享方式获取的信息。

第八条　行政机关应当充分利用信息技术，将采集的信息进行电子化记录、存储和使用。

市档案管理部门负责对行政机关电子文件（档案）管理工作进行指导，制定电子文件（档案）归档、移交、接收制度并组织实施。

第九条　市信息化主管部门对相关业务部门进行业务指导。主要负责：

（一）全市政务信息资源目录编制；

（二）全市五大数据库建设；

（三）全市数据共享交换平台建设；

（四）规范系统的日常运行维护和安全管理，监控各节点的信息交换情况，及时发现并解决异常情况或者突发故障。

第十条 根据保密级别、需求程度、共享服务能力等因素，政务信息资源分为三种类型：

可供所需行政机关无条件、无偿地共享利用的政务信息资源称为强制共享类，与行政许可或跨部门并联审批相关的政务信息资源列入强制共享类，在相关行政机关之间共享。

只按有关规定提供给指定的行政机关共享利用的政务信息资源称为条件共享类，信息内容敏感、只按特定条件提供给相关行政机关共享的政务信息资源，列入条件共享。

不能提供给其他行政机关共享利用的政务信息资源称为不予共享，不予共享的应当有法律、法规、规章、政策及其他依据，不能提供给其他行政机关共享。

第十一条 行政机关应当对所拥有的政务信息资源进行分类整理，确定可以共享的政务信息资源及共享条件，形成可以共享的政务信息资源目录，并可根据履行职责需要，提出对其他行政机关的政务信息资源共享需求。

第十二条 依据报送给市信息化主管部门的政务信息资源共享需求和行政机关可共享信息的详细清单，经市信息化主管部门会同相关单位审核后，市信息化主管部门提出各行政机关的政务信息资源共享目录，协调各行政机关分别确认，定期编制和发布《常熟市政务基础信息资源共享目录》。

该目录是实现全市政务信息资源共享的基础，是各行政机关之间信息共享的依据。列入《常熟市政务基础信息资源共享目录》的政务信息资源，必须进行共享。

各行政机关应当按《常熟市政务基础信息资源共享目录》规定的时限，向数据交换前置数据库上传并更新维护共享信息。

第十三条 列入《常熟市政务基础信息资源共享目录》的信息，行政机关应当以电子化形式，按照统一规定和标准，向数据共享交换平台提供数据。

行政机关可以采取集中与分散相结合的方式存放共享的信息资源。对集中存放的共享信息资源可以委托市信息资源管理中心管理。

第十四条 行政机关应当对所提供的共享信息进行动态管理和及时更新，确保信息的准确性和完整性。

共享的信息内容或者共享的需求发生变化时，行政机关应当及时以书面形式报告市信息化主管部门。市信息化主管部门可以根据情况变化对《常熟市政务基础信息资源共享目录》信息进行适当调整。

第十五条 不同行政机关之间提供同一的信息内容不一致的，由市信息化主管部门会同提供信息的行政机关共同核实，提出处理意见。

第三章 信息获取

第十六条 行政机关有义务向其他行政机关提供可以共享的信息，也有权利从其他行政机关获取其履行职责所需的信息。

（一）主动共享。本市行政机关和有关单位可以依据职能，对以下五大库信息主动提供共享服务：具有基础性、基准性、标识性的信息；信息提供方明确可以主动提供共享的其他信息；经信息化主管部门核定应当主动提供共享的相关信息。

（二）依申请共享。本市行政机关和有关单位需要使用除《常熟市政务基础信息资源共享目录》之外的信息，应当通过市数据共享交换平台向信息提供方申请共享，并说明共享信息范围、共享理由等。信息提供方应当在收到申请后7个工作日内，提出是否同意共享的意见及理由。申请机关、单位对信息提供方的意见有异议的，可以提交信息化主管部门协调处理。

（三）协议共享。本市行政机关和有关单位之间对特定五大库信息有长期、稳定需求的，可以签订共享协议，报市信息化主管部门备案后，通过市数据共享交换平台进行共享。

除法律、法规另有规定外，行政机关不得拒绝提供共享信息。

第十七条 市信息化主管部门制定负责全市政务信息资源共享交换平台与数据交换前置系统之间数据交换的统一接口标准。

各行政机关应当依托常熟市电子政务网络，保证数据交换前置系统与全市数据共享交换平台之间的实时连通。

各行政机关应当按照市信息化主管部门制定的数据交换接口标准提供政务信息资源共享接口服务，并在政务信息资源共享交换平台上注册对其他单位提供服务。

第十八条　行政机关所获取的共享信息，只能用于本机关履行职责需要，不得用于任何其他目的。

行政机关未经提供信息的行政机关同意，不得擅自向社会发布和公开所获取的共享信息。

市资源管理中心应建立、健全数据的访问日志，记录通过共享交换平台获取信息的行为和内容，并完善追溯机制。

行政机关认为获取的共享信息有错误时，应当及时书面报告市信息化主管部门。市信息化主管部门应当及时处理，并将处理结果书面反馈获取信息的行政机关。

第四章　信息安全

第十九条　市信息化主管部门制定政务信息资源安全工作规范，建立政务信息资源安全管理的应急处理和灾难恢复机制，制定并落实事故应急响应和支援处理措施。

第二十条　行政机关应当加强政务信息资源安全管理，制定信息安全管理规章制度，做好信息安全防范工作。定期组织负责政务信息资源共享工作的人员开展业务和安全知识培训。

行政机关、有关单位负责本机关、本单位交换前置系统及网络安全、病毒防范等保障和系统的日常运行维护。

第二十一条　市信息化主管部门应当指导加强政务信息资源共享的安全管理，建立身份认证机制、存取访问控制机制和信息审计跟踪机制，对数据进行授权管理，设立访问和存储权限，防止越权存取数据。

第五章　监督管理

第二十二条　市信息化主管部门负责监督政务信息资源共享工作。

政务信息资源共享工作纳入电子监察系统监察范围，实行全过程监督。

第二十三条　行政机关应当制定本单位政务信息资源共享内部工作程序、管理制度以及相应的行政责任追究制度，并指定专人负责政务信息资源共享管理工作。

第二十四条　政务信息资源共享工作列入各级政府年度工作考核项目。市信息化主管部门应当每年至少开展一次政务信息资源共享工作检查，对各行政机关提供信息的数量、更新时效和使用情况进行评估，并公布评估结果、提出改进意见。

第二十五条　行政机关违反本办法规定的，其他行政机关有权向市信息化主管部门投诉。接到投诉后，市信息化主管部门应当及时调查和处理。

第二十六条　行政机关和相关责任人违反本办法规定，有下列行为之一的，由市信息化主管部门责令其限期改正，逾期不改正的，对该行政机关和相关责任人给予通报批评：

（一）违反规定采集政务信息资源的；

（二）无故拒绝提供或拖延提供政务信息资源的；

（三）违反规定使用共享信息或擅自扩大使用范围的；

（四）未按规定时限更新本单位政务信息资源的；

（五）对于市信息化主管部门责令整改的问题，拒不整改的；

（六）其他违反政务信息资源共享管理办法的行为。

第二十七条　行政机关违反规定使用涉及国家秘密、工作秘密、商业秘密和个人隐私的共享信息，或者造成国家秘密、工作秘密、商业秘密和个人隐私泄漏的，按国家保密规定或有关法律法规规定处理；构成犯罪的，依法追究刑事责任。

第六章 附 则

第二十八条 本办法下列术语定义如下：

（一）五大数据库，指人口基础信息数据库、法人基础信息数据库、自然资源与空间地理基础信息数据库、宏观经济信息数据库、信用征信信息数据库，是政务信息资源的核心基础数据，具有基础性、基准性、标识性、权威性和稳定性等特征。

（二）数据共享交换平台，指行政机关间实现资源共享的服务、调度、监控平台；数据交换前置系统，指行政机关履行政务职能需从其他行政机关获取政务信息资源的服务系统，也是行政机关对其他行政机关提供政务信息资源的服务系统。

第二十九条 本管理办法若与法律、法规、规章以及上级规定不一致的，按照法律、法规、规章以及上级规定执行。

第三十条 本办法自发文之日起施行。

文件编号：赣府厅字〔2017〕111 号
发布时间：2017 年 9 月 19 号
发布机关：江西省人民政府

江西省政务信息系统整合共享实施方案

一、总体要求

（一）指导思想。

全面贯彻党的十八大和十八届三中、四中、五中、六中全会精神，深入贯彻习近平总书记系列重要讲话精神和治国理政新理念新思想新战略，认真落实党中央、国务院决策部署，紧紧围绕统筹推进"五位一体"总体布局和协调推进"四个全面"战略布局，牢固树立和贯彻落实创新、协调、绿色、开放、共享的发展理念，坚持"创新引领、绿色崛起、担当实干、兴赣富民"工作方针，以人民为中心，紧紧围绕政府治理和公共服务的改革需要，以最大程度利企便民，让企业和群众少跑腿、好办事、不添堵为目标，统筹规划设计，聚焦现实问题，加快推进政务信息系统整合共享，为纵深推进"放管服"改革奠定坚实基础。

（二）基本原则。

按照"统一组织领导、统一规划实施、统一网络平台、统一建设标准、统一安全管理"的总体原则，以"整合存量、推动共享，规范增量、强化审批，统筹建设、专业运维"为总体思路，一方面开展现有政务信息系统的清理整合，推进数据共享开放和业务协同；另一方面强化政务信息系统项目的审批，从源头上统筹政务信息系统的建设和运维。

1. 统一工程规划。围绕落实我省政务信息化工程相关规划，建设"大平台、大数据、大系统"，形成覆盖全省、统筹利用、统一接入的数据共享大平台，建立物理分散、逻辑集中、资源共享、政企互联的政务信息资源大数据，构建深度应用、上下联动、纵横协管的协同治理大系统。

2. 统一标准规范。注重数据和通用业务标准的统一，开展全省政务信息化总体标准研究、制定与应用，促进跨地区、跨部门、跨层级数据互认共享。建立动态更新的政务信息资源目录体系，确保政务信息有序开放、共享、使用。

3. 统一备案管理。实施政务信息系统建设和运维备案制，推动政务信息化建设和运维经费审批在同级政府政务信息共享主管部门的全口径备案。

4. 统一审计监督。开展常态化的政务信息系统和政务信息共享审计，加强对政务信息系统整合共享成效的监督检查。

5. 统一评价体系。研究提出政务信息共享评价指标体系，建立政务信息共享评价与行政问责、部门职能、建设经费、运维经费约束联动的管理机制。

（三）工作目标。

通过实施政务信息系统整合共享，实现基础设施集约统一、数据资源开放共享、业务应用协同联动、政务服务利企便民的发展格局，政务信息系统的管理更加规范，政务信息系统的应用成效更加凸显，政务信息化支撑"放管服"改革的能力显著增强。

• 推动清理整合。2017年12月底前，完成省市县三级政府部门内部政务信息系统的审查清理工作，制定政务信息系统整合方案，开展部门内部政务信息系统整合。2018年6月底前，完成省市县三级政府部门内部政务信息系统的整合，形成纵向联通、横向联动的"大系统"格局。

• 推动共享开放。2017年12月底前，完成全省政务信息资源目录编制；实现省级政务信息系统与省电子政务共享数据统一交换平台的对接；建成省公共数据统一开放平台和省政务信息共享网站，推动一批政务数据的共享开放。

• 推动应用协同。2017年12月底前，完成省市县三级行政服务中心、各专业办事大厅使用江西政务服务网接件，制定发布省级部门政务服务事项清单，推动一批政务服务事项网上全程办理。

纳入整合共享范畴的政务信息系统包括由政府投资建设、政府与社会企业联合建设、政府向社会购买服务或需要政府资金运行维护的，用于支撑政府业务应用的各类信息系统。

二、主要工作任务

（一）加快推进政务信息系统清理整合。

1. 清理"僵尸"信息系统。组织开展政务信息系统整合共享专项督查，全面摸清各地、各部门政务信息系统情况，掌握政务信息系统名称、功能、使用范围、使用频度、审批部门、审批时间、经费来源等信息，形成"僵尸"信息系统清理清单。（省审计厅牵头，省政府各有关部门负责；2017年10月底前完成）基本完成对以下几类"僵尸"信息系统的清理工作：（1）系统使用与实际业务流程长期脱节，运行维护停止更新服务；（2）功能可被其他系统完全替代；（3）所占用资源长期处于空闲状态，使用范围小、频度低。（省政府各有关部门和各市、县〔区〕政府负责；2017年12月底前完成）

2. 整合部门内部信息系统。省市县三级政府部门根据自身实际情况，制定本部门政务信息系统整合方案。（省政府各有关部门和各市、县〔区〕政府负责；2017年12月底前完成）各部门原则上将分散的、独立的信息系统整合为一个互联互通、业务协同、信息共享的"大系统"。整合后满足以下条件的，可视为"一个系统"：（1）部门内部所有信息系统实现统一身份、统一登陆；（2）部门内部不存在功能类似或重复的政务信息系统。（省政府各有关部门和各市、县〔区〕政府负责；2018年6月底前完成）

3. 推进基础设施集中。推动各类业务专网向省电子政务内网或外网整合。政府各部门推进在专网运行的政务信息系统向省电子政务内网或外网迁移。（省政府办公厅牵头，省政府各有关部门和各市、县〔区〕政府负责；2018年6月底前完成）省级政府部门原则上不再单设非涉密机房，原有机房设备逐步整合到省电子政务外网数据中心机房；省级政府部门新建信息系统统一部署到省级政务云平台，原有信息系统逐步迁移到省级政务云平台。（省发改委牵头，省政府各有关部门负责；2018年6月底前完成）

（二）加快推进政务数据共享开放。

4. 编制政务信息资源目录。制定《江西省政务信息资源目录编制规范》，明确政务信息资源的分类、责任方、格式、属性、更新时限、共享类型、共享方式、使用要求等内容。开展政务信息资源目录梳理，抓紧编制全省政务信息资源目录，构建全省统一、动态更新、共享校核、权威发布的政务信息资源目录体系。（省发改委牵头，省政府各有关部门负责；2017 年 12 月底前完成）

5. 完善数据共享交换平台。依托省电子政务外网，加快完成省电子政务共享数据统一交换平台部门前置节点部署，满足全省政务信息资源共享交换的需求，为全省跨部门、跨系统、跨层级的业务协同提供支撑。依托省电子政务共享数据统一交换平台，建设省政务信息资源中心。完成与国家电子政务外网数据共享交换平台对接试点工作。编制《江西省电子政务共享数据统一交换平台标准规范》。（省发改委牵头，省政府各有关部门和各市、县〔区〕政府负责；2017 年 12 月底前完成）

6. 建设政务信息共享网站。依托省电子政务外网，建设全省统一的政务信息共享网站，力争 2017 年底上线试运行，提供公民、社会组织、企业、事业单位的相关基础信息，为政府部门间跨地区、跨层级的信息共享与业务协同应用提供服务。（省发改委牵头，省政府各有关部门和各市、县〔区〕政府负责；2017 年 12 月底前完成）逐步扩大信息共享内容，实现信用体系、公共资源交易、金融、税务、投资、价格、交通、能源（电力等）、旅游、教育、卫生、自然人（基础数据以及社保、民政、教育等业务数据）、法人（基础数据及业务数据）、空间地理、公共服务等重点领域数据基于全省政务信息共享网站的共享服务。（省发改委牵头，省政府各有关部门和各市、县〔区〕政府负责；2018 年 6 月底前完成）

7. 推进公共数据开放。依托省电子政务外网和省电子政务共享数据统一交换平台，建设集目录管理、数据管理、数据开放网站为一体的省公共数据统一开放平台。编制政务信息资源开放目录，优先开放信用、交通、医疗、卫生、就业、社保、地理、文化、教育、科技、资源、农业、环境、安监、金融、质量、统计、气象、法律服务、企业登记监管等民生保障服务相关领域的政府数据，为企业、社会公众提供准确的可机读的政务数据资源服务。（省发改委、省政府办公厅、省委网信办等按职责分工负责；2017 年 12 月底前完成）

（三）加快推进政务服务网上办理。

8. 推进政务服务事项办理标准化。制定发布政务服务事项标准规范，明确审批部门、项目名称、办理要件、申请材料、办理流程、办理时限、收费标准以及网上办理的要求等，细化研究事项办理指南，重点精简不合法、不合理的各类证明材料，取消没有法律法规依据的证明和盖章环节，以标准化促进政务服务的规范化、便捷化，保障改革成果真正落地。（省政府办公厅牵头，省编办、省质量技术监督局负责；2017 年 10 月底前完成）省政府各有关部门按规定制定本部门政务服务事项清单和网上办理服务事项清单，并在江西政务服务网上进行发布。（省政府办公厅牵头，省政府各有关部门负责；2017 年 12 月底前完成）

9. 推进政务服务事项网上全程办理。全面推行"网上咨询、网上申请、网上审批、网上反馈、网上支付、快递送达"办理模式。各地、各部门政务信息系统通过省电子政务共享数据统一交换平台，实现与江西政务服务网对接，推动政务服务事项全程网上办理。省市县三级行政服务中心、各专业办事大厅统一使用江西政务服务网接件，各级政务部门业务办理系统与全省网上审批系统对接。宣传和鼓励群众使用江西政务服务网进行网上申报，大幅提高政务服务事项网上接件比率。（省政府办公厅、省发改委牵头，省政府各有关部门和各市、县〔区〕政府负责；2017 年 12 月底前完成）

（四）加快推进建立相关标准体系。

10. 制定全省政务信息化系统建设标准规范。从云网使用、公共基础平台对接、运维管理等层面提出技术标准，以标准化推动信息化项目的整合共享。（省发改委、省质量技术监督局负责；2017 年 12 月底前完成）

11. 完善江西政务服务网系统对接标准规范。按照推进政务服务事项网上全程办理的要求，对现有的江西政务服务网系统对接标准规范进行完善和修订，明确部门业务办理系统与江西政务服务网的对接方式、对接接口的标准以及系统接入考核标准。（省政府办公厅、省发改委负责；2017 年 12 月底前完成）

12. 制定共享开放标准规范。加快构建政务信息共享开放标准体系，建立健全我省政务信息资源数据采集、数据质量、目录分类与管理、共享交换接口、共享交换服务、多级共享平台对接、平台运行管理、网络安全保障等方面的标准规范。（省发改委、省质量技术监督局负责；2018 年 6 月底前完成）

三、保障措施

（一）加强组织领导

各市、县（区）政府要建立健全政务信息系统整合共享工作机制，加强统筹协调，加大经费、人员等保障力度，落实各项任务的时间表和路线图，层层分解任务，确保工作任务有力有序推进。（各市、县〔区〕政府负责）

（二）强化责任落实

各市、县（区）政府要制定政务信息系统统筹整合和政务信息资源共享开放工作方案，明确目标、责任、牵头单位、实施机构和时间节点。强化各地、各部门主要负责人对政务信息系统统筹整合和政务信息资源共享工作的责任，原则上部门主要负责人为第一责任人。对责任不落实的地方和部门，予以通报并责令整改。（省政府各有关部门和各市、县〔区〕政府负责，省政府办公厅会同省发改委督查落实）

（三）开展评价考核

省发改委要组织制定政务信息共享工作评价实施办法，建立考核通报制度，督促检查政务服务平台体系建设、政务信息系统统筹整合和政务信息资源共享工作落实情况。对于不认真履行职责、工作明显滞后的地区和部门，要启动问责、约谈机制。（省政府办公厅负责）

（四）加强项目管理

研究制定《江西省政务信息化项目建设和管理办法》，提出规范政府信息系统审批、建设和运维的具体举措。强化技术把关，省级政务信息化项目审批前，由省信息中心从技术角度提出意见，为项目审批提供参考。（省发改委负责）实施政务信息系统建设和运维备案制，推动政务信息化建设和运维经费审批在同级政务信息共享主管部门全口径备案。（省发改委、省财政厅负责）

（五）优化建设运维模式

推行集约化运维模式，未设立信息中心的省级政府部门，原则上其信息系统由省信息中心统一建设运维，由省财政厅统一安排运维经费。制定电子政务服务采购管理相关办法，完善政府购买信息系统、数据资源、系统运维等信息化服务的相关政策。（省发改委、省财政厅负责）

（六）加强审计监督

审计机关要依法履行职责，加强对政务信息系统使用情况的审计，保障专项资金使用的真实性、合法性和效益性，推动完善相关政策制度，审计结果及时报省政府。（省审计厅、省发改委负责）

（七）加强安全保障

强化政务信息资源共享网络安全管理，推进政务信息资源共享风险评估，推动制定完善个人隐私信息保护的法规，切实按照相关法律法规要求，保障政务信息资源使用过程中的个人隐私。（省委网信办、省工信委负责）加强政务信息资源采集、共享、使用的安全保障工作，凡涉及国家秘密的，应当遵守有关保密法律法规的规定。（省政府各有关部门和各市、县〔区〕政府负责）集约化建设异地数据灾备中心和同城灾备中心，为全省政务数据提供灾备服务，形成"两地三中心"的数据灾备体系。（省发改委负责）

文件编号：辽政办发〔2017〕88号
发布时间：2017年8月16日
发布机关：辽宁省人民政府办公厅

辽宁省政务信息系统整合共享实施方案

一、总体要求

按照国家关于政务信息系统整合共享的总体部署和工作要求，围绕政府治理和公共服务的改革需要，以建设"大平台"、融通"大数据"、构建"大系统"为抓手，深入推进政务信息系统整合共享，从全局上和根本上解决政务信息化建设的"各自为政、条块分割、烟囱林立、信息孤岛"问题，为群众办事增便利、为政府运转降成本、为社会治理添助力、为企业发展创条件。

（一）工作原则

1. 集约高效。最大程度整合现有政务信息系统，能从数据中心获取的资源，都不再重复采购建设；能集中安全运行和共享的，都不再分散运行和独立使用。

2. 统筹规划。根据全省政务信息系统资源情况，加强顶层设计，促进工程规划、标准规范、备案管理、审计监督、评价体系等五方面统一。

3. 有序推进。围绕整合共享目标所确定的工作任务，按照逻辑关系层次和时间节点要求，周密安排、精心组织、有序推进。

（二）工作目标

利用2017、2018两年时间，建设"大平台"、融通"大数据"、构建"大系统"，形成设施集约统一、资源高度共享、业务有机协同的发展格局，政务信息化的统筹能力显著增强，应用成效明显提升，以方便快捷、公平普惠的公共服务新体系，打造精准治理、多方协作的社会治理新模式。

- "大平台"：依托省政府数据中心电子政务云平台，使省政府各部门政务信息系统在平台上集中运行，实现硬件设备共享共用，切实避免各自为政、重复投资、重复建设。2018年3月底前（力争2017年12月底前），省政府各部门可云化的政务信息系统迁移至省政府数据中心电子政务云平台。各市也要建设本地区统一的电子政务云平台，并与省平台对接。

- "大数据"：建设数据共享交换平台，搭建各政务信息系统间的桥梁，实现各类政务信息的集中共享、按需交换，消除孤岛。2018年6月底前，在摸清数据家底的基础上，推动部门政务信息系统接入数据共享交换平台；2018年12月底前，整合网络资源，消除数据交换的物理障碍，初步实现跨部门、跨层级、跨区域的数据共享交换。

- "大系统"：对各政务信息系统按照工作关联进行业务重组和流程再造，把各自独立的政务信息系统整合成纵向联通、横向联动，真实反映业务协同要求的"大系统"。建设"互联网+政务服务"平台、公共资源交易平台等，有效整合公共服务资源，进一步提高服务水平；建设省政府公共业务应用平台，满足省政府各部门共性业务应用使用需求；整合各市政府及省政府各部门的办公系统，构建统一的协同办公系统，满足政府工作运转需要；将部门内部分散、独立的政务信息系统整合为互联互通、业务协同、信息共享的"大系统"。

纳入整合共享范畴的政务信息系统包括由政府投资建设、政府与社会企业联合建设、政府向社会购买服务或需要政府资金运行维护的，用于支撑政府业务应用的各类信息系统。

二、建设集约化大平台

（一）构建省、市电子政务云平台体系。

1. 省、市两级数据中心。省政府数据中心电子政务云平台已投入运行，具备省政府各部门政务信息系统迁移条件。省政府各部门要统一利用省政府数据中心的机房、网络、计算、存储、安全等资源开展政务信息系统建设，对省政府数据中心可提供的资源，不再重复建设。2018年12月底前，完成市级数据中心的电子政务云平台建设，具备试运行条件。省、市两级数据中心的电子政务云平台相互对接，形成全省统一的电子政务云平台体系。（牵头单位：省政府办公厅；责任单位：各市政府，省政府各部门、省信息中心）

2. 容灾备份中心。通过政府购买服务方式，建设省政府数据中心政务信息系统的同城双活备份中心和异地数据灾备中心。同时，为各市数据中心统一提供异地数据备份服务。各市数据中心根据实际需要，集中建设政务信息系统的同城备份中心，原则上不单独建设异地数据备份中心。（牵头单位：省政府办公厅；责任单位：各市政府，省信息中心）

（二）政务信息系统迁移至数据中心集中运行。

1. 政务信息系统迁移及"僵尸"系统清理。对非涉密信息系统，迁移至数据中心电子政务云平台，实现计算、存储等各类资源的统筹利用、动态调配。云平台无法满足的，可将相应硬件设备物理迁移至省电子政务外网综合网络平台。对涉密信息系统，按照省电子政务内网建设的统一部署进行迁移整合。2017年8月底前，开展省政府部门政务信息系统迁移试点，省信息中心根据试点工作开展情况，制定迁移实施方案编制指南；2017年9月底前，省政府各部门按照编制指南要求，制定本部门迁移技术方案。2018年3月底前（力争2017年12月底前），省政府各部门完成本部门政务信息系统迁移及功能验证工作，并建立政务信息系统档案库，对每个政务信息系统的名称、功能描述、使用范围、资源使用情况等要件信息进行概述；对系统使用与实际业务流程长期脱节、功能可被其他系统替代、所占用资源长期处于空闲状态、运行维护停止更新服务，以及使用范围小、频度低的"僵尸"信息系统进行清理下线。（牵头单位：省政府办公厅、省工业和信息化委；实施单位：省信息中心；责任单位：省政府各部门）

2. 迁移后的工作分工。省政府各部门的政务信息系统迁移后，按照"谁建设，谁负责"的原则，继续负责系统的应用运维、软件的安全运维及物理迁移设备的硬件运维。省信息中心组织对省政府数据中心机房、网络、云平台等基础设施进行运行维护和安全防护。省政府数据中心统一提供政务信息系统的信息安全等级保护测评服务。（牵头单位：省政府办公厅；责任单位：省政府各部门、省信息中心）

三、融通政务大数据

（一）开展政务信息资源目录的编制工作

1. 政务信息资源的调查。2017年9月底前，省政府各部门对政务信息系统的功能菜单逐级梳理、逐项操作，全面理清系统中的业务事项及可产生的政务信息资源，确定政务信息资源的名称、分类、内容描述、提供处室（所属单位等）、格式、更新周期、发布日期、共享类型（无条件共享、有条件共享、不予共享）、共享方式（信息查询、批量下载、系统对接等）、开放属性、使用用途（作为行政依据、工作参考，用于数据校核、业务协同等）等内容，其中，对不予共享的政务信息资源，必须有法律、法规或国家、省相关政策作为依据；对有条件共享的政务信息资源，要明确政务信息资源的共享范围和共享条件。（牵头单位：省政府办公厅、省发展改革委；实施单位：省信息中心；责任单位：省政府各部门）

2. 政务信息资源目录的生成及维护。2017年10月底前，省政府办公厅牵头，从省政府各部门抽调人员成立政务信息资源目录编制工作组，由省发展改革委组织工作组成员单位，对政务信息资源的调查结果进行分析、整理，形成省级政务信息资源目录，并将其作为部门间信息资源共享的依据。省政府办公厅会同省发展改革委制定政务信息资源目录的更新维护流程，省政府各部门对政务信息系统上线、升级等造成的政务信息资源变化，要按照流程及时对政务信息资源目录进行更新；待数据共享交换平台建成后，将政务信息资源目录纳入数据共享交换平台动态管理。（牵头单位：省政府办公厅、省发展改革委；实施单位：省信息中心；责任单位：省政府各部门）

（二）加快构建数据共享交换体系

1. 建设数据共享交换平台。数据共享交换平台是管理政务信息资源目录、支撑省政府各部门开展政务信息资源共享交换的重要基础设施。2018年3月底前，省信息中心组织建设省电子政务外网数据共享交换平台及政务信息共享网站，通过政务信息共享网站统一受理省政府各部门数据交换申请，并对数据共享交换平台的政务信息资源目录及政务信息资源的共享交换情况进行集中展现。2018年12月底前，建成市级数据共享交换平台，与省级数据共享交换平台对接，满足本地区各级政府及部门的数据共享交换需求。稳步推进电子政务内网数据共享交换平台建设。（牵头单位：省政府办公厅、省发展改革委；实施单位：省信息中心；责任单位：省政府各部门）

2. 接入数据共享交换平台。2018年3月底前，省信息中心研究制定数据共享交换的标准规范（数据的编码规则、存储表示标准及接口规范等）。2018年6月底前，省政府办公厅会同省发展改革委组织省政府各部门按照标准规范要求，将政务信息系统接入数据共享交换平台；原有的跨部门数据共享交换系统整合到数据共享交换平台。（牵头单位：省政府办公厅、省发展改革委；实施单位：省信息中心；责任单位：省政府各部门）

3. 构建政务信息资源库。省政府各部门按照法定职责，遵循"一数一源"的原则采集信息，除法律、法规另有规定，不得重复采集可以通过共享方式获取的信息。2018年8月底前，依托省电子政务外网数据共享交换平台，构建人口、法人单位、自然资源、空间地理、社会信用、电子证照等基础信息库，实现相关政务信息资源的统筹管理、集中共享。2018年10月底前，围绕经济社会发展的同一主题领域，整合多部门信息，形成包括公共资源交易、投资、价格、自然人（社保、民政、教育等业务数据）、法人（业务数据）、能源（电力等）、交通、旅游等信息的主题信息资源库。（牵头单位：省政府办公厅、省发展改革委；实施单位：省信息中心；责任单位：省政府各部门）

4. 建立健全数据共享交换机制。在数据共享交换平台基础上，通过政务信息共享网站统一为省政府各部门提供数据共享交换服务。对无条件共享类政务信息资源，省政府各部门通过政务信息共享网站自行获取。对有条件共享类政务信息资源，按照政务信息资源目录中确定的共享范围和共享条件，在指定部门或政务信息系统间进行交换；未纳入共享范围，但因履行职责确需使用相关政务信息资源的部门，可通过政务信息共享网站向数据提供部门提出申请，提供部门应在10个工作日内予以答复，使用部门按答复意见使用共享信息，对不予共享的，提供部门应说明理由。（牵头单位：省政府办公厅、省发展改革委；实施单位：省信息中心；责任单位：省政府各部门）

（三）推进公共数据资源有序开放和政务信息有效利用

1. 建设公共数据开放平台。依托省电子政务外网，在数据共享交换平台和政务信息资源目录基础上，构建公共数据开放平台及网站，编制公共信息资源开放目录，逐步向社会开放政府部门和公共企事业单位的原始性、可机器读取、可供社会化再利用的数据。（牵头单位：省政府办公厅、省发展改革委；实施单位：省信息中心；责任单位：省政府各部门）

2. 建设动态省情数据库。根据省政府决策需要，整合相关基础信息资源、主题信息资源及部门业务信息资源，利用各类专业系统和智能分析模型，开展统计分析、预测预警和评估研判，为省政府决策提供全面准确便捷的信息服务。（牵头单位：省政府办公厅；责任单位：省政府相关部门）

（四）整合网络资源，消除数据交换的物理障碍

1. 强化电子政务外网建设。在省电子政务外网与各市电子政务外网实现互联互通，省直部门电子政务外网实现全覆盖的基础上，2017年12月底前，实现市直部门电子政务外网全覆盖。2018年12月底前，实现省、市、县三级政府部门及其所属单位电子政务外网全覆盖，加快推动政务外网向乡镇、街道延伸。进一步提高电子政务外网的安全性、可靠性、稳定性，满足业务量大、实时性高的网络应用需求。（牵头单位：省工业和信息化委、省发展改革委、省政府办公厅；责任单位：各市政府，省政府各部门）

2. 推进电子政务内网建设。2017年12月底前，建设电子政务内网政府系统省级网络结点。省政府各部门要加快推进本部门电子政务内网建设，通过网络安全保密测评审批后接入省级网络结点，跨地区省直部门统一接入所在地网络结点，暂未通过网络安全保密测评审批的部门，可先以终端方式接入。（牵头单位：省政府办公厅；责任单位：省政府各部门）

3. 整合专网专线。2017年12月底前，省政府各部门自行租用的互联网专线全部取消，统一使用电子政务外网访问互联网，省财政不再安排互联网专线租赁费。2018年12月底前，符合整合条件的业务专网全部整合至电子政务外网，省财政不再安排相关网络的租赁费用。金税、金关、金财、金审、金盾、金宏、金

保、金土、金农、金水、金质、金安、金信等国家统一规划建设的业务专网，按国家部署进行整合。根据省电子政务内网建设的统一部署，按照网络安全标准和有关要求，省政府各部门涉密网络逐步向政务内网迁移整合和融合互联。（牵头单位：省工业和信息化委、省发展改革委、省财政厅、省政府办公厅；责任单位：省政府相关部门）

四、构建业务协同大系统

（一）推进政务信息系统建设

全面梳理省政府各部门尚未建设政务信息系统的业务事项，明确事项名称、类型及业务应用需求等，编制省政府部门待建信息系统清单。对共性业务应用需求，依托省政府数据中心云平台资源，省信息中心负责搭建省政府公共业务应用平台，统一开发建设。对可利用已有政务信息系统运行或适当升级改造后可满足需求的业务事项，不再新建政务信息系统。（牵头单位：省政府办公厅；实施单位：省信息中心；责任单位：省政府各部门）

（二）提高业务协同水平

1. 推进综合性政务信息系统建设。2017年12月底前，已建（或在建）协同办公系统的省政府部门及各市政府要与省政府协同办公系统进行对接，未建办公系统的省政府部门及各市政府要统一使用省政府协同办公系统开展日常工作，不再独立建设；省政府各部门网站要全部整合至省政府网站群平台，不再单独建设运行，实现统一运行维护、统一安全防护、统一内容管理平台；省政府办公厅组织建设全省统一的政府门户网站手机客户端，各市政府及省政府各部门网站的内容信息在手机客户端上集中展现，实现与网站内容同步更新。（牵头单位：省政府办公厅；责任单位：各市政府，省政府各部门）

2. 推进部门内部及跨部门协同应用建设。2017年12月底前，省政府各部门原则上将分散、独立的政务信息系统整合为一个互联互通、业务协同、信息共享的"大系统"，对以处室名义存在的独立政务信息系统原则上必须整合。推进城市管理、应急指挥、信用管理、社会保障、劳动就业、食品药品安全监管、环境

保护、治安维稳、大通关、证照申领检验等协同应用建设。（牵头单位：省政府办公厅；责任单位：省政府相关部门）

3. 推进投资项目审批业务协同。2017 年 12 月底前，依托投资项目在线审批监管平台，整合与投资项目相关的系统，健全投资项目并联审批协同制度，实现投资项目审批中环境评估、土地规划等业务协同办理。（牵头单位：省政务服务管理办公室；责任单位：各市政府，省政府相关部门）

（三）整合政务服务资源

1. 推进"互联网+政务服务"平台建设。2017 年 11 月底前，省编委办组织完成省、市、县（市、区）三级政务服务事项目录及办事指南的编制工作，实现全省范围内同一政务服务事项的名称、类型、设定依据、编码及办事指南申请材料"五统一"。2017 年 12 月底前，省信息中心初步建成省"互联网+政务服务"平台，以省政府门户网站"网上办事"频道为互联网政务服务门户，集中公开全省政务服务事项目录及办事指南，实现对省本级政务服务目录及办事指南的动态管理，并与省政务服务中心审批系统及各市政务服务大厅已建审批系统对接。（牵头单位：省政府办公厅；责任单位：各市政府，省编委办、省政务服务管理办公室、省信息中心等相关部门）

2. 推进统一的公共资源交易平台建设。在整合工程建设项目招标投标、土地使用权和矿业权出让、国有产权交易、政府采购等平台的基础上，推进交易全过程电子化，实现公共资源网上交易，全流程公开透明和资源共享。2018 年 9 月底前，完成公共资源交易平台与省"互联网+政务服务"平台对接互联。（牵头单位：省发展改革委；责任单位：省信息中心；配合单位：各市政府，省政府各部门）

五、优化调整政务信息化运行保障体系

（一）整合部门所属政务信息化事业单位机构及人员编制。

1. 划转机构人员编制。在精简省政府各部门事业单位机构编制基础上，按照"人随职能走，编制随人走"的原则，省政府部门所属完全承担政务信息化

职能的事业单位整建制划转到省信息中心；部门所属事业单位有信息化内设机构的，相关机构及人员编制划转至省信息中心；部门所属事业单位有信息化职能的，相关职能及人员编制划转至省信息中心。（牵头单位：省编委办；责任单位：省政府相关部门、省信息中心）

2. 明确工作边界。省政府各部门负责本部门政务信息化规划，承担本部门政务信息系统的规划建设等工作；省信息中心统一组织力量为部门提供机房、网络、设备、终端及政务信息系统的技术服务保障工作。部门通过与省信息中心签署技术服务委托协议的方式，明确服务内容、质量要求、责任分工及工作边界。（牵头单位：省政府办公厅、省编委办；责任单位：省政府相关部门、省信息中心）

3. 做好工作过渡交接。划转机构人员后，原则上省政府各部门可设置不超过半年的过渡期，过渡期内暂不调整政务信息化事业单位的人员和工作内容，并进行工作交接。过渡期后，相关人员统一由省信息中心安排使用。（牵头单位：省信息中心；责任单位：省政府相关部门）

（二）优化政务信息化建设模式

推动政务信息化建设投资、运维和项目建设模式改革，鼓励推广云计算、大数据等新技术新模式的应用与服务，提升集约化建设水平。2018年6月底前，制定电子政务服务采购管理相关办法，完善政府购买信息系统、数据中心、数据资源等信息化服务的相关政策。（牵头单位：省发展改革委、省财政厅）

（三）建立审批备案制度

2017年9月底前，研究建立政务信息化项目建设投资审批和运维经费审批的跨部门联动机制，将政务信息化项目的资源需求清单和数据共享交换清单（包括可共享数据和需要获取的数据）作为项目建设投资和运维经费审批的要件，由省政府电子政务建设领导小组办公室组织力量对两个清单进行评估确认，评估结果作为相关部门审批项目的依据。对不符合集约化建设和数据共享交换要求的项目，相关部门不予审批，不拨付运维经费。政务信息化建设项目和运维经费审批通过后，省政府各部门将项目名称、功能描述、使用范围、建设单位、投资额度、运维费用、经费渠道、数据资源、等级保护和分级保护备案等情况报省政府电子政务建设领导小组办公室全口径备案。积极利用信息化手段实现审批流程电子化。（牵头单位：省政府办公厅、省发展改革委、省财政厅、省工业和信息化委）

（四）优化审计监督机制

2017年9月底前，通过政务信息系统审计，掌握省政府各部门政务信息系统数量、名称、功能、使用范围、使用频度、审批部门、审批时间、经费来源等信息。审计机关要依法履行职责，加强对政务信息系统的审计，保障专项资金使用的真实性、合法性和效益性，推动完善相关政策制度，审计结果及时报省政府。探索政务信息系统审计的方式方法，2018年3月底前形成具体工作方案。（牵头单位：省审计厅；责任单位：省政府各部门）

（五）设备资产调配

1. 划转设备资产。省政府各部门对机房的设施、设备及系统软件等资产进行全面核查，确定资产清单。政务信息系统整合后，省政府各部门会同省信息中心提出资产处置意见，报省机关事务管理局履行处置程序，按照省机关事务管理局批复意见，由省政府各部门进行移交划转、报损报废处置并调整资产账目。（牵头单位：省机关事务管理局；责任单位：省政府各部门）

2. 机房腾退。政务信息系统迁移后，省政府各部门机房仅保留网络接入设备及局域网政务信息系统，原则上每个部门保留1个机房且不超过20平方米，多个部门在同一楼内办公的，且具备合并条件的，可统一使用1个机房。有保密、安全等管理要求或由于建筑布局而难以合并的部门可保留一个独立机房。（牵头单位：省机关事务管理局；责任单位：省信息中心、省政府各部门）

六、保障措施

（一）加强组织领导

在省政府电子政务建设领导小组领导下，成立政务信息系统整合共享工作推进组，强化对省政府各部门政务信息系统整合共享工作的统一规划、指导、推进、协调和监督。省政府各部门主要负责同志是政务信息系统整合共享工作的第一责任人，要安排专门力量具体负责。

（二）加快推进落实

省政府各部门要从战略全局出发，充分认识推进政务信息系统整合共享的现实意义和深远影响，结合部门实际，抓紧制定推进落实的时间表和路线图，精心组织实施。省政府办公厅负责对本方案的落实工作进行统筹协调、跟踪了解、督促检查，及时通报进展情况，确保工作目标顺利实现。

（三）强化过程指导

根据整合共享工作进展情况，及时出台配套文件，指导整合共享工作科学、有序开展。建立省政府电子政务专家委员会，为整合共享工作提供决策咨询。

（四）加强经费保障

数据中心、电子政务内外网、政务服务平台、数据共享交换平台、公共业务应用平台、动态省情数据库、省政府协同办公系统、全省政府门户网站手机客户端、省政府网站群等公共基础平台的建设资金纳入政府固定资产投资，相关运行工作经费纳入部门预算统筹安排。2017 年 11 月底前，完成迁移整合的政务信息系统，涉及的迁移费用可根据迁移整体情况，在 2018 年预算中适当安排。

（五）加强安全保障

强化政务信息资源共享网络安全管理，推进政务信息资源共享风险评估。加强政务信息资源采集、共享、使用的安全保障工作，凡涉及国家秘密的，应当遵守有关保密法律法规的规定。加强统一数据共享交换平台安全防护，切实保障政务信息资源共享交换的数据安全。

各地区要参照本方案，结合实际情况，制定本地区政务信息系统整合共享方案。

文件编号：宁政办发〔2017〕172 号

发布时间：2017 年 10 月 9 日

发布机关：宁夏回族自治区人民政府办公厅

宁夏回族自治区人民政府办公厅政务信息系统整合共享分工方案

一、总体要求和目标

（一）指导思想

全面贯彻党的十八大和十八届三中、四中、五中、六中全会精神，深入贯彻习近平总书记系列重要讲话精神和治国理政新理念新思想新战略，以自治区第十二次党代会精神为指导，以创新驱动战略为核心，紧紧围绕政府治理和公共服务的改革需要，以最大程度利企便民，让企业和群众少跑腿、好办事、不添堵为目标，加快推进政务信息系统整合共享，按照"内外联动、点面结合、上下协同"的工作思路，一方面着眼长远，做好顶层设计，促进"五个统一"，统筹谋划，锐意改革；另一方面立足我区实际，聚焦现实问题，抓好"七项任务"，重点突破，尽快见效。

（二）基本原则

按照"五个统一"的总体原则，有效推进政务信息系统整合共享，切实避免各自为政、自成体系、重复投资、重复建设。

1. 统一工程规划。围绕落实《"十三五"国家政务信息化工程建设规划》和《自治区信息化"十三五"发展规划》（宁政办发〔2016〕185 号）要求，建设"大平台、大数据、大系统"，形成覆盖全区、统筹利用、统一接入的数据共享大平台，建立数据集中、资源共享、政企互联的政务信息资源大数据，构建深度应用、上下联动、纵横协管的协同治理大系统。

2. 统一标准规范。注重数据和通用业务标准的统一，推广国家政务信息化总体标准应用，促进跨地区、跨部门、跨层级数据互认共享。建立动态更新的政务信息资源目录体系，确保政务信息有序开放、共享、使用。

3. 统一备案管理。实施政务信息系统建设和运维备案制，推动政务信息化建设和运维经费审批在同级政府政务信息共享主管部门的全口径备案。

4. 统一审计监督。开展常态化的政务信息系统和政务信息共享审计，加强对政务信息系统整合共享成效的监督检查。

5. 统一评价体系。研究提出政务信息共享评价指标体系，建立政务信息共享评价与行政问责、部门职能、建设经费、运维经费约束联动的管理机制。

（三）主要目标

2017年12月底前，整合一批、清理一批、规范一批，基本完成自治区政府内部政务信息系统整合清理工作，初步建立自治区政务信息资源目录体系，建成自治区政务信息共享平台，实现与国家共享交换平台的对接和旅游、扶贫等首批政务信息的共享交换。2018年6月底前，实现自治区政府各部门整合后的政务信息系统接入自治区共享交换平台。2018年12月底前，实现五市、宁东管委会数据共享交换平台与自治区平台有效对接，初步实现国家、自治区、地级市数据共享交换平台的互联互通。完善项目建设运维统一备案制度，加强信息共享审计、监督和评价，推动政务信息化建设模式优化，政务数据共享和开放在重点领域取得突破性进展。

纳入整合共享范畴的政务信息系统包括由政府投资建设、政府与社会企业联合建设、政府向社会购买服务或需要政府资金运行维护的，用于支撑政府业务应用的各类信息系统。

二、主要任务

（一）开展政务信息系统清查清理

1. 清查政务信息系统。自治区政府各部门开展本部门政务信息系统专项自查，2017 年 10 月底前，向自治区审计厅提交自查情况报告及附表 1、附表 2 和附表 3（责任单位：自治区政府各部门）。自治区审计厅就自查情况组织专项审计，全面摸清政府各部门信息系统数量、名称、功能、使用范围、使用频度、审批部门、审批时间、经费来源等，并将审计报告报送自治区政务信息资源整合共享协调推进小组办公室（牵头单位：自治区审计厅；配合单位：自治区政府各部门；完成时限：2017 年 12 月底）。

2. 清理"僵尸"信息系统。自治区政府各部门根据自查及审计情况，完成对系统使用与实际业务流程长期脱节、功能可被其他系统替代、所占用资源长期处于空闲状态、运行维护停止更新服务，以及使用范围小、频度低的"僵尸"信息系统的清理工作。（责任单位：自治区政府各部门；完成时限：2018 年 1 月底）

（二）促进政务信息资源目录编制和标准规范应用

落实《政务信息资源共享管理暂行办法》有关要求，加快建立政务信息资源目录体系。开展自治区政务信息系统数据资源调查，配合完成政务信息系统数据资源全国大普查，按照国家《政务信息资源目录编制指南》要求，开展自治区政务信息资源目录编制工作，明确能共享的数据清单，能接入统一平台的政务信息系统清单，实现与国家政务信息资源目录体系的有效衔接，逐步构建全区统一、动态更新、共享校核、权威发布的政务信息资源目录体系。对接国家政务信息标准体系建设进度，做好相关国家标准的推广应用。（牵头单位：自治区信息化建设办；配合单位：自治区政府各部门；完成时限：2017 年 10 月中旬）。

（三）提升电子政务网络支撑能力

按照国家整体部署，完善自治区电子政务内网和电子政务外网建设，拓展网络覆盖范围，逐步满足业务量大、实时性高的网络应用需求，建成具备跨层级、跨地域、跨系统、跨部门、跨业务的电子政务网络架构。各市、县（区）人民政府、自治区政府各部门加快做好电子政务外网的接入工作，2017 年 10 月底前完成自治区政府各部门接入，2017 年底前基本实现市、县（区）各级政府部门接入（牵头单位：自治区信息化建设办；配合单位：各市、县（区）人民政府、自治区政府各部门）。根据国家专网整合工作进度，推动自治区政府部门各类业务专网向国家电子政务内网或外网的整合迁移（牵头单位：自治区政府办公厅、自治区信息化建设办；配合单位：各市、县（区）人民政府、自治区政府各部门）。

（四）推进部门内部信息系统整合共享

1. 制定整合共享清单。自治区政府各部门加快内部分散隔离的政务信息系统整合，整合后按要求接入自治区数据共享交换平台。各部门根据自身信息化建设实际情况，制定本部门政务信息系统整合共享清单。（责任单位：自治区政府各部门；完成时限：2018年3月底）

2. 整合内部信息系统。自治区政府各部门将分散的、独立的信息系统整合为一个互联互通、业务协同、信息共享的"大系统"，对以处室名义存在的独立政务信息系统原则上必须整合。（责任单位：自治区政府各部门；完成时限：2018年4月底）

（五）加快自治区数据共享交换平台建设与共享数据接入

1. 推进自治区数据共享交换平台建设。按照国家电子政务内网工作规范开展数据共享交换平台建设，并按国务院办公厅时间进度要求接入国家平台（牵头单位：自治区政府办公厅；配合单位：自治区政府各部门）。依托自治区现有政务大数据服务平台，建成自治区电子政务外网数据共享交换平台，构建互联互通的数据共享交换平台体系（牵头单位：自治区信息化建设办；配合单位：自治区政府各部门）。促进重点领域信息向各级政府部门共享，实现省级平台与国家电子政务数据共享交换平台的有效对接（牵头单位：自治区信息化建设办；配合单位：自治区政府办公厅、经济和信息化委；完成时限：2017年12月底）。

2. 完成基础信息资源共享接入。依托电子政务外网数据共享交换平台，2017年12月底前，实现旅游、扶贫等首批政务信息数据共享。开展自治区基础信息资源接入工作，初步实现公民、社会组织、企业、事业单位的相关基本信息接入，同时逐步扩大信息共享内容，完善基础信息资源接入覆盖范围，优化便捷共享查询方式。（责任单位：自治区公安厅、民政厅、编办、旅游发展委、工商局、扶贫办、信息化建设办；完成时限：2018 年 6 月底)。

3. 推动政府各部门接入自治区数据共享交换平台。推进政府各部门政务信息系统向电子政务内网或外网迁移，对整合后的政务信息系统和数据资源按必要程序审核或评测审批后，按要求接入自治区共享交换平台，并与国家数据共享交换平台实现互联互通 (牵头单位：自治区政府办公厅、信息化建设办；配合单位：自治区政府各部门；完成时限：政务内网按国家要求接入，政务外网于 2018 年 6 月底接入)。2019 年 1 月 1 日起，凡已明确须接入而实际未接入共享平台的部门政务信息系统，自治区财政原则上不予安排运维经费 (责任单位：自治区财政厅、信息化建设办)。

4. 推动五市、宁东管委会数据共享交换平台有效对接。五市、宁东管委会参照国家和自治区整体工作部署，结合各自实际，统筹开展本市及下辖县 (区) 的政务信息系统的整合共享工作，完成现有政务信息系统的清理整合，搭建形成各自统一的数据共享交换平台 (也可依托自治区数据共享交换平台建设)，2017 年底前完成部分市级平台接入，2018 年底前全部实现与自治区数据共享交换平台的有效对接。(责任单位：五市人民政府、宁东管委会；完成时限：2018 年 12 月底)

(六) 推动公共数据开放共享

按照公共数据开放管理有关要求，对接国家公共数据开放网站，依托自治区政府集约化网站群完善我区公共数据开放子网站建设，推动我区政府部门和公共企事业单位的原始性、可机器读取、可供社会化再利用的数据集向社会开放，鼓励和引导自治区相关机构探索开展社会化开发利用，推动自治区数字经济发展。(牵头单位：自治区信息化建设办；配合单位：自治区政府各部门)

(七) 深入推进"互联网+政务服务"建设。

加快自治区统一政务服务平台建设，建成全区政务服务"一张网"，着力解决跨地区、跨部门、跨层级政务服务信息难以共享、业务难以协同、基础支撑不足等突出问题 (牵头单位：自治区政务服务中心)。加快实施银川市、石嘴山市、吴忠市信息惠民试点城市建设，大力推进"一号一窗一网"试点，2017 年

12月底前，初步实现跨地区、跨部门、跨层级的政务服务（责任单位：银川市、石嘴山市、吴忠市人民政府）。五市人民政府、宁东管委会、自治区政府各部门要整合分散的政务服务系统和资源，推动全区统一身份认证体系和电子证照库的互认共享，主动做好与自治区政务服务平台和政府门户网站的数据共享和资源接入，构建自治区一体化网上政务服务平台，实现与国家政务服务平台的有效对接（牵头单位：自治区政务服务中心、信息化建设办；配合单位：五市人民政府、宁东管委会，自治区政府各部门；完成时限：2018年6月底）。

三、保障措施

（一）加强组织领导

成立自治区政务信息资源整合共享协调推进小组，办公室设在自治区发展改革委，负责统筹协调自治区政务信息资源整合共享的有关工作，自治区信息化建设办是自治区政务信息共享的主管部门和自治区共享交换平台管理单位（牵头单位：自治区发展改革委；配合单位：五市人民政府、宁东管委会、自治区政府各部门）。五市人民政府、宁东管委会、自治区政府各部门要建立健全政务信息系统统筹整合和政务信息资源共享开放管理制度，明确本级数据共享交换平台管理单位，结合本地实际，加强统筹协调，明确目标、责任、牵头单位、实施机构和完成时限，签署责任书。五市人民政府、宁东管委会、自治区政府各部门的主要负责人为本地区和本部门政务信息系统统筹整合和政务信息资源共享工作的第一责任人，负责落实政务信息系统统筹整合和政务信息资源共享的相关工作，2017年10月20日前，将附表4和附表5报送自治区发展改革委（责任单位：五市人民政府、宁东管委会、自治区政府各部门）。自治区政府办公厅会同有关部门进行督查，对责任不落实、违反《政务信息资源共享管理暂行办法》规定的地方和部门，自治区政府将予以通报并责令整改（牵头单位：自治区政府办公厅；配合单位：自治区发展改革委、信息化建设办）。

（二）加快推进落实

五市人民政府、宁东管委会、自治区政府各部门要按照《政务信息资源共享管理暂行办法》有关要求，把信息共享有关工作列入重要日程，按照本方案要求统筹推动本地区、本部门政务信息系统整合共享工作，制定推进落实的时间表、路线图，加强台账和清单式管理，精心组织实施。每月2日前，五市人民政府、宁东管委会、自治区政府各部门将上月工作进展报送自治区信息化建设办汇总后，报自治区政府办公厅、发展改革委；每月5日前由自治区发展改革委将我区政务信息整合共享工作进展报国家发展改革委和国务院办公厅电子政务办；每年12月底前，五市人民政府、宁东管委会、自治区政府各部门将上一年度政务信息资源共享情况报送自治区信息化建设办（包括政务信息资源目录编制情况、政务信息系统接入统一共享平台进展、数据对接共享和支撑协同应用情况等）（责任单位：五市人民政府、宁东管委会、自治区政府各部门），自治区发展改革委会同自治区信建办每年2月底前负责向国家促进大数据发展部级联席会议报送我区政务信息资源共享情况（牵头单位：自治区发展改革委；配合单位：自治区信息化建设办）。加强经费保障，政务信息资源整合共享相关项目建设资金和日常工作经费纳入部门预算统筹安排（牵头单位：自治区财政厅、信息化建设办）。

（三）强化评价监督

充分发挥自治区电子政务工作统筹协调机制作用，建立政务信息共享工作评价常态化机制，督促检查政务服务平台体系建设、政务信息系统统筹整合和政务信息资源共享工作落实情况。2018年6月底前，制定自治区信息共享工作评价考核办法，每年对五市人民政府、宁东管委会、自治区政府各部门提供和使用共享信息情况进行评估，并公布评估报告和改进意见。（牵头单位：自治区信息化建设办；配合单位：自治区政府办公厅、发展改革委、经济和信息化委、财政厅、编办）

（四）加强审计监督

审计机关要依法履行职责，加强对政务信息系统的审计，保障专项资金使用的真实性、合法性和效益性，推动完善相关政策制度，审计结果及时报自治区人民政府（牵头单位：自治区审计厅）。探索政务信息系统审计的方式方法，2018年6月底前形成具体工作方案（牵头单位：自治区审计厅；配合单位：自治区发展改革委、信息化建设办)。

(五) 优化项目管理

推动政务信息化建设投资、运维和项目建设模式改革,鼓励推广云计算、大数据等新技术新模式的应用与服务,提升集约化建设水平(牵头单位:自治区信息化建设办)。自治区政府各部门申请政务信息化项目建设和运维经费时,应及时向自治区信息化建设办全口径备案。加强项目立项建设和运行维护信息采集,掌握项目名称、建设单位、投资额度、运维费用、经费渠道、数据资源、应用系统、等级保护和分级保护备案情况等内容,在摸清底数的前提下,加大管理力度。对不符合共建共享要求的项目,相关部门不予审批,不拨付运维经费。加大对电子政务网络、电子政务云平台、数据共享交换平台等公共性基础性平台的运维经费保障力度,逐步减少直至取消信息孤岛系统和利用程度低的专网的运维经费。2018 年 6 月底前,研究建立政务信息化项目建设投资审批和运维经费审批的跨部门联动机制(牵头单位:自治区信息化建设办;配合单位:自治区政府办公厅、自治区发展改革委、经济和信息化委、财政厅、编办)。

(六) 加强安全保障

强化政务信息资源共享网络安全管理,推进政务信息资源共享风险评估,落实国家个人隐私信息保护的法律法规,切实按照相关法律法规要求,保障政务信息资源使用过程中的个人隐私(牵头单位:自治区网信办、公安厅、信息化建设办)。加强政务信息资源采集、共享、使用的安全保障工作,凡涉及国家秘密的,应当遵守有关保密法律法规的规定。五市人民政府、宁东管委会、自治区政府各部门负责开展本单位运营、使用的政务信息系统的信息安全等级保护工作,公安机关加强对有关工作的监督检查和指导(责任单位:五市人民政府、宁东管委会、自治区政府各部门)。加强统一数据共享交换平台安全防护,完善安全防护机制,不断提高核心设备自主可控水平,切实保障政务信息资源共享交换的数据安全(责任单位:自治区信息化建设办)。

文件编号：青政办〔2017〕139 号
发布时间：2017 年 8 月 29 日
发布机关：青海省人民政府办公厅

青海省政务信息系统整合共享工作方案

一、总体要求

（一）指导思想

全面贯彻党的十八大和十八届三中、四中、五中、六中全会精神，深入贯彻习近平总书记系列重要讲话精神和治国理政新理念新思想新战略，认真落实党中央国务院和省委省政府决策部署，紧紧围绕统筹推进"五位一体"总体布局和协调推进"四个全面"战略布局，紧紧围绕政府治理和公共服务改革需要，以最大程度利企便民，让企业和群众少跑腿、好办事、不添堵为目标，按照工程规划、标准规范、备案管理、审计监督、评价体系"五个统一"的原则，突出抓好"十件大事"，加快推进全省政务信息系统整合共享。

（二）工作目标

2017 年底前，整合一批、清理一批、规范一批，基本完成省级各部门内部政务信息系统整合清理工作，初步建立全省政务信息资源标准体系、目录体系和交换体系，建设完善基础信息资源库，政务信息系统整合共享在一些重要领域取得显著成效，一些涉及面宽、应用广泛、有关联需求的重要政务信息系统实现互联互通。2018 年 6 月底前，省级部门整合后的政务信息系统接入全省统一政务信息资源共享交换平台，初步实现与国家数据共享交换平台互联互通，各市州结合实际统筹推进本地区政务信息系统整合共享工作，做好与统一政务信息资源共享交换平台对接。2018 年底前，基本完成全省政务信息系统整合共享，实现政务信息资源共享共用与业务协同应用。完善项目建设运维统一备案制度，加强信息共享审计、监督和评价，推动政务信息化建设模式优化，促进政务数据共享开放在重点领域取得突破性进展。

纳入整合共享范畴的政务信息系统包括由政府投资建设、政府与社会企业联合建设、政府向社会购买服务或需要政府资金运行维护的，用于支撑政府业务应用的各类信息系统。

二、重点任务

（一）编制审计清单，加快消除"僵尸"信息系统

结合国家及我省专项督查、审计工作成果，组织开展政务信息系统整合共享专项督查，掌握信息系统数量、名称、功能、使用范围、使用频度、审批部门、审批时间、经费来源等，形成省直各部门政务信息系统审计清单（省审计厅牵头，省政府各部门，2017 年底前完成）。对系统使用与实际业务流程长期脱节、功能可被替代、所占用资源长期处于空闲状态、运行维护停止更新服务，以及使用范围小、频度低的"僵尸"信息系统，通过限期关停、整合、替代等方式进行清理。（省政府各部门、各市州政府负责，2018 年 6 月底前完成）

（二）制定整合清单，加快信息系统整合共享

各部门、各地区根据自身信息化建设实际情况，制定政务信息系统整合共享清单和工作推进计划，加快整合以内部处室和科室名义存在的独立政务信息系统，将分散的、独立的信息系统整合为一个互联互通、业务协同、信息共享的"大系统"，整合后按要求接入全省统一政务信息资源共享交换平台。（省政府各部门、各市州政府负责，2018 年 6 月底前完成）

（三）统筹建设电子政务网络

加快推进电子政务内网建设，完成电子政务内网省政府网络中心、安全体系和数据交换共享平台建设，实现与国家网络平台互联互通。依托电子政务内网，

建设政府内网网站平台、安全邮件、政府综合办公等涉密应用系统（省政府办公厅牵头，省政府各有关部门、各市州政府配合，持续推进）。升级完善电子政务外网，进一步拓展电子政务外网覆盖范围，提升电子政务外网跨层级、跨地域、跨系统、跨部门、跨业务的支撑服务能力和安全保障能力，逐步满足业务量大、实时性高的网络应用需求，有效支撑省级政务云平台。（省发展改革委牵头，省政府各部门、各市州政府配合，持续推进）

（四）建设全省统一政务信息资源共享交换平台

依托电子政务外网，统筹建设全省统一政务信息资源共享交换平台，形成多级互联数据共享交换体系，做好与国家数据共享交换平台互联互通，实现重点领域政务信息向各级政府部门共享开放（省政府办公厅、省发展改革委牵头，省政府各部门、各市州政府配合，2018年3月底前完成）。做好数据资源全国大普查迎检工作，建设政务信息资源目录管理系统，有效开展政务信息资源目录编目注册工作（省政府办公厅、省发展改革委牵头，省政府各部门、各市州政府配合，持续推动）。建设完善全省统一人口、法人、空间地理、宏观经济等基础信息资源库，健全资源库覆盖范围和数据标准，优化便捷共享查询方式，提升政务数据资源共享服务能力，促进基础信息资源共享共用和业务协同（省政府办公厅牵头，省政府各有关部门配合，2017年底前完成）。统筹规划管理政务信息资源，建设政务信息资源管理系统，明确共享开放数据的内容和边界，提升政务信息资源关联比对、共享利用和安全保护能力，实现业务应用与数据管理分离。（省政府办公厅牵头，省政府各部门配合，2017年底前完成）

（五）进一步完善省级政务云平台

持续推进省级政务云建设，进一步拓展完善省级政务云体系架构，提升政务云存储、计算和安全保障能力。加强云监管平台建设，实现对政务信息系统统一监管、实时监督。推动异地灾备云建设，加强与国家灾备体系融合（省政府办公厅、省发展改革委牵头，省政府各部门、各市州政府配合，2018年底前完成）。加快网络整合和业务系统上云，按照国家要求，除极少数特殊情况外，各部门业务专网都要向电子政务内网或外网整合，根据涉密情况和复杂程度分批向电子政

327

务内网或外网迁移。省级各部门必须制定详尽迁移方案，提出具体迁移时间表和路线图，做好新建系统云上部署，已建系统云上迁移工作。（省政府办公厅牵头，省政府各部门负责，持续推进）

（六）加强网站集约化建设

建设省政府集约化门户网站，将省政府门户网站打造成集政务公开、政策发布解读和舆论引导、回应关切和便民服务、公共数据开放的大平台，建成整体联动、高效惠民的网上政府（省政府办公厅牵头，省政府各部门配合，2018年底前完成）。建设政务信息资源共享交换平台全省统一服务门户，完善数据动态更新维护机制，确保数据内容准确、及时更新。基于统一服务门户，实现信用体系、公共资源交易、投资、价格、自然人、法人、空间地理、交通、旅游等重点领域数据的共享服务（省政府办公厅牵头，省政府各有关部门、各市州政府配合，2018年底前完成）。建设全省政务数据开放门户，构建全省公共信息资源开放目录，推动政府部门和公共企事业单位数据集向社会有序开放，鼓励和引导社会化开发利用。（省政府办公厅、省发展改革委牵头，省政府各部门配合，2018年底前完成）

（七）建立健全政务信息共享开放标准规范

按照国家标准化工作及国家、行业标准有关要求，开展我省政务信息共享开放标准的研究制定工作，健全政务信息资源数据采集、数据质量、目录分类与管理、共享交换接口、共享交换服务、多级共享平台对接、平台运行管理、网络安全保障等方面的标准，出台《青海省政务信息资源目录编制指南》，为目录体系建设提供规范性保障。（省政府办公厅、省发展改革委、省质监局牵头，省政府各部门配合，持续推进）

（八）制定政务信息资源共享开放管理办法

按照《政务信息资源共享管理暂行办法》和《促进大数据发展行动纲要》，制定《青海省政务信息资源共享开放管理办法》，建立健全政务信息资源共享开放和系统整合的各项规章制度。（省政府办公厅、省发展改革委负责，2017年底

前完成）

（九）推进政务服务事项规范化建设

各级政府部门在已发布的权责清单基础上，按照名称、类型、法律依据、基本编码等要素完全统一的标准化要求，进一步梳理政务服务事项，建成全省统一的政务服务事项库和政务服务事项管理系统。（省编办牵头，省政府各部门、各市州政府配合，2018 年 6 月底前完成）

（十）建设全省一体化网上政务服务平台

依托省政府集约化门户网站，整合原有行政审批电子监察系统功能，完成与政务服务事项、统一身份认证、电子证照、统一公共支付、物流配套管理等政务服务支撑系统对接，形成全省一体化网上政务服务平台，做好与国家政务服务平台互联互通的对接工作（省政府行政服务和公共资源交易中心会同省发展改革委牵头，省政府各部门配合，2018 年 6 月底前完成）。加快推进"互联网+政务服务"试点，在格尔木市大力推进"一号一窗一网"试点工作，初步实现跨地区、跨部门、跨层级政务服务。（省发展改革委、省政府行政服务和公共资源交易中心牵头，格尔木市政府配合，2017 年底前完成）

三、保障措施

（一）加强组织保障

在省政务公开领导小组统一领导下，加强统筹协调，建立健全政务信息系统整合和政务信息资源共享开放管理制度，各部门、各市州要明确目标、责任、牵头单位和实施机构，上下联动，积极确保政务信息系统整合共享工作顺利推进。对责任不落实、违反《政务信息资源共享管理暂行办法》规定的市（州）和部门，要予以通报并责令整改。（省政府各部门、各市州政府负责，省政府办公厅会同省发展改革委督查落实）

（二）加快推进落实

各地区、各部门要按照《政务信息资源共享管理暂行办法》有关要求，把信息共享有关工作列入重要日程，按照本方案要求统筹推动本地区、本部门政务信息系统整合共享工作，抓紧制定推进落实的时间表、路线图，加强台账和清单式管理，精心组织实施，每年1月底前向省政务公开领导小组办公室（省政府信息与政务公开办公室）报送上一年度政务信息资源共享情况（包括政务信息资源目录编制情况、政务信息系统接入统一共享平台进展、数据对接共享和支撑协同应用等），经省政务公开领导小组办公室汇总后报国家促进大数据发展部际联席会议办公室，切实保障工作进度（省政府各部门、各市州政府负责）。加强经费保障，政务信息资源整合共享相关项目建设资金纳入政府固定资产投资（省发展改革委、市州发展改革部门负责），政务信息资源整合共享相关工作经费纳入部门预算统筹安排。（省财政厅、市州财政部门负责）

（三）强化评价考核

建立政务信息系统清理整合和政务信息资源共享开放情况的评价、督查机制和行政问责机制，督促检查相关工作落实情况。（省政府办公厅负责）

（四）加强审计监督

审计机关要依法履行职责，加强对政务信息系统审计，保障专项资金使用真实性、合法性和效益性，推动完善相关政策制度，审计结果及时报省政府办公厅。（省审计厅牵头，省政府各部门配合）

（五）优化建设模式

研究制定全省电子政务项目管理办法，加强政务信息化项目立项、审批、实施、验收各环节的管理，进一步简化审批流程，完善社会投资参与相关规定。制定全省电子政务服务采购管理相关办法，完善政府购买信息系统、数据中心、数据资源等信息化服务相关政策。推动政务信息化建设投资、运维和项目建设模式改革，鼓励推广云计算、大数据等新技术新模式应用与服务，提升集约化建设水平。（省政府办公厅、省发展改革委、省财政厅负责）

（六）建立备案制度

相关部门申请政务信息化项目建设和运维经费时，应及时向同级政府政务信息共享主管部门全口径备案。加强项目立项建设和运行维护信息采集，摸清项目名称、建设单位、投资额度、运维费用、经费渠道、数据资源、应用系统、等级保护和分级保护备案情况等内容，加大管理力度。对不符合相关要求的项目，相关部门不予审批，不拨付运维经费。加大对全省统一电子政务网络、数据共享交换平台等公共性、基础性平台运维经费保障力度，逐步减少直至取消信息孤岛系统和利用程度低的专网运维经费。（省政府办公厅、省发展改革委、省财政厅负责）

（七）加强安全保障

建立健全政务信息系统长效运行保障机制，强化政务信息资源共享网络安全管理和防护能力建设，建设符合规范的安全防护、安全策略和身份认证体系，推进政务信息资源共享风险评估，加强政务信息资源采集、共享、使用的安全保障工作，实现数据信息的安全隔离和可控交换，切实保障政务信息资源共享交换数据安全。（省政府办公厅牵头，省发展改革委负责）

文件编号：沪府发〔2016〕14 号
发布时间：2016 年 2 月 29 日
发布机关：上海市人民政府

上海市政务数据资源共享管理办法

第一章　总　则

第一条　（目的依据）

为规范和促进本市政务数据资源共享与应用，推动政务数据资源优化配置和增值利用，促进政府部门间业务协同，避免重复建设，进一步提高本市公共管理和服务水平，依据国务院印发的《促进大数据发展行动纲要》（国发〔2015〕50号）等文件精神，结合本市实际，制定本办法。

第二条　（概念定义）

本办法所称的政务数据资源，是指市级行政机关和依法经授权行使行政职能的组织（以下统称"行政机构"）在依法履行职能的过程中采集和获取的各类数据资源。

第三条　（适用范围）

行政机构之间的各类政务数据资源共享行为及其相关管理活动，适用本办法。

第四条　（职责分工）

网上政务大厅建设与推进工作领导小组（以下简称"领导小组"）是全市政务数据资源共享管理工作的领导机构，负责协调推进政务数据资源共享有关的重大事项，领导小组办公室设在市政府办公厅。

市经济信息化委负责行政机构政务数据资源共享的统筹规划和本办法的组织实施，会同相关部门制定、发布政务数据资源共享交换具体实施制度，承担政务数据资源共享基础设施以及资源管理平台的建设、运行和维护，负责政务数据资源维护管理、安全运行管理等工作。

市财政局负责行政机构政务数据资源共享的资金保障。

行政机构是政务数据资源共享的责任主体，应当在各自职责范围内，做好本部门政务数据资源的采集获取、互联互通、目录编制、共享提供和更新维护工作，并按照法律、法规和有关规定，合理使用获得的可共享的政务数据资源（以下简称"共享数据资源"）。

第五条 （原则要求）

政务数据资源的共享与应用遵循以下原则：

（一）全面共享。政务数据资源以共享为原则，不共享为例外。行政机构应当在职能范围内，提供各类政务数据资源共享服务。

（二）依法使用。对共享数据资源，进行合法、合理使用，不得滥用，不得泄露国家秘密、商业秘密和个人隐私，切实维护数据资源主体的合法权益。

（三）安全可控。依托全市信息安全保障体系，完善全市政务数据资源共享安全机制，确保政务数据资源安全。

第二章　资源管理平台

第六条 （资源管理平台属性）

本市建设满足市级政务数据资源共享和业务协同需求的、统一的政务数据资源管理平台（以下简称"资源管理平台"）。资源管理平台是政务数据资源共享的主要载体，为行政机构之间政务数据资源共享交换提供支撑。资源管理平台包括目录管理系统和交换系统两部分。

第七条 （资源管理平台接入要求）

全市性、行业性、领域性的跨部门业务协同信息化系统，应当纳入政务数据资源共享工作范围内统筹管理，并与资源管理平台做好对接。

行政机构必须以数字化形式，向资源管理平台提供可共享的政务数据资源的访问接口，确保行政机构业务数据库与资源管理平台之间的实时连通和同步更新。对不支持政务数据资源共享和业务协同的项目，项目审批部门不予审批。

第三章　数据资源目录

第八条　（政务数据资源共享属性）

政务数据资源共享属性分为三种类型：普遍共享、按需共享、不共享。

普遍共享类包括：具有基础性、基准性、标识性的政务数据资源；资源提供方明确可以无条件共享的政务数据资源；以及经领导小组核定应当无条件共享的政务数据资源。

数据内容敏感、只能按特定条件提供给资源需求方的政务数据资源，应当按照相关保密管理规定，列入按需共享类。

列入不共享类的，应当有法律法规、规章政策或其他依据。

第九条　（资源目录编制要求）

行政机构根据法定职责，对本部门所掌握的政务数据资源进行梳理，确定其共享和公开属性，并按照技术标准，在资源管理平台进行目录编制，形成政务数据资源目录（以下简称"资源目录"）。

行政机构可以结合自身实际，选择在线编制、离线工具、系统对接等方式，进行本部门资源目录编制。

行政机构信息化项目建设应当在项目验收前，做好信息化项目中的资源目录编制工作，资源目录将作为规划和安排各部门信息化建设项目和运行维护项目评审的重要依据。

第十条　（资源目录管理要求）

行政机构应当建立本部门资源目录管理制度，并加强对本部门资源目录编制、审核、发布、更新等管理。

行政机构应当指定专人负责资源目录的编制和审核。审核人员应当逐条审核已提交的目录信息，确保其准确性、完整性和合规性。审核通过的目录，应当及时发布；审核未通过的目录，应当及时退回修改。

行政机构应当建立本部门资源目录更新制度，因资源目录要素内容发生调整或可共享的政务数据资源出现变化时，应当在 2 个工作日内，进行资源目录的更新操作。

行政机构对本部门资源目录，每年应当至少进行一次全面维护。

第四章　数据采集

第十一条　（数据采集原则）

行政机构应当按照法定职责，采集政务数据资源，明确本部门数据采集、发布、维护的规范和程序，确保数据的正确性、完整性、时效性。

行政机构有政务数据资源采集需求时，除法律、法规另有规定以外，应当遵循"一数一源"的原则，不得重复采集可以通过共享方式获取的政务数据资源。

第十二条　（数据采集方式）

行政机构应当以数字化方式采集、记录和存储政务数据资源，非数字化信息应当按照相关技术标准，开展数字化改造。

数据资源的采集应当以统一社会信用代码作为标识。其中，自然人的统一社会信用代码为身份证号码，法人和其他组织的统一社会信用代码为登记管理部门赋予的唯一机构编码。

第五章　共享使用

第十三条　（共享使用原则）

行政机构有义务向其他行政机构提供可共享的政务数据资源，并有权利根据履职需要，提出政务数据资源共享需求。

除法律、法规、规章另有规定外，行政机构不得拒绝其他行政机构提出的政务数据资源共享需求。

第十四条 （共享使用方式）

行政机构应当通过资源管理平台，主动提供普遍共享类政务数据资源的共享服务。

对按需共享类政务数据资源，资源需求方应当通过资源管理平台，向资源提供方提出共享申请，说明共享范围、共享用途和申请数据项内容等，并将系统生成的需求申请表以书面形式送资源提供方审核。资源提供方应当在收到书面申请后 10 个工作日内，提出是否同意共享的意见及理由。

如资源需求方对资源提供方的意见持有异议，可以申请协调处理，由领导小组办公室会同相关部门对该事项进行研究并作出结论，必要时报请领导小组决定。

涉及国家秘密、商业秘密和个人隐私的政务数据资源，资源需求方和资源提供方应当签订政务数据资源共享安全保密协议，按照约定方式共享数据资源。

第十五条 （共享服务模式）

行政机构应当根据政务数据资源的性质和特点，选择采用接口交换、文件下载、在线浏览或离线交换等途径共享政务数据资源。其中以接口交换方式提供的，行政机构应当及时在资源管理平台将其注册为接口服务，并提供接口描述及调用方法。对变化频繁的、时效性较强的，以及涉及跨部门并联审批和协同办公的政务数据资源，应当采用接口交换的方式，提供共享服务。

第十六条 （共享更新机制）

行政机构应当建立政务数据资源的共享更新机制，对其提供的共享数据资源进行动态管理，在共享数据资源产生或者变更之后 2 个工作日内进行更新，并通知该共享数据资源的获取方。资源获取方应当及时比对和更新所获取的共享数据资源，确保数据一致性。

第十七条 （使用限制）

行政机构获取的共享政务数据资源仅限于内部使用，如需对外提供或发布，应当向资源提供方提出书面申请，经同意后，方可对外提供或发布。

行政机构未经授权，不得将获取的共享数据资源挪作他用，不得以任何方式或形式用于社会有偿服务或其他商业用途，并对共享数据资源的滥用、非授权使用、未经许可的扩散以及泄露等行为负责。资源提供方不对其提供的共享数据资源在其他行政机构使用中的安全问题负责。

第六章　　安全保障

第十八条　　（安全保障原则）

市经济信息化委应当建立健全政务数据资源安全管理制度和工作规范，加强资源管理平台安全建设和管理，完善身份认证、访问控制、信息审计追踪等技术防控措施，建立安全应急处理和灾难恢复机制。

行政机构应当按照"谁建设，谁维护；谁使用，谁负责"的原则，在各自的职责范围内，做好政务数据资源安全和信息保密的监督和管理工作。

第十九条　　（保密审查）

行政机构提供的共享数据资源，应当事先经过本部门的保密审查。

第二十条　　（资金保障）

行政机构政务数据资源共享的运行维护经费，纳入本部门市本级信息化项目支出预算。

第二十一条　　（机构与人员保障）

行政机构指定专门机构和专人负责政务数据资源共享工作，并将数据资源管理员的信息向市经济信息化委备案，如有人员变动，应当及时更新。市经济信息化委应当定期组织开展政务数据资源共享工作业务培训。

第七章　　监督检查

第二十二条　　（评估考核）

市经济信息化委会同市政府办公厅督促检查政务数据资源共享落实工作。市经济信息化委对各部门政务数据资源的目录编制、资源共享和更新维护情况进行评估，并对评估结果进行定期通报，评估结果纳入市级政府信息公开工作年度考核范围。

第二十三条 （效能监督）

行政机构违反本办法规定，有下列情形之一的，由网上政务大厅建设与推进工作领导小组根据实际情况予以书面通报，并责令其限期改正；造成严重不良后果的，由网上政务大厅建设与推进工作领导小组按照效能检查的相关规定予以处理：

（一）不按照规定将本部门资源目录和掌握的政务数据资源提供给其他部门共享的；

（二）不按照规定随意采集政务数据资源，扩大数据采集范围，造成重复采集数据，增加社会成本，给社会公众增加负担的；

（三）故意提供不真实、不准确、不全面的资源目录和政务数据资源的，未按照规定时限发布、更新资源目录和政务数据资源的；

（四）对获取的共享数据资源管理失控，致使出现滥用、非授权使用、未经许可的扩散以及泄漏的；

（五）不按照规定，擅自将获取的共享数据资源用于本部门履行职责需要以外的，或擅自转让给第三方，或利用共享数据资源开展经营性活动的；

（六）对监督检查机关责令整改的问题，拒不整改的；

（七）其他违反本办法应当给予处分的行为。

第二十四条 （法律责任）

行政机构违反法律、法规和本办法有关规定，造成国家、法人、其他部门和个人损失的，依法追究相关部门和直接责任人员的法律责任。

第八章　附　则

第二十五条 （适用性）

各区县行政机构之间的各类政务数据资源共享行为及其相关管理活动，遵照本办法执行。

第二十六条 （实施日期、有效期）

本办法自 2016 年 3 月 1 日起施行。

文件编号：晋政办发〔2017〕124号
发布时间：2017年9月28日
发布机关：山西省人民政府办公厅

山西省政务信息系统整合共享工作方案

一、总体要求

（一）指导思想

全面贯彻党的十八大和十八届三中、四中、五中、六中全会精神，深入贯彻习近平总书记系列重要讲话精神和治国理政新理念新思想新战略，认真落实省委、省政府决策部署，紧紧围绕政府治理和公共服务的改革需要，以最大程度利企便民，让企业和群众少跑腿、好办事、不添堵为目标，加快推进政务信息系统整合共享，按照"互联网+政务服务"总体方案和"内外联动、点面结合、上下协同"的工作思路，做好顶层设计，促进"五个统一"，立足山西基础，聚焦现实问题，抓好工作落实，重点突破，尽快见效。

（二）基本原则

按照"五个统一"的总体原则，有效推进政务信息系统整合共享，切实避免各自为政、自成体系、数据壁垒、重复投资、重复建设，切实避免政务数据重复采集。

1. 统一工程规划。贯彻落实国家政务信息化工程相关规划，结合山西政务信息化基础实际情况，建设"大平台、大数据、大系统"，形成上联通国家、下覆盖全省、统筹利用、统一接入的数据共享大平台，建立物理分散、逻辑集中、资源共享、政企互联的政务信息资源大数据，构建深度应用、上下联动、纵横协管的协同治理大系统。

2. 统一标准规范。依托国家政务信息化总体标准，促进跨地区、跨部门、跨层级数据互认共享。建立动态更新的政务信息资源目录体系，确保政务信息有序开放、共享、使用。

3. 统一备案管理。实施政务信息系统建设和运维备案制，推动政务信息化建设和运维经费审批在同级政府政务信息共享主管部门的全口径备案。

4. 统一审计监督。开展常态化的政务信息系统和政务信息共享审计，加强对政务信息系统整合共享成效的监督检查。

5. 统一评价体系。研究提出政务信息共享评价指标体系，建立政务信息共享评价与行政问责、部门职能、建设经费、运维经费约束联动的管理机制。

（三）工作目标

2017 年 12 月底前，整合一批、清理一批、规范一批，基本完成省直部门内部政务信息系统整合清理工作；建立全省政务信息资源目录体系；建设省级数据共享交换平台，实现与国家数据共享交换平台对接；省直各部门将整合后的政务信息系统接入省级数据共享交换平台，在一些涉及面宽、应用广泛、有关联需求的重点领域初步实现政务信息系统互联互通。

2018 年 6 月底前，各市人民政府、省直各部门结合实际统筹推进本地区、本部门政务信息系统整合共享工作，实现各市政府和省直各部门信息系统互联互通。完善项目建设运维统一备案制度，加强信息共享审计、监督和评价，推动政务信息化建设模式优化，政务数据共享和开放在重点领域取得显著成效。

（四）整合共享范围

纳入政务信息系统整合共享范畴的系统包括由政府投资建设、政府与社会企业联合建设、政府向社会购买服务或需要政府资金运行维护的，用于支撑政府业务应用的各类信息系统。

二、工作任务

（一）开展专项督查清理工作，加快消除"僵尸"信息系统。2017 年 9 月底前，通过信息系统审计，组织开展政务信息系统整合共享专项督查，掌握各部门信息系统数量、名称、功能、使用范围、使用频度、审批部门、审批时间、经费来源等，全面摸清各部门政务信息系统情况（省审计厅牵头，省直各有关部门配合）。2017年10月底前，各有关部门要在本系统、本部门内开展专项清查工作，基本完成对系统使用与实际业务流程长期脱节、功能可被其他系统替代、所占用资源长期处于空闲状态、运行维护停止更新服务，以及使用范围小、频度低的"僵尸"信息系统的清理工作（省直各有关部门负责）。

（二）推进部门内部信息系统整合共享，构建互联互通、业务协同、信息共享的"大系统"平台。加快推动分散隔离的政务信息系统整合。整合后按要求分别接入省电子政务内网或外网的数据共享交换平台。2017年9月底前，各有关部门要根据自身信息化建设实际情况，制定本部门政务信息系统整合共享清单。2017年10月底前，各部门原则上将分散的、独立的信息系统整合为一个互联互通、业务协同、信息共享的"大系统"，对以处室名义存在的独立政务信息系统原则上必须整合（省直各有关部门负责）。

（三）加快推进基础设施建设，提升省电子政务网络支撑能力。加快推进省电子政务内网政府系统建设任务落实（省政府办公厅牵头，各市人民政府、各有关部门负责）。完善省电子政务外网，健全管理体制和运维机制，继续推进山西省各级电子政务外网建设，拓展网络覆盖范围，逐步满足业务量大、实时性高、覆盖面宽的网络应用需求。2017年12月底前，基本具备跨层级、跨地域、跨系统、跨部门、跨业务的支撑服务能力（省政府办公厅、省电子政务外网管理中心负责）。除极少数特殊情况外，目前政府各类业务专网都要向省电子政务内网或外网整合（省政府办公厅牵头，各市人民政府、各有关部门负责）。

（四）加快促进政务信息资源共享，推进电子政务数据共享交换平台建设。

加快建设我省电子政务内网、外网数据共享交换平台，探索构建多级互联的数据共享交换平台体系，促进重点领域信息向各级政府部门数据共享和开放（省政府办公厅、省电子政务外网管理中心、各级数据共享交换平台建设管理单位负责）。2017年12月底前，依托我省电子政务外网数据共享交换平台，初步提供公民、社会组织、企业、事业单位的相关基本信息，同时逐步扩大信息共享内容，完善基础信息资源库的覆盖范围和相关数据标准，优化便捷共享查询方式（省发展改革委、省公安厅、省民政厅、省工商局、省编办等负责）。2018 年 6 月底前，省直各部门推进本部门政务信息系统向省电子政务内网或外网迁移，对整合后的政务信息系统和数据资源按必要程序审核或评测审批后，统一接入省级数据共享交换平台（省政府办公厅会同省发展改革委牵头组织，各有关部门负责）。

（五）加快公共数据开放网站和全省政务信息共享网站建设。依托我省电子政务外网和省政府门户网站，建设统一规范、互联互通、安全可控的数据开放网站。基于政务信息资源目录体系，构建公共信息资源开放目录，按照公共数据开放有关要求，推动政府部门和公共企事业单位的原始性、可机器读取、可供社会化再利用的数据集向社会开放，鼓励和引导社会化开发利用（省政府办公厅、省发展改革委、省委网信办等按职责分工负责）。依托我省电子政务外网，建设全省政务信息共享网站，将其作为全省电子政务外网数据共享交换平台的门户，支撑政府部门间跨地区、跨层级的信息共享与业务协同应用（省发展改革委、省电子政务外网管理中心负责）。2017 年 12 月底前，初步实现信用体系、公共资源交易、投资、价格、自然人（基础数据以及社保、民政、教育等业务数据）、法人（基础数据及业务数据）、能源（电力等）、空间地理、交通、旅游等重点领域数据基于全省政务信息共享网站的共享服务（省政府办公厅、省发展改革委牵头组织，各有关部门按职责分工负责）。

2018 年 6 月底前，实现各部门政务数据基于全省政务信息共享网站的共享服务（省直各有关部门负责）。

（六）构建政务信息资源目录体系。

2017 年 12 月底前，根据国家发展改革委、中央网信办《关于印发〈政务信息资源目录编制指南（试行）〉的通知》（发改高技〔2017〕1272 号）精神，组织指导各地、各部门完成政务信息资源目录体系建设，完成面向各地、各部门的信息共享专题培训工作，编制完成《山西省政务信息资源目录》，逐步构建全省统一、动态更新、共享校核、权威发布的政务信息资源目录体系（省政府办公厅、省发展改革委、省委网信办牵头，省经信委协助，各市人民政府、省直各有关部门负责）。

（七）规范网上政务服务平台体系，推动"互联网+政务服务"建设。

加快推动全省政务服务平台建设，主动做好与中央人民政府门户网站的对接，着力解决跨部门、跨层级政务服务信息难以共享、业务难以协同、基础支撑不足等突出问题（省公共资源交易中心〔省政务服务中心〕牵头）。整合分散的政务服务系统和资源，建成一体化网上政务服务平台，积极做好与省级政务服务平台的数据共享和资源接入工作（各市人民政府、省直各部门负责）。省级政务云平台建成后，逐步完成省级政务服务平台向省级政务云平台的迁移工作（省政府办公厅、省经信委牵头）。加快实施信息惠民工程，在临汾、运城两个国家信息惠民试点市大力推进"一号一窗一网"试点，2017 年 12 月底前初步实现跨地区、跨部门、跨层级的政务服务（临汾市、运城市人民政府负责）。

三、保障措施

（一）加强组织领导

成立常务副省长担任组长的山西省政务信息系统整合共享工作领导小组（以下简称省领导小组），确定省发展改革委为我省政务信息资源共享主管部门。省领导小组下设督查工作组、组织推进组、技术支撑组 3 个工作组。督查工作组由省政府办公厅牵头，负责协调解决重大问题，督促检查落实情况；组织推进组由省发展改革委牵头、省经信委协助，负责整体推进、组织实施及具体日常工作；技术支撑组由省电子政务外网管理中心牵头，负责做好技术支撑保障工作。各市人民政府、省直各部门的主要负责人为第一责任人，要亲自部署、狠抓落实，对本地、本部门的政务信息系统统筹整合和政务信息资源共享工作负责。对责任不落实、违反《政务信息资源共享管理暂行办法》规定的，要予以通报并责令整改（各市人民政府、省直各部门负责，省政府办公厅会同省发展改革委、省经信委督查落实）。

（二）加快推进落实

各项任务牵头部门要按照分工，把信息共享有关工作列入重要日程，按照本方案要求统筹推动政务信息系统整合共享工作，抓紧制定推进落实的时间表、路线图，加强台账和清单式管理，精心组织实施，每年1月底前向省领导小组报告上一年度政务信息资源共享情况（包括政务信息资源目录编制情况、政务信息系统接入统一共享平台进展情况、数据对接共享和支撑协同应用情况等），切实保障工作进度（各市人民政府、省直各部门负责），经汇总后向促进大数据发展部际联席会议和省政府提交我省政务信息资源共享情况年度报告（省领导小组组织推进组负责）。加强经费保障，政务信息资源整合共享相关项目建设资金纳入政府固定资产投资（各级发展改革部门牵头），政务信息资源整合共享相关工作经费纳入部门预算统筹安排（各级财政部门牵头）。

（三）强化评价考核

充分发挥省电子政务工作统筹协调机制作用，建立政务信息共享工作评价考核机制，督促检查政务服务平台体系建设、政务信息系统统筹整合和政务信息资源共享工作落实情况，定期召开例会，听取各部门工作进展情况，协调解决存在的问题。省领导小组督查工作组结合我省"13710"工作制度，负责开展专项督查督导，对进展快、成效好的给予表扬，对工作开展不力的予以通报问责（省政府办公厅、省发展改革委、省委网信办、省编办、省财政厅等负责）。

（四）加强审计监督

审计机关要依法履行职责，加强对政务信息系统的审计，保障专项资金使用的真实性、合法性和效益性，推动完善相关政策制度，审计结果及时报省政府（省审计厅牵头，省发展改革委、省委网信办配合）。

（五）建立备案制度

相关部门申请政务信息化项目建设和运维经费时，应及时向同级政府政务信息共享主管部门全口径备案。对不符合共建共享要求的项目，相关部门不予审批，不拨付运维经费。加大对全省电子政务网络、数据共享交换平台等公共性、基础性平台的运维经费保障力度，逐步减少直至取消信息孤岛系统和利用程度低的专网的运维经费。探索建立政务信息化项目建设投资审批和运维经费审批的跨部门联动机制（省政府办公厅、省发展改革委、省财政厅、省编办等负责）。

（六）加强安全保障

强化政务信息资源共享网络安全管理，推进政务信息资源共享风险评估，切实按照相关法律法规要求，保障政务信息资源使用过程中的个人隐私（省委网信办牵头）。加强政务信息资源采集、共享、使用的安全保障工作，凡涉及国家秘密的，应当遵守有关保密法律法规的规定（各市人民政府、省直各部门负责）。加强统一数据共享交换平台安全防护，切实保障政务信息资源共享交换的数据安全（各级数据共享交换平台建设管理单位负责）。

文件编号：陕政发〔2017〕34 号
发布时间：2017 年 8 月 28 日
发布机关：陕西省人民政府信息中心

陕西省政务信息资源共享管理办法

第一章　总　则

第一条　为推动政务信息资源共享，增强政府公信力，提高行政效率，提升服务水平，依据《国务院关于印发政务信息资源共享管理暂行办法的通知》（国发〔2016〕51 号）等规定，结合我省实际，制定本办法。

第二条　本办法所称政务信息资源，是指政务部门在履行职责过程中制作或获取的，以一定形式记录、保存的文件、资料、图表和数据等各类信息资源，包括政务部门直接或通过第三方依法采集的、依法授权管理的和因履行职责需要依托政务信息系统形成的信息资源等。

本办法所称政务部门是指政府部门及法律法规授权具有行政职能的事业单位和社会组织。

第三条　本办法用于明确我省政务信息资源共享工作职责分工，规范政务部门间政务信息资源共享工作，包括因履行职责需要使用其他政务部门政务信息资源和为其他政务部门提供政务信息资源的行为。

第四条　政务信息资源共享应遵循以下原则：

（一）以共享为原则，不共享为例外。各政务部门形成的政务信息资源原则上都应共享，涉及国家秘密和安全的，按相关法律法规执行。

（二）需求导向，无偿使用。因履行职责需要使用共享信息资源的部门（以下简称使用部门）提出明确的共享需求和信息资源使用用途，共享信息资源的产生和提供部门（以下简称提供部门）应及时响应并无偿提供信息资源共享服务。

（三）统一标准，统筹建设。按照国家及我省政务信息资源相关标准规范开展政务信息资源的采集、存储、交换和共享工作，坚持"一数一源"、多元校核，统筹建设政务信息资源目录体系和信息资源共享交换体系。

（四）建立机制，保障安全。统筹建立政务信息资源共享管理机制和信息共享工作评价机制，各政务部门应加强对共享信息采集、共享、使用全过程的身份鉴别、授权管理和安全保障，确保共享信息安全。

第二章　职责分工

第五条　省发展改革委是全省政务信息资源共享的主管部门，负责组织、指导、协调和监督政务信息资源共享工作，指导和组织省级各部门、各市（区）政府编制政务信息资源目录，组织编制全省政务信息资源目录，组织推动全省共享平台体系建设，协调政务信息资源共享重大事项，向省政府提交工作报告。

第六条　各政务部门按本办法规定负责本部门与数据共享交换平台（以下简称共享平台）的联通，并按照政务信息资源目录向共享平台提供共享的政务信息资源（以下简称共享信息），从共享平台获取并使用共享信息。

各市（区）政府要明确本行政区域内政务信息资源共享主管部门，确定共享平台管理单位，组织编制政务信息资源目录，做好共享平台建设和管理，推进政务信息资源共享工作。

省信息中心协助省发展改革委建立全省政务信息资源目录体系和共享平台体系，具体负责省级共享平台的建设、运行和管理，开展全省政务信息资源目录的日常维护工作。

第三章　政务信息资源目录与共享平台

第七条　政务信息资源目录是实现政务信息资源共享和业务协同的基础，是政务部门间信息资源共享的依据。建设省、市政务信息资源目录，各市目录要在省级注册，并实现互联互通。

第八条 各政务部门根据法定职责，按照《政务信息资源目录编制指南》要求在共享平台上编制、维护部门政务信息资源目录。各政务部门可以结合自身实际，选择在线编制、离线工具、系统对接等方式，进行本部门信息资源目录编制。

第九条 各政务部门应当建立本部门信息资源目录管理制度，规范部门信息资源目录编制、审核、发布、更新等工作，指定专人负责信息资源目录的编制和审核。各政务部门在有关法律法规作出修订或行政管理职能发生变化之日起15个工作日内更新本部门政务信息资源目录。各政务部门对所提供的共享信息实行动态和实时更新，保证共享信息的准确性、时效性。对本部门资源目录，每季度应当至少进行一次全面维护。

第十条 省级部门应依照法定职责，编制本系统、本单位的信息资源目录，纳入全省政务信息资源目录体系管理，应当指导下级部门编制政务信息资源目录。

各市（区）政府按照《政务信息资源目录编制指南》要求，编制、维护本地政务信息资源目录，并负责对本级政务部门政务信息资源目录更新工作的监督考核。

省发展改革委汇总各部门、各市（区）的政务信息资源目录，形成全省政务信息资源目录，建立目录更新机制。

第十一条 共享平台是管理政务信息资源目录、支撑各政务部门开展政务信息资源共享交换的关键信息基础设施，包括共享平台（内网）和共享平台（外网）两部分，分为省市两级。

共享平台（内网）应按照涉密信息系统分级保护要求，依托国家电子政务内网建设和管理；共享平台（外网）应按照国家及我省网络安全相关制度和要求，依托国家电子政务外网建设和管理。

省级共享平台负责全省政务部门信息资源的交换和共享。市级共享平台负责本区域政务信息资源的交换和共享。县级不建共享平台，已有平台的逐步向市级共享平台迁移。省、市共享平台互联互通，互相开放实时数据接口，实现省市及各市之间的数据共享，共同构成全省共享平台体系。省级平台与国家共享平台实时互联互通。

第十二条 各政务部门业务信息系统原则上应通过国家电子政务内网或电子政务外网承载，通过同级共享平台与其他政务部门交换共享信息。各政务部门应抓紧推进本部门业务信息系统向电子政务内网或电子政务外网迁移，并接入同级共享平台。新建的需要跨部门交换共享信息的业务信息系统，必须通过同级共享平台实施信息共享，原有跨部门信息交换系统应逐步迁移到同级共享平台。

第四章 共享与使用

第十三条 政务信息资源按共享类型分为无条件共享、有条件共享、不予共享等三种类型。

可提供给所有政务部门共享使用的政务信息资源属于无条件共享类。

可提供给相关政务部门共享使用或仅能够部分提供给所有政务部门共享使用的政务信息资源属于有条件共享类。

不宜提供给其他政务部门共享使用的政务信息资源属于不予共享类。

第十四条 政务信息资源共享及目录编制应遵循以下要求：

（一）凡列入不予共享类的政务信息资源，必须有法律、行政法规或党中央、国务院政策依据。

（二）人口信息、法人单位信息、自然资源和空间地理信息、电子证照信息等基础信息资源的基础信息项是政务部门履行职责的共同需要，必须依据整合共建原则，通过在各级共享平台上集中建设或通过接入共享平台实现基础数据统筹管理、及时更新，在部门间实现无条件共享。基础信息资源的业务信息项可按照分散和集中相结合的方式建设，通过各级共享平台予以共享。基础信息资源目录由基础信息资源库的牵头建设部门负责编制并维护。

（三）围绕经济社会发展的同一主题领域，由多部门共建项目形成的主题信息资源，如健康保障、社会保障、食品药品安全、安全生产、价格监管、能源安全、信用体系、城乡建设、社区治安、生态环保、应急维稳等，应通过各级共享平台予以共享。主题信息资源目录由主题信息资源牵头部门负责编制并维护。

第十五条 使用部门应根据履行职责需要使用共享信息。属于无条件共享类的信息资源，使用部门在共享平台上直接获取；属于有条件共享类的信息资源，使用部门通过共享平台向提供部门提出申请，提供部门应在 10 个工作日内予以答复，使用部门按答复意见使用共享信息，对不予共享的，提供部门应说明理由；属于不予共享类的信息资源，以及有条件共享类中提供部门不予共享的信息资源，使用部门因履行职责确需使用的，由使用部门与提供部门协商解决，协商未果的由本级政务信息资源共享主管部门协调解决。

提供部门在向使用部门提供共享信息时，应明确信息的共享范围和使用用途，原则上通过共享平台提供，鼓励采用系统对接、前置机共享、联机查询、部门批量下载等方式。

第十六条 按照"谁主管，谁提供，谁负责"的原则，提供部门应及时维护和更新信息，保障信息的完整性、准确性、时效性和可用性，确保所提供的共享信息与本部门所掌握信息的一致性。

第十七条 按照"谁经手，谁使用，谁管理，谁负责"的原则，使用部门应根据履行职责需要依法依规使用共享信息，并加强共享信息使用全过程管理。

使用部门对从共享平台获取的信息，只能按照明确的使用用途用于本部门履行职责需要，不得直接或以改变信息形式等方式提供给第三方，也不得用于或变相用于其他目的。

第十八条 建立快速校核机制，使用部门对获取的共享信息有疑义或发现有明显错误的，应及时反馈提供部门予以校核。校核期间，办理业务涉及自然人、法人或其他组织的，如已提供合法有效证明材料，受理单位应照常办理，不得拒绝、推诿或要求办事人办理信息更正手续。

第五章 安全管理

第十九条 省发展改革委、省网信办负责组织建立政务信息资源共享网络安全管理制度，指导督促政务信息资源采集、共享、使用全过程的数据与网络安全保障工作，指导推进政务信息资源共享风险评估和安全审查。

政务部门应加强政务信息资源采集、共享、使用时的安全保障工作，落实本部门对接系统的网络安全防护措施，做好政务信息资源安全和信息保密的监督和管理工作。

政务部门提供的共享信息资源，应当事先经过本部门的保密审查。共享信息涉及国家秘密的，提供部门和使用部门应当遵守有关保密法律法规的规定，在信息共享工作中分别承担相关保障责任。

省信息中心要加强共享平台安全防护和信息资源安全监测，切实保障政务信息资源共享交换时的数据安全，完善身份认证，并建立信息资源定级及人员访问控制、信息审计追踪、安全应急处理和灾难恢复机制，确保数据安全。

第二十条 共享平台管理单位应当对信息资源及副本建立应用日志审计，确保信息汇聚、共享、查询、比对、下载、分析研判、访问和更新维护情况等所有操作可追溯，日志记录保留时间不少于 3 年，并根据需要将使用日志推送给相应的信息提供和使用部门。

第六章　监督和保障

第二十一条 省发展改革委负责政务信息资源共享的统筹协调，建立信息共享工作评价机制，督促检查政务信息资源共享工作落实情况。

第二十二条 省发展改革委、省网信办组织编制信息共享工作评价办法，每年会同省编办、省财政厅等部门，对各政务部门提供和使用共享信息情况进行评估，并公布评估报告和改进意见。

第二十三条 省级各部门、各市（区）政府和省信息中心应于每年 1 月底前向省发展改革委提交上一年度政务信息资源共享情况，省发展改革委向省政府报告政务信息资源共享情况年度报告。

第二十四条 省标准委会同省信息中心，在已有国家和我省政务信息资源相关标准基础上，建立完善政务信息资源的目录分类、采集、共享交换、平台对接、网络安全保障等方面的标准，形成完善的政务信息资源共享标准体系。

第二十五条　省发展改革委、省财政厅、省网信办建立我省政务信息化项目建设投资和运营经费协商机制，对政务部门落实政务信息资源共享要求和网络安全要求的情况进行联合考核，凡不符合政务信息资源共享要求的，不予审批建设项目，不予安排运维经费。

政务信息化项目立项前应预编形成项目信息资源目录，作为项目审批要件。项目建成后应将项目信息资源目录纳入共享平台目录管理系统，作为项目验收要求。

政务信息资源共享相关项目建设资金纳入信息化建设等专项资金统筹安排，政务信息资源共享相关工作经费纳入部门财政预算。

第二十六条　审计机关应依法履行职责，在大数据政策的贯彻落实、政务信息资源共享中发挥监督作用，保障专项资金使用的真实性、合法性和效益性，推动完善相关政策制度。

第二十七条　各政务部门应建立健全政务信息资源共享工作管理制度，明确目标、责任和实施机构。各政务部门主要负责人是本部门政务信息资源共享工作的第一责任人，应指定专人负责政务信息资源共享工作，并将机构人员信息向省发展改革委备案，如有变动，应当及时更新。省发展改革委应定期组织开展政务信息资源共享工作业务培训。

第二十八条　省政府各部门、各市（区）人民政府有下列情形之一的，由省发展改革委通知整改；未在规定时限内完成整改的，省发展改革委应及时将有关情况上报省政府：

（一）未按要求编制或更新政务信息资源目录；

（二）未向共享平台及时提供共享信息；

（三）向共享平台提供的数据和本部门所掌握信息不一致，未及时更新信息或提供的信息不符合有关规范、无法使用；

（四）将共享信息用于履行本单位职责需要以外的目的；

（五）违反本办法规定的其他行为。

第七章　附　则

第二十九条　本办法自印发之日起施行。

文件编号：市政发〔2008〕76号
发布时间：2008年7月25日
发布机关：西安市人民政府办公厅

西安市政务信息资源共享管理办法

第一章 总 则

第一条 为加强本市政务信息资源的开发、利用，降低行政成本，推进政务公开、业务协同，拓宽服务范围，充分发挥电子政务在建设服务型政府中的作用，根据有关法律法规，结合本市实际，制定本办法。

第二条 各区、县人民政府及市人民政府各部门（以下统称单位）之间通过电子化、网络化共享政务信息资源的行为，适用本办法。

第三条 市信息化主管部门负责组织、指导和协调全市政务信息资源共享工作。

第四条 政务信息资源共享应当遵循共享需求、供方响应、协调确认、统一标准、保障安全、无偿共享的原则。

第五条 政务信息资源共享基础设施、重点信息资源建设和维护，应当列入全市信息化重点项目建设年度计划。

第六条 对在政务信息资源共享工作中成绩突出的单位或者个人，给予表彰或者奖励。

第二章 信息提供与维护

第七条 市信息化主管部门应当按照政务信息资源共享的原则，组织编制《西安市政务信息资源共享目录》（以下简称《共享目录》）。

第八条 《共享目录》应当详细列明各单位所需共享的政务信息资源，标明共享信息的名称、提供单位、存储格式、字段定义、密级、类型、共享范围及更新时限等。

第九条 各单位的共享需求发生变化时，应当及时向市信息化主管部门申报，经协调确认后，由市信息化主管部门对《共享目录》进行动态更新。

第十条 各单位应当按照《共享目录》规定的形式和时限，提供和更新共享信息，保证政务信息资源的准确性和完整性。

第十一条 各单位对其他单位提供的政务信息有疑义的，应当及时书面告知市信息化主管部门。市信息化主管部门会同提供该信息的单位及时予以处理，并反馈处理结果。

第十二条 市信息化主管部门应当按照有关规定和《共享目录》，规划全市政务信息资源基础数据库和公共数据库，建设完善政务信息资源交换体系。

第十三条 市电子政务网络中心应当依据国家相关接口标准，制定全市政务信息资源基础数据库、公共数据库与专业数据库、节点数据库之间数据交换的统一接口标准，为全市政务信息资源共享提供技术支撑，并负责市级公共数据库的建设和维护。

第十四条 各单位根据本单位业务和共享服务的需要，可按照《共享目录》和相关标准，建设完善各自的专业数据库、节点数据库，并保证专业数据库、节点数据库、基础数据库和公共数据库之间的实时连通。

第三章 信息共享与安全

第十五条 各单位获取所需的政务信息资源，应当依据《共享目录》，采用在线查询、数据交换等方式进行。

第十六条　根据保密级别、需求程度、共享服务能力等因素，政务信息资源分为以下类型：

（一）强制共享类，是指可供所需单位无条件、无偿共享利用；

（二）条件共享类，是指只能按有关规定提供给指定的单位共享利用；

（三）不予共享类，是指不能提供给其他单位共享利用。

列入不予共享类的，应当有法律、法规、规章、政策及其他依据。

第十七条　各单位应当按照本办法的要求及相关规定建立健全政务信息资源提供、获取、使用过程中的安全保障制度，做好政务信息资源共享的安全保障工作。

第十八条　对涉及国家秘密、商业秘密或个人隐私的政务信息资源，提供单位应当依据相关法律法规，明确该保密信息的共享范围，共享该保密信息的单位应当按照有关规定与该信息的提供单位签署保密协议。

第十九条　各单位根据《共享目录》从统一数据资源中心获取的信息，只能用于本单位履行职责需要，不得转给第三方，也不得用于商业目的。

第二十条　市信息化主管部门指导全市做好各类数据库的安全工作，并会同有关部门定期进行安全检查，各单位应当采取必要的管理措施和技术手段，确保本单位数据库安全稳定运行。

第四章　评估与监督

第二十一条　市信息化主管部门应当根据各单位提供共享信息的数量、更新时效、更新频率及利用次数等，制定政务信息资源共享、开发利用的评估体系。

第二十二条　市信息化主管部门每年年底对各单位的信息资源共享情况进行一次评估，向市人民政府报告上一年全市政务信息资源共享的总体情况，以及评估报告和改进意见。

第二十三条　市信息化主管部门会同监察部门负责督促检查全市政务信息资源共享落实工作，监察部门对全市政务信息资源共享实行全过程监督。

第二十四条　对违反本办法规定的单位，其他单位有权向市监察部门或市信息化主管部门投诉，接到投诉后，应当及时调查处理，并将处理结果反馈投诉单位。

第二十五条　有下列情形之一的，由市监察部门对单位进行通报批评，情节严重或造成不良后果的，对相关领导和直接责任人给予行政处分：

（一）未将列入共享的政务信息资源及时共享的；

（二）提供的共享信息内容不真实、不全面的；

（三）未按规定时限更新本单位政务信息资源的；

（四）将共享的政务信息资源用于本单位履行职责需要以外的；

（五）对于监察机关责令整改的问题，拒不整改的；

（六）泄露党和国家秘密的；

（七）未经授权，对共享平台的应用程序和共享数据库进行删除或修改的。

第五章　附　　则

第二十六条　本办法中有关术语定义如下：

（一）政务信息资源包括各单位为履行政务职能而采集、加工、使用的信息资源，各单位在办理业务和事项过程中产生和生成的信息资源，以及各机关单位直接管理的信息资源等。

（二）信息资源共享是指各单位因履行行政职能的需要，向其他单位获取或提供政务信息资源的行为。

（三）基础数据库指储存基础政务信息资源的数据库，具有基础性、基准性、标识性和稳定性等特征。其中基础政务信息资源指全市经济社会发展中最为基础的、多个单位在其履行政务职能过程中共同需要的政务信息，包括人口、法人单位、自然资源和空间地理、宏观经济等基础信息。

（四）公共数据库指除基础数据库外，集中整理和储存由各单位管理的，与社会经济发展、城市管理密切相关的某一特定领域的政务信息资源的数据库，包括创新资源、人力资源、文化资源、社会诚信、城市管理、文件档案等数据库。

（五）专业数据库指各单位自己管理的、与业务应用系统紧密结合的政务信息数据库。

（六）节点数据库指各区、县范围内的综合政务信息数据库。

第二十七条 本市行政机关之外的其他市属国家机关、社会团体之间通过电子化、网络化相互共享政务信息资源的行为，参照本办法执行。

第二十八条 本办法自 2008 年 8 月 25 日起施行。

文件编号：延政办发〔2017〕44 号
发布时间：2017 年 8 月 23 日
发布机关：延安市人民政府办公室

延安市政务数据资源共享管理暂行办法

第一章 总 则

第一条 为规范全市政务数据资源管理，推进政务数据资源"聚、通、用"，充分发挥政务数据资源在深化改革、转变职能、创新管理中的重要作用，依据《中华人民共和国网络安全法》、《国务院关于印发政务信息资源共享管理暂行办法的通知》（国发〔2016〕51 号）和《国务院办公厅关于印发政务信息系统整合共享实施方案的通知》（国办发〔2017〕39 号）等规定，结合我市实际，制定本办法。

第二条 政务数据资源是国家基础性战略资源，对经济转型、社会发展和国家治理等方面具有重要作用。推进政务数据资源交换共享，是实施大数据战略、建设新型智慧城市、推动"互联网+政务服务"的核心基础，是创新政府管理模式、推动政府治理能力和治理水平现代化的必要途径，是实现"云上延安"强基础、"数据延安"促转型、"智慧延安"惠民生的"国家数谷、网络强市"目标的重要举措。要加快数据集中和共享，推进技术融合、业务融合、数据融合，实现跨层级、跨地域、跨系统、跨部门、跨业务的数据资源协同管理和服务。

第三条 本办法所称政务数据资源，是指政务部门在履行职责过程中制作或获取的，以一定形式记录、保存的各类数据资源，包括政务部门直接或通过第三方依法采集的、依法授权管理的和因履行职责需要依托政务信息系统形成的**数据**

资源等。

本办法所称政务部门，是指延安市各级政府部门及法律法规授权具有行政职能的事业单位和社会组织。

第四条 本办法适用于全市各级政务部门非涉密政务数据资源采集、共享、开放、利用等行为及其相关管理活动。

数据共享限用于政务部门间政务数据资源共享工作，包括因履行职责需要使用其他政务部门政务数据资源和为其他政务部门提供政务数据资源的行为。数据开放限用于政务部门面向公民、法人和其他组织依法提供政务数据的行为及活动。

第五条 市促进云计算和大数据发展联席会议是全市政务数据资源共享管理工作的领导机构，负责统筹协调全市政务数据资源共享开放有关重大事项。

市网信办是全市政务数据资源的主管部门，负责组织、指导、协调和监督全市政务数据资源管理有关工作，承担政务数据资源管理基础平台建设、运行和维护，负责全市政务数据资源日常维护、安全运行等工作，指导和组织各政务部门编制本部门政务数据资源目录，制订政务数据资源采集、共享、开放、利用等关键环节的标准规范并组织实施。

政务部门是政务数据资源管理的责任主体，应当依据法定职责、按照有关法律法规和本办法规定，做好本部门政务数据资源的采集获取、目录编制、互联互通和更新维护等工作，并按照政务数据资源目录提供或使用共享的政务数据资源。

第六条 政务数据资源共享应遵循以下原则：

（一）以共享为原则，不共享为例外。各政务部门形成的政务数据资源原则上应予共享，涉及国家秘密和安全的，按相关法律法规执行。

（二）需求导向，无偿使用。因履行职责需要使用共享数据的部门（以下简称使用部门）提出明确的共享需求和数据使用用途，共享数据的产生和提供部门（以下统称提供部门）应及时响应并无偿提供共享服务。

（三）统一标准，统筹建设。按照中省政务数据资源相关标准进行政务数据资源的采集、交换和共享工作，坚持"一数一源"、多元校核，统筹建设全市政务数据资源目录体系和共享交换体系。

（四）健全机制，保障安全。市网信办统筹建立政务数据资源共享开放管理机制和工作评价机制，各政务部门和数据资源共享系统管理单位应加强对共享数据采集、共享、使用全过程的身份鉴别、授权管理和安全保障，确保共享数据安全。

第七条 "数据延安"公共服务平台是全市政务数据资源管理基础平台，为政务部门提供标准统一和安全规范的数据资源目录管理、数据资源共享和数据资源开放等服务。政务部门应当依托该平台提供的服务功能实现本部门政务数据资源采集、存储、编目、清洗、交换、共享、开放等规范化应用管理。

数据资源目录管理系统为政务部门提供政务数据资源编目、登记、审核、发布、更新、修改相关服务。数据资源共享系统与省级共享交换平台联通，为政务部门提供共享数据抽取、授权、接口管理相关服务。数据资源开放系统为政务部门提供面向社会开放数据的授权认证、互动、更新维护相关服务。

数据资源目录管理系统和数据资源共享系统依托电子政务外网建设和管理，数据资源开放系统依托互联网建设和管理。

第八条 政务部门要按照《延安市关于规范电子政务平台管理推动信息化建设向云计算模式转变的实施意见》（延市办发〔2017〕11号），将已建、在建的政务应用系统及原有跨部门数据共享交换系统加快迁入延安华为云平台，新建政务信息系统必须依托延安华为云平台建设，不得再规划建设以服务政务数据存储和政务应用为目的的数据中心和云计算平台，不得再规划建设独立的政务数据共享交换系统。新建的需要跨部门共享数据的业务信息系统，必须通过"数据延安"公共服务平台实施数据共享。

第二章　数据资源目录

第九条 市网信办依据《政务数据资源目录编制指南》，明确政务数据资源的分类、责任方、格式、属性、更新时限、共享类型、共享方式、使用要求等内容，汇总形成全市政务数据资源目录，并对各政务部门政务数据资源目录编制工作进行监督指导。

　　第十条　政务部门负责梳理本部门的数据资源，及时编制、发布和维护本部门数据目录，并在有关法律法规作出修订或行政管理职能发生变化之日起 15 个工作日内更新本部门政务数据资源目录。由多部门共建项目形成的主题信息的数据资源目录由主题数据资源牵头部门负责编制和维护。

　　第十一条　使用财政性资金建设的政务信息系统项目立项申请前，应当预编形成项目数据资源目录作为项目审批要件。项目建成后，应当将数据资源目录作为项目验收的必要内容。

第三章　数据资源采集

　　第十二条　政务部门应当根据本部门履行职责的需要依法采集数据，明确数据采集的范围、格式和采集流程，以数字化形式向"数据延安"公共服务平台提供可共享的政务数据资源，保障数据的完整性、准确性、时效性和可用性，确保所提供的共享数据与本部门所掌握数据的一致性。

　　第十三条　政务数据采集遵循"一数一源、一源多用"的原则，可以通过共享方式获取或确认的，不得重复采集、多头采集。对涉及跨部门协同归集的政务数据，应当由相关各方共同协商界定相应的职责分工，通过"数据延安"公共服务平台实现采集登记和统一归集，保证数据的一致性和完整性。

　　需要面向自然人、法人和其他组织采集的基础数据，应当依法确定其采集边界和范围，不得侵害被采集人的合法权益。

　　第十四条　政务部门应当编制本部门政务数据采集清单，明确采集数据的共享开放属性、类别和级别，首次应当全量编制并及时更新。自然人数据应当以居民身份证号码作为标识进行采集，法人及其他组织数据应当以统一社会信用代码作为标识进行采集。政务部门应当按照工作要求和规范对采集数据进行审核、登记、编目、更新等操作。

第四章　数据资源共享

第十五条　政务数据资源按共享类型分为无条件共享、有条件共享、不予共享等三种类型。

可提供给所有政务部门共享使用的政务数据资源属于无条件共享类。

可提供给相关政务部门共享使用或仅能够部分提供给所有政务部门共享使用的政务数据资源属于有条件共享类。

不宜提供给其他政务部门共享使用的政务数据资源属于不予共享类。

第十六条　政务数据资源共享应遵循以下要求：

（一）凡列入不予共享类的政务数据资源，必须有法律、行政法规、党中央、国务院或省委、省政府政策依据。

（二）人口信息、法人单位信息、自然资源和空间地理信息、电子证照信息等基础数据资源的基础数据项是政务部门履行职责的共同需要，必须依据整合共建原则，通过接入"数据延安"公共服务平台实现基础数据统筹管理、及时更新，在部门间实现无条件共享。

（三）围绕经济社会发展的同一主题领域，由多部门共建项目形成的健康保障、社会保障、食品药品安全、安全生产、价格监管、能源安全、信用体系、城乡建设、社区治理、生态环保、应急维稳等主题数据资源，通过"数据延安"公共服务平台予以共享。

第十七条　使用部门应根据履行职责需要使用共享数据。属于无条件共享类的数据资源，使用部门在"数据延安"公共服务平台上直接获取；属于有条件共享类的数据资源，使用部门通过"数据延安"公共服务平台向提供部门提出申请，提供部门应在 3 个工作日内予以答复，使用部门按答复意见使用共享数据，对不予共享的，提供部门应说明理由；属于不予共享类的数据资源，以及有条件共享类中提供部门不予共享的数据资源，使用部门因履行职责确需使用的，由市网信办会同使用部门与提供部门协商解决。

第十八条　政务部门获取的共享政务数据资源原则上仅限于内部使用，不得将获取的共享数据资源挪作他用，不得以任何方式或形式用于社会有偿服务或其他商业用途。

第十九条 政务部门应当根据政务数据资源的性质和特点，选择采用接口交换、文件下载、在线浏览或离线交换等途径共享政务数据资源。对变化频繁的、时效性较强的，以及涉及跨部门并联审批和协同办公的政务数据资源，应当采用接口交换的方式，提供共享服务。

第二十条 政务部门应当建立政务数据资源的共享更新机制，对其提供的共享数据资源进行动态管理，明确数据更新周期、方式，确保数据及时更新。政务部门需停止提供已发布的共享数据时，应当提供正当理由说明并提前报市网信办备案。

第二十一条 建立疑义、错误数据快速校核机制，使用部门对获取的共享数据有疑义或发现有明显错误的，应及时反馈提供部门予以校核。校核期间，办理业务涉及自然人、法人或其他组织的，如已提供合法有效证明材料，受理单位应照常办理，不得拒绝、推诿或要求办事人办理信息更正手续。

第五章　数据资源开放

第二十二条 政务数据开放应当遵守《中华人民共和国网络安全法》、《中华人民共和国保守国家秘密法》和《中华人民共和国政府信息公开条例》等有关规定，按照无条件开放、依申请开放和依法不予开放三类进行管理。

第二十三条 政务部门应当加强落实本部门政务数据开放工作职责，编制数据开放负面清单，制定数据开放计划。

第二十四条 政务部门应当对开放数据进行动态更新管理，确保开放数据及时有效。

第六章　数据资源安全保障

第二十五条 市网信办负责组织建立政务数据资源共享网络安全管理制度，

加强"数据延安"公共服务平台安全防护，指导督促政务数据资源采集、共享、使用全过程的网络安全保障工作，指导推进政务数据资源共享风险评估和安全审查，保障政务数据资源共享交换时的数据安全。

第二十六条　政务部门要加强政务数据资源采集、共享、使用时的安全保障工作，落实本部门对接系统的网络安全防护措施。加强本部门信息系统的数据加密、访问认证等安全保护，按照"谁管理、谁定级"原则，依据政务数据分类定级标准明确数据的安全等级属性。

第七章　监督检查

第二十七条　市网信办会同市政府督查室等相关部门督促检查政务数据资源共享落实工作，并对各级政务部门政务数据资源的目录编制、资源共享和更新维护情况进行评估，定期通报评估结果，报告市委网络安全和信息化领导小组、市促进云计算和大数据发展联席会议。

第二十八条　各政务部门和相关责任人有下列情形之一的，由市网信办会同市政府督查室通知整改：

（一）未按照要求编制和更新政务数据资源目录的；

（二）未及时发布、更新共享政务数据资源的；

（三）向"数据延安"公共服务平台提供的数据和本部门所掌握数据不一致，未及时更新数据或提供的数据不符合有关规范、无法使用的；

（四）将共享数据用于履行本单位职责需要以外的行为；

（五）拒绝、拖延提供政务数据资源的以及擅自减少应提供数据的；

（六）违反本办法规定的其他行为。

第二十九条　各政务部门违反规定使用涉及国家秘密、商业秘密和个人隐私的共享数据，或者造成国家秘密、商业秘密和个人隐私泄漏的，按国家有关法律法规处理。

第八章　附　则

　　第三十条　延安市行政区域内提供公共服务的供水、供电、燃气、通信、民航、铁路、道路客运等公共企业的数据资源采集、共享、开放等行为及其相关管理活动，参照本办法执行。

　　第三十一条　本办法自 2017 年 8 月 23 日起施行，2022 年 8 月 23 日废止。

文件编号：鲁政办发〔2015〕6 号
发布时间：2015 年 1 月 27 日
发布机关：山东省人民政府办公厅

山东省政务信息资源共享管理办法

第一章 总 则

第一条 为规范和促进山东省政务信息资源共享，推动政务信息资源科学配置和有效利用，降低行政成本，提高行政效能，提升公共管理和服务水平，更好地服务于全省经济、政治、文化、社会和生态文明建设，依据国家有关法律法规和《山东省信息化促进条例》，制定本办法。

第二条 本办法所称政务信息资源，是指各级行政机关和依法行使行政职能的组织（以下统称政务部门）在履行职能过程中产生、获取的信息资源。

第三条 本办法适用于本省行政区域内政务信息资源共享活动，各政务部门依照本办法，依托电子政务外网具体开展信息共享活动。

第四条 政务信息资源共享应当遵循需求导向、统筹规划、统一标准、无偿共享、保障安全的原则。

第五条 政务信息资源分为三种类型：可以无附加条件地提供给其他政务部门共享的政务信息资源为无条件共享类；按照设定条件提供给其他政务部门共享的政务信息资源为条件共享类；依法不能提供给其他政务部门共享的政务信息资源为不予共享类。

与行政管理或跨部门并联审批等相关的政务信息资源列入无条件共享类，在相关政务部门之间共享。

与协同管理相关、信息内容敏感、只能按特定条件提供给相关政务部门共享的政务信息资源，列入条件共享类。

有明确法律、法规、规章规定，不能提供给其他政务部门共享的政务信息资源，列入不予共享类。

依法应与特定政务部门共享的政务信息不受上述限制，应按照法律规定向特定政务部门提供共享信息。

第六条 各级政府信息化主管部门或政府已经指定的部门（以下简称信息共享主管部门）负责本级政府政务信息资源共享工作。信息共享主管部门负责规划、组织、指导、协调和评估政务信息资源共享工作，组织实施政务信息资源建设和共享重大事项，牵头构建政务信息资源目录和交换体系，组织建设并管理政务信息资源共享公共基础设施，会同有关部门制定相关标准或规范，定期对政务信息资源共享工作进行检查评估。

第七条 《政务信息资源目录》（以下简称《资源目录》）和《政务信息资源共享目录》（以下简称《共享目录》）是实现政务信息资源共享和业务协同的基础，是各政务部门之间信息共享的依据。《资源目录》、《共享目录》由信息共享主管部门牵头，会同相关部门共同编制。列入《共享目录》的政务信息资源按共享分类进行共享。《共享目录》由信息共享主管部门定期更新、维护和发布。

第二章　共享基础设施

第八条 省和设区的市应当建设满足本级及对上一级政务信息资源共享和业务协同需求的、统一的共享交换平台（以下简称共享平台），该平台应部署在省和设区的市电子政务公共服务云平台上。共享平台运行维护费用可纳入政府向社会专业服务机构购买服务范围，由同级财政资金统一支付。

县级及以下政府不再建设本级共享平台，已有的应当逐步向市级共享平台迁移。

第九条 共享平台包括政务信息资源目录系统（以下简称目录系统）、政务信息资源交换系统（以下简称交换系统）。全省目录系统和交换系统分省、市两级建设部署，按照标准进行无缝对接。市级《资源目录》和《共享目录》应报省级共享平台备案并注册。

第十条 政务部门间的政务信息资源共享交换和业务协同必须通过共享平台进行，各政务部门之间不得重复建设跨部门使用的目录系统和交换系统。跨层级的政务信息资源共享交换应通过省、市两级共享平台进行。

第十一条 信息共享主管部门负责共享平台的政务信息资源基础数据库、共享主题数据库的建设（以下统称平台中央数据库），并会同相关单位制定平台中央数据库与政务部门业务数据库之间数据交换的统一标准和制度，完善共享平台使用和管理办法。

第十二条 各政务部门要按照共享平台的技术要求，部署本部门前置交换系统，确保业务数据库与前置交换数据库之间、平台中央数据库与前置交换数据库之间的有效联通和同步更新。

第三章 信息目录

第十三条 政务部门应当对本部门所拥有的政务信息资源进行梳理，按照标准规范，编制本部门的《资源目录》，确定可供共享的信息资源及共享条件，统一纳入全省《共享目录》。

政务部门对不予共享的政务信息资源，应当在《资源目录》明确，并提供有关法律、法规、规章依据，由信息共享主管部门核定。

第十四条 政务部门应在共享平台开通本部门目录系统，按照目录标准，及时逐条登记、审核相关政务信息资源，并负责发布本部门的《资源目录》。

第十五条 政务部门建立本部门目录管理制度，指定本部门目录登记和审核人员，加强对本部门《资源目录》目录登记、审核、发布、更新等工作的管理。

第十六条 信息共享主管部门统筹确认和调整本级政务部门编制、提交备案的《资源目录》，组织本级政务部门共享信息和共享需求的梳理，形成本级统一的《资源目录》和《共享目录》，界定共享信息的名称、类别、提供单位、提供方式、共享条件和范围、更新时限等，并委托相关部门定期对《资源目录》中政务信息资源进行标准符合性测试。

第十七条 信息共享的关键要素发生变化时，政务部门应及时告知信息共享主管部门。信息共享主管部门根据变更情况对《共享目录》进行动态调整。

第四章 信息采集

第十八条 政务部门应当按照法定职责采集信息，明确本部门信息收集、发布、维护的规范和程序，确保信息真实、可靠、完整、及时。政务部门应以共享方式获取其他政务部门依据职能已采集的信息，避免重复采集。

第十九条 凡是列入《共享目录》的信息，政务部门必须以电子化形式，按照统一规定和标准，向共享平台提供信息访问接口和接口规范说明文档等。

第二十条 政务部门采集信息过程中应主动通过共享平台与其他政务部门的相关政务信息进行比对，发现信息不一致的应按《资源目录》进行核对，必要时由信息共享主管部门会同双方协商解决。

第二十一条 政务部门因业务或职能调整，需要调整信息采集范围的，要实时更新《资源目录》，并向信息共享主管部门备案。

第五章 信息共享

第二十二条 政务部门应当依据本部门职能共享和使用信息，根据履行职责需要向信息共享主管部门提出对其他政务部门的信息共享需求，同时有责任和义务提供其他政务部门履行职责所需要的信息。非因法定事由，政务部门不得拒绝其他政务部门提出的信息共享需求。

第二十三条 政务部门应健全信息更新机制，及时维护相关政务信息，对所提供的共享信息进行动态管理和及时更新，确保信息的准确性、完整性和时效性。

第二十四条 各政务部门可根据实际情况，通过信息查询、直接数据交换、接口服务或其他定制处理等共享服务模式获得信息资源的共享服务。

第二十五条 无条件共享类政务信息资源由政务部门通过共享平台自行获取。

条件共享类的政务信息资源由政务部门按照约定条件进行共享。政务部门之间对共享条件存有争议的，由本级信息共享主管部门协调解决。

第二十六条 共享平台对政务信息资源共享交换实现日志、信息查询日志等情况进行记录，记录数据保留时间为 5 年。

第二十七条 政务部门可以采取集中与分散相结合的方式存放共享的信息资源。为方便信息共享，政务部门可以根据实际情况将共享信息资源库托管在共享平台，并由政务部门自行维护和管理。

第二十八条 由共享平台本地存储的共享信息和共享平台调用各节点信息而产生的综合性服务信息，政务部门可以根据需求提出申请，在征得信息提供部门和信息共享主管部门同意后使用。对不按照《共享目录》公布的更新时限提供和更新信息的政务部门，信息共享主管部门有权对其享受该项权益进行必要的限制。

第二十九条 政务部门应当制定本部门政务信息资源共享内部工作程序、管理制度以及相应的行政责任追究制度，确定信息资源管理员负责对本部门政务信息共享事项的申请审核把关。审核要以履行职责需要为主要依据，核定应用业务、使用对象、所需信息、共享模式、截止时间等要素，确保按需共享、安全共享。

政务部门应将信息资源管理员的信息向同级信息共享主管部门备案，如有人员变动应及时更新。

第三十条 各政务部门信息资源共享的维护经费，应纳入政府购买服务范围。

第六章　共享安全

第三十一条 政务部门所获取的共享信息只能用于履行职责需要，不得用于其他目的，并对共享信息的滥用、非授权使用、未经许可的扩散以及泄露等行为负责。信息提供单位不对信息在其他政务部门使用的安全问题负责。

第三十二条 按照"谁建设，谁管理；谁使用，谁负责"的原则，电子政务网络、共享平台建设和管理部门以及各使用部门，在各自的职责范围内做好安全保密的监督和管理工作。出现安全问题应及时向同级相关信息安全、保密等主管部门报告，并配合相关职能部门处置。

第三十三条 根据公安部等4部委《信息安全等级保护管理办法》（公通字〔2007〕43号）规定，共享平台实行信息安全等级保护制度，安全保护等级为第三级。

第三十四条 共享平台承建部门应加强信息安全管理，按照国家保密有关规定严格管理信息资源，严格按照共享条件提供信息，建立健全共享平台运行维护制度和应急处置预案，做好异地备份工作，落实信息安全等级保护措施，确保共享平台的安全稳定和可靠运行。

第三十五条 政务部门通过共享平台参与政务信息资源共享必须使用统一的数字证书进行身份认证。

第七章 监督检查

第三十六条 各政务部门要定期将使用共享信息的效果及时反馈给信息共享主管部门。共享信息提供方有权向使用方了解共享信息使用情况。

第三十七条 发展改革部门、信息共享主管部门、财政部门要把政务部门信息共享效果作为规划和安排政务部门信息化建设项目和运行维护经费的重要依据。对无正当理由，不按照本规定参与信息共享的部门，酌情暂停安排新的建设项目和已建项目的运行维护费用。

第三十八条 有下列情形之一的，由信息共享主管部门督促有关部门予以纠正；情节严重的，提请有关部门对负有直接责任的主管人员和其他责任人员依规给予处分：

（一）不按规定将本部门掌握的政务信息资源提供给其他部门共享的；

（二）故意提供不真实、不全面共享信息内容的，未按要求及时发布、更新共享政务信息和资源目录的；

（三）对共享获得的信息管理失控，致使出现滥用、非授权使用、未经许可的扩散以及泄漏的；

（四）不共享其他部门政务信息、随意扩大信息采集范围，造成重复采集信息，增加社会成本、给社会公众增加负担的；

（五）未与信息提供部门签订相关许可协议，擅自将共享获得的信息转让给第三方或利用共享信息开展经营性活动的；

（六）对于监督检查机关责令整改的问题，拒不整改的；

（七）其他违反政务信息资源共享管理办法应当给予处分的行为。

第三十九条 政务部门违反规定使用涉及国家秘密、商业秘密和个人隐私的共享信息，或者造成国家秘密、商业秘密和个人隐私泄漏的，按国家有关法律法规或国家保密规定处理；构成犯罪的，依法追究刑事责任。

第八章　附　则

第四十条 本办法中有关术语定义如下：

（一）政务信息资源共享，是指各政务部门在依法履行职能过程中向其他政务部门提供或获取政务信息的过程。

（二）政务信息资源基础数据库，是指储存基础政务信息资源的数据库，具有基础性、基准性、标识性和稳定性等特征。其中基础政务信息资源是指全省经济社会发展中最为基础的、多个政务部门在其履行政务职能过程中共同需要的政务信息，包括人口、法人单位、自然资源和空间地理、宏观经济等基础数据库。

（三）共享主题数据库，是指除基础数据库外，集中整合和储存由相关政务部门共同管理的、与经济社会发展和管理密切相关的某一特定领域的政务信息资源数据库，包括创新资源、人力资源、文化资源、社会诚信、社会管理（治理）、城市管理、文件档案等方面数据库。

（四）业务数据库，是指各政务部门自己管理的、与业务应用系统紧密结合的政务信息数据库。

（五）前置交换数据库，是指为实现数据交换而建立的中间存储数据库，与交换数据的政务部门业务数据库之间隔离，保证各政务部门业务数据库的独立性。

第四十一条 本办法由省经济和信息化委负责解释。

第四十二条 本办法自 2015 年 3 月 1 日起施行，有效期至 2020 年 2 月 29 日。

抄送：省委各部门，省人大常委会办公厅，省政协办公厅，省法院，省检察院，济南军区，省军区。各民主党派省委。

文件编号：成办发〔2016〕2号
发布时间：2016年1月12日
发布机关：成都市人民政府办公厅

成都市人民政府办公厅关于深入推进政务数据资源整合共享工作的意见

一、基本原则和工作目标

（一）基本原则

1. 需求导向，分步推进。科学制定政务数据资源采集、共享、开放、应用年度实施计划，以推动关联性强和业务协同量大的部门信息共享和与民生改善、产业发展、社会管理关系密切的政务数据资源开放为突破口，不断扩大信息共享的范围，拓展数据开放的广度和深度。

2. 统一标准，规范运行。按照一数一源、多元校核、动态更新的要求，规范共享和开放信息的采集和处理，确保数据更新及时、质量可靠、可用性强。

3. 集约建设，统筹应用。统一部署全市统一的基础数据库及其开发应用平台建设，避免投资导向、重复建设，减少资源浪费。

4. 强化管理，保障安全。明确各层级、各部门政务信息管理职责分工，各负其责、各司其职。强化信息安全管理，建立健全政务信息数据资源审查机制，正确处理共享开放与保障安全的关系，保守国家秘密、保护商业秘密和个人隐私。

（二）工作目标

到2017年，基本形成规范、高效的政务数据信源采集和开发利用体系，政务数据资源开放共享水平显著提高，智慧政府建设取得阶段性成果。建立完善政务数据资源的信源采集体系、资源目录体系、数据交换体系、共享规范体系和安全认证体系，形成标准统一、流程清晰、责任明确的政务信息采集、维护、共享工作机制，基础设施及相关技术支撑能力不断提高，跨部门、跨层级业务协同能力不断增强；在人口、法人、宏观经济、地理信息等方面形成全市统一的政务数据汇聚和资源开发应用体系，支撑成都市政务大数据平台运行的高弹性、高可用、高安全、按需服务的资源服务体系初步建成，跨部门、跨层级的综合性应用的目标初步实现；面向民生服务、经济发展、城市管理等重点领域，推进实施一批大数据示范应用，有序推进政务数据资源向社会开放利用，推动社会主体利用开放数据资源进行增值开发利用，促进信息消费和信息服务产业转型发展。

二、建立完善工作机制

（一）建立政务数据资源采集、交换和比对机制

1. 完善政务数据资源采集体系。由市经信委牵头制定成都市政府数据资源目录体系和数据采集标准、流程和方法，建立数据采集、更新机制和数据库备案、运行、更新、注销管理制度，推动各区（市）县、市级各部门按照业务产生数据的原则规范开展数据采集，建立"目录清晰、标准统一、一数一源、动态更新"的信息资源架构和数据采集体系。

2. 推动政务数据资源交换共享。由市经信委牵头制定全市政务数据信息资源共享管理办法，推动无设定条件可普遍共享的政务数据资源集中交换、充分共享，有设定条件的政务数据资源在部门间通过身份鉴别和访问控制等措施实现有限共享。

3. 建立政务数据比对修正机制。对于不真实、不完整、不准确的数据，由数据归集部门按照"多元校核"原则提出数据校核要求，由数据提供部门基于"一数一源"数据采集原则进行核实修正，确保政务数据的真实性、完整性、准确性和有效性。

（二）建立政务数据整合共享协调机制

1. 完善政务数据资源交换制度。由市经信委统筹协调并组织收集全市各级、

各部门政务数据资源的共享需求及发布响应，编制全市跨部门数据资源共享交换目录并建立目录动态调整制度，推动政务数据资源的交换共享。

2. 落实政务数据资源共享责任。建立政务数据资源采集、处理、发布及开放共享的考核评价机制。

（三）完善政务数据资源开放机制

1. 完善政务数据资源开放制度。由市经信委牵头制定政务数据资源向社会开发利用的工作意见，组织各部门梳理形成面向社会公众的数据开放目录，明确政府数据开放目标、实施原则、开放范围、开放渠道、开放方式和保障措施，引导企业、行业协会、科研机构和其他社会组织等主动采集开放数据，建立起政府和社会互动的大数据采集、整合、开放、利用机制。

2. 建立政务数据资源开放长效机制。按照动态管理的原则，分年度制定并实施政务数据开放计划，以公共服务、经济发展和社会管理为重点，推进政务数据资源开放。除法律法规明确不宜开放的数据，一律分级、分类逐步向社会开放，重点加快推进交通服务、教育科技、医疗卫生、空间地理、公共安全、金融服务、市场监管、能源环境、文化娱乐等领域数据资源的社会化共享。

3. 建立统一的政府数据资源开放网站。由市经信委、市政务服务办研究依托全市政府网站统一平台建设成都数据资源网站，面向社会提供各类可公开的政务数据资源。鼓励社会服务机构利用政务数据资源开展重大问题研究，推动政务数据资源的价值发现、创新应用。

（四）强化信息安全管理

1. 严格共享信息安全管理责任。由市经信委按照信息保障、综合安全、维护权益的要求，完善政务信息共享安全管理制度。信息共享各方应根据相关法律规定，履行共享信息的安全保护责任，严格按照规定用途和适用范围使用共享政务数据资源。

2. 严格开放信息安全管理责任。遵循"谁提供、谁审核、谁负责"的原则，健全政务开放信息发布审核机制，正确处理加快政务数据资源开放与保障安全的关系，确保开放的政务数据内容、信息载体、基础平台和运维环境得到全面有效保护。

3. 建立成都市政务大数据平台安全防护体系。依托成都市信息安全监测管理及应急响应平台，面向政务大数据资源体系和管理运行服务提供专业的信息安全服务。通过制订安全策略、确定安全边界、强化安全技术和落实安全措施，为全市数据资源平台搭建可靠、可信、可持续的安全防护体系，确保数据内容安全、传输安全、计算安全、存储安全和审计安全。

三、抓好重点工作

（一）统筹推进全市政务信息基础数据库建设

坚持需求导向、统筹规划、整合共建、规范管理、规模开发，从建立完善全市统一的人口、法人、地理信息、宏观经济基础数据库入手，不断推进政务信息资源入库工作，不断扩展政务信息基础数据库领域和资源，为构建政务大数据信息资源体系提供有力支撑。

1. 统筹规划全市政务信息基础数据库建设。统筹开展政务基础数据信息资源分类、编目和注册工作，形成政务基础数据信息资源（库）目录，规范采集标准、流程和方法，制定全市政务信息基础数据库建设规划并推进实施。

牵头单位：市经信委、市发改委、市政务服务办。

责任单位：各区（市）县政府（含成都高新区、成都天府新区管委会，下同）、市级各部门。

2. 完善全市人口基础数据库。依托成都市公民信息管理系统，以公安机关的人口户籍信息为基础，进一步归集整合分散在各相关部门的人口信息，建立以公民身份证号码为唯一标识，覆盖全域成都人口的信息数据库，进一步提升数据质量、加强数据资源的挖掘及关联分析，推动跨部门数据共享应用和业务协同。

牵头单位：市经信委、市公安局。

责任单位：市教育局、市科技局、市民政局、市司法局、市人社局、市国土局、市房管局、市农委、市林业园林局、市卫计委、市工商局、市金融办、市残联、成都公积金中心、人行成都分行营管部、市兴蓉集团、电信成都分公司、移动成都分公司、联通成都分公司、国网成都供电公司、成都城市燃气有限公司、广电网络成都分公司。

3. 完善全市法人基础数据库。以工商部门的企业信息为基础，以统一社会信用代码为唯一标识（至 2017 年 7 月 31 日过渡期内可同时使用组织机构代码），整合分散在各相关部门依法设立的机构单位的基础信息，完善全市法人基础数据库，促进基础库共建单位间信息共享、互联互通和业务协同，进一步提升我市企业信用信息系统建设水平。在此基础上，依据我市信用体系建设规划，积极推进重点行业信用信息数据库建设，加快健全信用政策法规和标准体系，为适时启动实施全社会信用信息系统整合工程，形成覆盖全社会的征信系统打下坚实基础。

牵头单位：市工商局、市委编办、市发改委、市经信委、市民政局、市质监局。

责任单位：市教育局、市科技局、市司法局、市财政局、市人社局、市环保局、市建委、市交委、市商务委、市文广新局、市卫计委、市国资委、市食药监局、市安监局、市统计局、市旅游局、市金融办、市国税局、市地税局、人行成都分行营管部。

4. 完善全市地理信息基础数据库。以测绘地理信息为主要内容，结合基础测绘规划、城乡规划管理工作，有序更新基础地理信息，进一步整合国土、房管、经信等相关部门的基础地理信息数据，建立完善全市统一规范的基础地理信息数据库。推动相关业务部门逐步建设地下管线、行政区划及地名数据、综合交通、水源水系分布、产业分布、自然资源分布等专业图层。通过进一步推进和丰富全市地理信息公共服务平台的应用，为全市基础数据库建设和各级、各部门应用提供基础地理信息服务。

牵头单位：市规划局。

责任单位：市经信委、市教育局、市科技局、市公安局、市民政局、市国土局、市环保局、市建委、市房管局、市城管委、市交委、市水务局、市农委、市林业园林局、市商务委、市卫计委、市食药监局、市安监局、市旅游局、市气象局、市防震减灾局。

5. 完善全市宏观经济基础数据库。以统计信息为主要内容，整合统计调查、投资项目、工业经济、服务业经济、农业经济、科技、人力资源、招商引资、金融运行、财政税收、企业存续、进出口等领域数据，建立完善全市宏观经济基础数据库，以我市宏观经济监测预警系统为基础，搭建宏观经济决策支撑服务平台，为开展经济运行动态监测分析、产业发展预测预警等决策分析提供基础支撑。

牵头单位：市发改委、市统计局。

责任单位：市经信委、市科技局、市财政局、市人社局、市国土局、市建委、市房管局、市交委、市口岸物流办、市农委、市商务委、市投促委、市工商局、市金融办、成调队、市国税局、市地税局、人行成都分行营管部、成都海关。

（二）加快构建成都市政务大数据平台

着力探索利用政务数据资源和社会化服务购买互补的信息资源开发利用模式，以各基础库及其统一开发应用平台和部门重要业务系统建设成果为基础支撑，以面向社会多渠道收集的城市经济、社会、人口、文化等领域数据为补充，开发建设成都市政务大数据平台，基于平台及时掌握城市运行状态，实现对城市运行数据的智能分析和仿真预测，推动跨部门、跨层级的综合性应用，探索开展大数据示范应用，提升行政效能，打造智慧政府。

1. 加快成都市政务大数据平台的设计和实施。充分运用云计算、大数据等新一代信息技术，在全市基础库统一开发应用平台和部门重要应用系统建设成果的基础上，围绕实现全面、直观感知城市运营管理状况、统一调度城市管理资源和形成广泛可控的信息发布与交互能力的平台建设目标，按照纵向贯通城市各类不同层级的信息资源与平台智慧应用的垂直通道，构建高效、实时、共享、准确的信息流，横向通过各类业务组件组装，满足跨部门、跨领域的信息共享和协同应用的平台建设思路，抓紧推进平台集成软件系统建设方案设计，同步开展平台建设模式、运行机制研究，形成方案报批后尽快启动实施。

牵头单位：市经信委、市发改委。

责任单位：各区（市）县政府、市级各部门。

2. 探索推进大数据示范应用。结合政府职能履行需要和城市信息资源体系建设进程，逐步将各基础库统一开发应用平台和部门重要业务系统接入全市政务大数据平台，通过整合、关联、挖掘等技术手段，以民生服务、城市管理为突破口，探索推进大数据示范应用。

民生服务领域：基于全市政务大数据平台，多渠道采集食品药品安全、医疗卫生、社会保障、教育文化、旅游休闲、就业培训等方面的数据，建立基于大数据应用架构的市民融合信息服务平台，搭载市民个人网页、便民移动应用，提供全方位的一站式便民服务。积极鼓励企业及科研机构利用民生领域大数据开展研究，开发个性化、商业性便民服务应用。

牵头单位：市经信委、市发改委。

责任单位：市教育局、市民政局、市人社局、市卫计委、市文广新局、市金融办、市政府政务中心。

城市综合管理领域：以城市综合管理为对象，构建科学的预警监控体系，广泛收集城市规划、交通、治安、城管、环境、气象等方面的数据资源，依托全市政务大数据平台，建立可视化和智能化的大数据应用分析模型，通过对海量数据的智能分类、整理和分析，准确预测城市管理中可能出现的情况并按需提供解决方案，促进城市管理资源的合理调度，有效促进城市管理领域风险、问题的有效疏导、防范和处理。

牵头单位：市经信委、市发改委。

责任单位：市公安局、市环保局、市建委、市规划局、市城管委、市交委、市水务局、市林业园林局、市气象局。

四、强化组织保障

全市政务数据资源整合共享工作由市信息化工作领导小组统一指导推进，市信息化工作领导小组办公室具体组织协调实施。各区（市）县政府及市级有关部门要高度重视政务数据资源整合共享工作，按照主要负责同志亲自抓、分管负责同志具体抓的原则，将其纳入重要工作日程，加强领导，抓好落实。

市级各责任部门要根据意见确立的目标任务和责任分工，抓紧拟订具体实施计划并抓好落实。市经信委要加强责任部门各项任务推进情况的督促检查，抓好政务数据资源整合共享工作的组织协调和实施。市发改委要按照政务数据资源整合共享要求强化政府投资信息化建设项目的审批管理。市财政局要按照财政预算管理规定和计划做好财政资金保障。市级各部门要切实做好各自领域内的政务数据资源采集、加工和管理，根据全市统一制定的政务数据资源交换目录和开放计划做好信息共享和数据开放工作，确保政务数据资源整合共享工作扎实有序推进。

各区（市）县政府要围绕贯彻落实本意见确定的建立全市统一的政务数据资源架构和采集、共享、开发利用体系的工作目标，按照全市统一部署，协调配合市级责任部门推进政务数据资源整合共享和开发利用工作。

文件编号：新政发〔2017〕76号
发布时间：2017年5月20日
发布机关：新疆维吾尔自治区自治区人民政府

自治区人民政府关于推进
新疆维吾尔自治区政务信息资源
共享管理工作的实施意见

一、指导思想、基本原则

（一）指导思想

深入贯彻落实党中央、国务院的决策部署，围绕"互联网+政务服务"建设任务，把握新形势下政务工作信息化、网络化的新趋势，加快推进政务业务信息系统互联互通，强化政务信息资源管理，推进政务数据共享。通过基于政务信息资源共享的业务流程再造和优化，创新社会管理和服务模式，增强政府公信力和透明度，提高政务效率，提升信息化条件下社会治理能力和公共服务水平。

（二）基本原则

以共享为原则，不共享为例外。各政务部门形成的政务信息资源原则上应予共享。涉及国家秘密和安全的，按相关法律法规执行。

统一标准，统筹建设。要按照国家政务信息资源建设和共享的相关标准规范，进行政务信息资源的采集、存储、交换和共享工作，统筹建设自治区政务信息资源目录体系和共享交换体系。

应用导向，无偿使用。要通过自治区和各地（州、市）全局性重大网上政务服务和政务业务应用系统的建设和应用所产生的数据共享需求，规划安排统一的政务信息资源交换共享平台等基础体系的建设和应用，推进政务信息资源共享工作。

政务信息资源共享实行无偿提供和免费使用原则。各政务部门都有因履行职责需要使用共享信息的权利，同时也必须承担提供其他政务部门履行职责所需要的共享信息的责任和义务。

建立机制，保障安全。建立自治区政务信息资源统筹协调推进工作机制和监督考核评价机制。加强对共享信息的采集、共享、使用全过程的安全保障，将政务信息资源共享平台列入关键信息基础设施，完善相关安全制度和措施，确保共享信息安全。

二、规范政务信息资源共享平台建设

政务信息资源共享平台（以下简称共享平台）是按照统一标准和规范开发部署的信息共享枢纽平台，是管理政务信息资源目录、支撑各政务部门开展政务信息资源交换共享的关键信息基础设施。共享平台依托自治区统一的电子政务外网建设和运行。

（一）统一建设两级共享平台

按照"二级三覆盖"模式规划建设自治区和地（州、市）两级统一的共享平台，为自治区、地（州、市）和县（市、区）三级政务部门提供信息交换共享服务，根据具体情况和条件，部分地（州、市）可不建设本级共享平台，而依托自治区级统一共享平台开展政务信息资源共享工作。

县（市、区）级及以下政府和部门不再规划建设共享平台，已有的逐步向地（州、市）级共享平台迁移。各级政务部门也不得再规划建设跨部门的数据交换共享系统，原有自建的交换共享系统应逐步迁移到统一的共享平台。

（二）推进系统和平台互联互通

各政务部门的业务信息系统，应按规范依托自治区统一的电子政务网络建设或向统一的电子政务网络迁移，并通过本级或上级统一的共享平台实施信息共享。

自治区共享平台实现与本级各政务部门联接，并与国家共享平台和各地（州、市）共享平台联接；各地（州、市）级共享平台要与本级政务部门以及所属县市区政务部门实现联接，并与自治区共享平台实现联接。

自治区共享平台根据政务工作的需要，规划实现与政务部门以外的社会相关机构实现安全可控的联接和数据交换共享，各地共享平台未经自治区批准不得与政务部门以外的机构建立数据交换共享联接。

三、建立政务信息资源目录和共享目录

政务信息资源目录（以下简称资源目录）和政务信息资源共享目录（以下简称共享目录）是实现政务信息资源共享和业务协同的基础，是各政务部门之间信息共享的依据。

（一）开展资源目录和共享目录编制工作

自治区组织制定政务信息资源目录和共享目录编制指南，各政务部门要依据指南对本部门所拥有的政务信息资源进行梳理，按照标准规范，编制本部门的资源目录，确定可供共享的政务信息资源及共享条件，统一纳入共享目录。政务部门对不予共享的政务信息资源，应当在资源目录中明确，并提供有关法律、法规、规章依据报本级政务信息资源共享主管单位核定。

（二）建立资源目录和共享目录管理制度

各政务部门要建立本部门资源目录管理制度，指定本部门目录登记和审核人员，加强对本部门资源目录登记、审核、发布、更新等工作的规范化管理，并在共享平台上开通本部门目录系统，按照目录标准，及时逐条登记、审核相关政务信息资源，发布和更新本部门的资源目录。

政务信息资源共享主管单位统筹确认和调整本级政务部门编制、提交备案的资源目录，组织本级政务部门共享信息和共享需求的梳理，形成本级统一的资源目录和共享目录，界定共享信息的名称、类别、提供单位、提供方式、共享条件和范围、更新时限等，并组织定期对资源目录中政务信息资源进行标准符合性审核。

（三） 及时修订资源目录和共享目录

政务部门在有关法律法规作出修订或行政管理职能发生变化而导致共享信息的关键要素发生变化之日起，应在15个工作日内更新本部门资源目录并及时报告政务信息资源共享主管单位。政务信息资源共享主管单位根据报告情况对共享目录进行及时动态调整。

四、完善信息资源采集规范

（一） 规范政务信息资源采集工作

政务部门应当按照法定职责采集共享信息，遵循"一数一源"的原则，明确信息收集、发布、维护的规范和程序，确保信息实、可靠、完整、及时。政务部门应以 共享方式获取其他政务部门依据工作职能已采集的信息，避免进行重复采集。

（二） 加强政务信息资源核查

政务部门采集信息过程中应通过共享平台与其他政务部门的相关信息数据进行比对检查，发现信息不一致的应按资源目录进行核对，必要时由政务信息资源共享主管单位会同信息提供部门和使用部门共同协商解决。

（三） 做好政务信息资源更新

政务部门应健全共享信息更新机制，及时维护相关政务信息，对所提供的共享信息进行动态管理和及时更新，确保信息准确、完整。凡是列入共享目录的信息资源，政务部门必须按照统一规范和标准，向共享平台提供信息访问或交换的接口，并协助完成数据交换共享技术体系的建立和运行工作。

五、推进政务信息资源共享与应用

政务信息资源共享主要分为主动共享和申请共享两种方式：

主动共享：政务部门根据本部门的资源目录，确定其中可供共享的信息资源及共享条件，提交纳入共享目录，通过共享目录和共享平台提供给使用部门。

申请共享：政务部门根据履行政务职责的需要，向政务信息资源提供部门提出信息共享需求申请信息资源共享。

（一）建立信息共享申请和审核机制

各政务部门应当制定本部门政务信息资源共享工作程序、管理制度以及相应的责任追究制度，建立对本部门政务信息共享事项的申请和对其他政务部门提出的信息共享请求进行审核确认的工作机制。

信息共享请求审核要以履行职责需要为主要依据，同时依据相关信息安全和保密法律法规等相关规定确定相关信息能否提供共享。可以提供共享的再核定应用业务、使用对象、所需信息、共享模式、截止时间等要素，确保按需共享、安全共享。非因法定事由，政务部门不得拒绝其他政务部门提出的信息共享需求。

（二）确定信息共享服务模式

各政务部门通过共享平台采用数据交换、接口服务或按权限访问共享数据资源库等共享服务模式获得政务信息资源的共享服务。无条件共享类政务信息资源由政务部门通过共享平台直接获取。条件共享类的政务信息资源由政务部门按照约定条件进行共享。

（三）加强共享信息资源集约化建设

要采取集中与分散相结合的方式存放共享的信息资源。对于共享面广和共享频率高的政务信息资源，如人口信息、法人单位信息、自然资源和空间地理信息、电子证照等基础信息资源的基础信息项，必须依据整合共建原则，通过在共享平台上集中建设或接入共享平台实现基础数据统筹管理、及时更新和无条件共享。

六、保障政务信息资源共享安全

按照"谁建设，谁管理；谁使用，谁负责"的原则，电子政务网络、共享平台管理部门以及各政务信息资源共享部门，按职责做好信息资源共享的安全保密管理工作，并严格履行关于关键信息基础设施保护的要求。

（一）加强政务信息资源共享安全防护

基于电子政务外网的共享平台应根据信息安全等级保护相关规范进行定级，并按照相应安全保护措施进行安全防护。

（二）完善政务信息资源共享安全制度和措施

共享平台管理部门以及各政务信息资源共享部门应按照国家信息安全和保密有关规定严格管理共享信息资源，严格依照共享条件提供信息，建立健全运行维护制度和应急处置预案，做好数据备份和容灾工作，落实信息安全等级保护措施。政务部门通过共享平台进行政务信息资源共享必须采用安全可靠的措施，通过统一的身份认证机制、存取访问控制机制和信息审计跟踪机制，设立信息资源访问和存储权限，对信息资源进行授权可控的应用，确保共享平台的安全稳定和可靠运行。

（三）明确政务信息资源共享安全责任

政务部门所获取的共享信息只能用于履行职责需要，不得用于其他目的，对共享信息的滥用、非授权使用、未经许可的扩散以及泄露等行为要追究责任。信息提供部门不对信息在其他政务部门使用的安全问题负责。政务部门违反规定使用涉及国家秘密、商业秘密和个人隐私的信息，或者使用不当造成国家秘密、商业秘密和个人隐私泄漏的，按国家有关法律法规处理；构成犯罪的，依法追究刑事责任。

七、建立政务信息资源共享工作协调机制

（一）加强统筹，明确职责

自治区人民政府办公厅、自治区互联网信息办公室会同自治区发改委、自治区经信委等部门作为自治区政务信息资源共享主管联席单位，负责组织、指导、协调和监督自治区政务信息资源共享工作，指导和组织自治区各部门、各地

（州、市）政府编制政务信息资源目录；组织编制自治区政务信息资源目录，并负责协调组织自治区数据交换共享平台的建设、运行和自治区政务信息资源目录的日常维护工作；统筹协调政务信息资源共享平台网络安全检查和风险评估工作。自治区政务信息资源共享主管联席单位要建立联席会议制度，定期召开会议，通报工作情况，解决存在问题，部署下一步工作。

自治区民族语言文字工作主管部门负责自治区少数民族文字政务信息资源目录的编制和更新维护工作。

自治区各地（州、市）政府办公室（厅）、互联网信息部门会同当地发改委、经信委等作为当地政务信息资源共享主管联席单位，负责本行政区域内政务信息资源共享的统筹协调和指导监督等工作。各县（市、区）政府电子政务工作机构负责本行政区域内的政务信息资源的共享和应用推进工作。

（二）建立健全监督考核机制

政务信息资源共享工作主管单位要牵头推进建立政务信息资源共享工作的监督和考核机制，完善工作交流和培训机制，定期组织工作检查和考核评估，加强工作的督促指导，将政务信息资源共享工作纳入电子政务工作绩效考评体系。

（三）建立违规责任追究制度

对有下列情形之一的，由政务信息资源共享主管单位视情形采取对相关政务部门信息共享权益进行相应的限制、督促有关部门予以纠正、通报批评等措施予以责任追究：

不遵守规定无故不提供共享信息的，或不按照共享目录公布的更新时限提供和更新信息的；故意提供不真实、不全面的共享信息内容，未按要求及时发布、更新共享政务信息和资源目录；对共享获得的信息管理失控，致使出现滥用、非授权使用、未经许可的扩散以及泄漏；不积极共享其他部门政务信息、随意扩大信息采集范围，造成重复采集信息，增加社会成本、给社会公众增加负担；未与信息提供部门签订相关许可协议，擅自将共享获得的信息转让给第三方或利用共享信息开展经营性活动等行为。

（四）加强经费保障和项目管理

县级以上财政部门负责本行政区域内政务信息资源共享的经费保障工作。政务信息资源共享目录编制费用和共享平台的运行维护经费应纳入本级财政相关部门预算。

各级互联网信息部门（信息化主管部门）、发展改革部门、财政部门要把政务数据采集、登记、汇聚、共享、服务、安全和与政务信息资源交换共享平台的联接等情况作为电子政务项目资金安排和验收的重要依据。电子政务项目建设单位在提交项目立项申报时必须同时提交项目有关政务信息资源目录和共享目录供审批单位审核。凡不按要求规划安排信息资源共享的，不予审批立项，已建成的项目不予通过验收和安排运行维护费用。

本实施意见主要针对基于电子政务外网的普通政务信息资源的共享管理工作，基于电子政务内网的政务信息资源共享管理工作实施意见另行制定。

自治区各地各单位要根据本意见，抓紧制定工作方案，明确职责和进度安排，加强保障，认真抓好落实，相关工作方案报上级政务信息资源共享主管单位备案。

文件编号：浙政办发〔2014〕137 号
发布时间：2014 年 12 月 12 日
发布机关：浙江省人民政府办公厅

浙江政务服务网信息资源共享
管理暂行办法

第一章 总 则

第一条 为促进政务信息资源的优化配置和有效利用，充分发挥浙江政务服务网（以下简称政务服务网）的平台作用，推动政府部门数据共享和业务协同，切实提高行政效能、服务质量和管理水平，根据有关法律、法规、政策和技术标准，结合本省实际，制定本办法。

第二条 本省县级以上行政机关或其他依法经授权、受委托行使行政职能的组织（以下统称行政机关）在政务服务网提供和共享信息资源的行为，适用本办法。

第三条 本办法所称的信息资源共享，是指行政机关向政务服务网及其他行政机关提供信息资源，以及在一定条件下对信息资源共同利用的行为。

第四条 政务服务网信息资源共享应当遵循以下原则：

（一）义务提供，无偿共享。行政机关在履行职责过程中获取、产生的信息资源，是政务信息资源的组成部分。行政机关应当履行无偿为政务服务网及其他行政机关提供信息资源共享的义务，法律、法规、规章另有规定的除外。

（二）需求导向，及时响应。行政机关应当依照其履职需要提出共享信息需求。对其他行政机关提出的信息共享需求，应及时响应，并配合向政务服务网提供行政权力事项办件、批文、证照、数据报表、决策分析等共享信息。

（三）规范建设，合理使用。行政机关按照一数一源、多元校核、动态更新的要求和统一的标准规范，采集和处理信息资源。行政机关所获取的共享信息，应根据本机关履行职责需要，按授权范围依法合理使用，不得用于任何其他目的。

（四）平台汇聚，安全可控。共享信息通过市、县（市、区）信息共享平台、行业垂直应用系统汇聚到省政务服务网信息资源共享平台（以下简称信息共享平台），在此基础上建立健全行政机关基础数据库和专业数据库，切实做好信息安全保障工作。

第五条　省政府负责政务服务网信息共享工作的组织领导，协调解决和信息共享有关的重大问题。

省政府办公厅组织建设信息共享平台，负责信息资源的共享管理，定期对信息资源共享工作进行检查评估，并会同省质监部门制订相关标准规范。

各市、县（市、区）政府按照统一规划，负责建设和维护本级信息共享平台，并与省信息共享平台互联互通，充分利用全省统一信息共享平台开展信息资源共享和交换工作。

其他行政机关应负责信息采集、更新和共享工作，并按照有关法律、法规和政策要求，使用所获取的共享信息。

第二章　信息目录

第六条　根据共享程度，政务服务网信息类别分三类：可供行政机关无条件共享的为非受限共享类信息；只能按照特定方式或提供给指定对象共享的为受限共享类信息；依照法律、法规、规章规定不能共享的为非共享类信息。

与跨部门并联审批、协同办公、综合管理相关的政务信息资源，行政机关应当提供共享。

第七条　非受限或受限共享类信息，其原始数据库或副本物理集中部署托管在信息共享平台，通过统一的数据访问接口向其他行政机关提供服务。暂时无法集中部署的数据库，必须以电子化形式，按照统一标准，向信息共享平台提供数据访问接口。

第八条　省政府根据行政机关的法定职责，编制省级《政务信息资源目录》（以下简称《资源目录》）、《政务信息资源共享与开放目录》。包括信息名称、数据格式、共享类别、共享范围、更新频度、时效要求、提供方式、提供单位、可否向社会开放等内容，并在信息共享平台上公布实施。

第九条　行政机关在信息共享平台上开通、维护本单位的目录系统，按照相关标准及时逐条登记、审核信息资源，确保目录内容的完整性、逻辑的一致性、命名的规范性。

第十条　行政机关可供共享的信息或共享需求发生变化时，要及时更新《资源目录》，经省政府办公厅审核通过后予以发布。行政机关每年对本单位《资源目录》内容进行一次维护和整合。

第十一条　行政机关要建立本单位《资源目录》管理制度，指定专人负责对本单位《资源目录》的登记、审核、发布、更新等具体工作。

第十二条　行政机关应当依据《资源目录》，加强信息资产管理，制订数据标准，规划信息化项目，开展政务服务协同应用。

第三章　信息采集

第十三条　行政机关应当根据《资源目录》和本单位工作要求，在职能范围内采集信息，明确信息收集、发布、维护的规范和程序，确保信息真实、可靠、完整、及时。

第十四条　省级行政机关应当将依职能获取、产生的共享信息发布到省信息共享平台，通过交换系统交换到市、县（市、区）信息共享平台上，为当地行政机关履行公共管理和服务职能提供支持。

第十五条　行政机关应当依职能采集信息，并坚持谁采集谁更新，保障数据来源的唯一性。可以通过共享方式从信息共享平台获取的信息，不得另行重复采集，不得擅自超范围采集信息。法律、法规、规章另有规定的从其规定。

第十六条 行政机关采集信息，应当优先从信息共享平台提取；需要下级单位采集或提供的，要与下级对口部门衔接，不得直接部署下级对口部门重复采集可以从其他部门共享的、依《资源目录》采集的信息。

第十七条 行政机关应当完整、准确、及时地采集相关信息；采集过程应主动通过信息共享平台与其他单位的相关信息进行比对，发现数据不一致时应及时修改，部门间有分歧的，可由省政府办公厅协调核实。

第十八条 行政机关应当建立健全信息更新机制，及时维护相关信息，确保信息的完整性、准确性、时效性，并同步共享信息。

第十九条 行政机关应当利用信息技术，以数字化方式采集、记录和存储信息，同时将具备条件的信息进行结构化处理，并通过数据库进行管理。非数字化信息应按照相关技术标准开展数字化改造。

第四章 共享应用

第二十条 行政机关应当通过信息共享平台的前置交换系统发布共享信息，并标注受限或非受限共享信息。

未经信息提供单位同意，行政机关不得擅自向社会发布和公开所获取的共享信息，属于政府信息公开范围内的信息除外。

第二十一条 行政机关向信息共享平台提供的信息，事先应当经过保密审查，不得涉及国家秘密。其中，自然人信息应当以法定身份证件作为标识提供，法人及其他机构信息应当以组织机构代码作为标识提供，没有组织机构代码的市场经营主体应当以营业执照作为标识提供。

第二十二条 人口、法人单位、自然资源和空间地理、宏观经济等基础数据库和专业数据库的建设部门应当通过全省统一的信息共享平台为行政机关提供信息资源共享服务。

第二十三条 行政机关应当将共享的文书类、证照类等政府信息加盖可靠的电子印章，以保证信息的不可更改性。

第二十四条 行政机关通过信息共享平台获得的加盖可靠电子印章的文书

类、证照类等电子材料，与纸质文书具有同等法律效力。法律、法规另有规定的从其规定。

行政机关可以将通过共享方式获得的文书类、证照类等电子材料作为办事和执法依据。法律、法规规定不适用电子文书的除外。

行政机关通过电子方式能够确认的事项或获取的材料，可以不再要求行政管理相对人自行确认或提交。法律、法规另有规定的从其规定。

行政机关采集、办理并提供共享的网上审批类、文书类及证照类电子材料，应当依照有关规定及时归档。具有永久保存价值的电子材料，归档时应同时保存电子版本和纸质版本。

第二十五条 行政机关应当对所提供的共享信息实行动态管理，其中网上办件、电子证照、文书类信息应当进行实时更新，其他业务信息应当在产生后 2 个工作日内进行更新。

情况特殊的，行政机关应当在向省政府办公厅备案后，每季度首月的上旬进行更新。

第二十六条 行政机关通过信息共享平台检索、发现、定位和选取履行职能所需要的信息，申请共享信息的使用；受理其他行政机关使用本单位受限共享类信息的申请。

申请使用非受限共享类信息的，由信息共享平台管理部门开放相应的访问权限给申请单位，即时完成共享实施。

申请使用受限共享类信息的，由信息提供单位审核申请。审核要以履行职责需要为主要依据，核定业务需求、使用对象、所需信息、共享模式等要素，确保按需、安全共享。信息提供单位应在 5 个工作日内完成审核，审核通过的，在信息共享平台开放相应的访问权限给申请单位；审核不通过的，信息提供单位应说明理由；信息提供单位和申请单位不能取得一致意见的，由省政府办公厅进行协调。

第二十七条 信息共享采取对比验证、查询引用、批量复制三种服务模式。

（一）比对验证。信息提供方通过交换系统将共享信息发布为比对验证服务模式的，获得信息提供方授权的政务用户和应用系统通过信息共享平台配置的访问权限，调用验证服务接口进行比对，获取验证结果。

（二）查询引用。信息提供方通过交换系统将共享信息发布为查询引用服务模式的，获得信息提供方授权的政务用户和应用系统通过信息共享平台配置的访问权限，调用查询服务接口，获取或引用查询对象的相关数据。

（三）批量复制。信息提供方通过交换系统将共享信息发布为批量复制服务模式的，获得信息提供方授权的政务用户或应用系统通过信息共享平台配置的访问权限，直接下载或通过交换系统获取批量数据。

第二十八条　行政机关应当利用共享的基础数据库或其他部门相关数据库，清洗、比对本部门业务数据库。对不一致的数据或错误的数据，进行核查或纠错，并在 5 个工作日内向对方反馈信息。

第二十九条　行政机关应当主动通过信息共享平台，以联机方式实现与其他行政机关的信息共享与业务协同，实现精细化服务和管理，提升公共服务、社会治理和联合监管能力。

第五章　安全管理

第三十条　行政机关应当加强政务信息资源安全管理，不得滥用、非授权使用、未经许可扩散所获取的共享信息资源。因使用不当所造成信息安全问题的，依法追究信息使用单位相关责任人的责任。

第三十一条　行政机关要建立健全信息资源安全管理规章制度，指定专人负责共享信息的保密审查和风险防范工作，切实完善安全技术保障体系，确保共享信息的安全。出现安全问题应及时向信息安全行政主管部门报告，并配合相关职能部门处置。

第三十二条　信息共享平台应当严格执行信息网络安全和保密等有关法律、法规和政策规定，并按照国家技术规范和标准定期开展信息安全风险评估，查找并排除信息安全风险和隐患，建立身份认证、存取访问控制、审计跟踪等机制，确保信息可用、完整、安全、保密。

第三十三条　信息共享平台应当具备完善的运行管理维护制度、备份灾难恢复机制和应急处置预案，并定期开展预案应急演练，确保平台安全、稳定、可靠运行。

第六章　监督考核

第三十四条　行政机关应当制订本单位政府信息资源共享内部工作程序、管理制度以及相应的行政责任追究制度，并指定专人负责信息资源共享工作。

第三十五条　信息资源共享工作列入政府年度工作考核项目。省政府办公厅会同省监察厅定期开展信息资源共享工作检查，对行政机关提供信息的数量、更新时效和使用情况进行评估，并公布评估结果、提出改进意见。

第三十六条　信息资源共享工作考核结果作为规划和安排行政机关信息化建设项目和财政预算经费的重要依据；对于不响应信息共享的行政机关，酌情暂停安排其相关新建项目和运维费用。

第七章　附　则

第三十七条　本办法所称的信息共享平台是指为行政机关之间信息共享提供支撑的信息技术平台。包括信息资源共享与开放目录体系和信息资源共享交换体系，由省市县三级组成，通过省电子政务外网互联互通。

信息资源共享与开放目录体系是行政机关之间信息共享的依据，信息资源共享交换体系是行政机关之间信息交换的枢纽。

第三十八条　各市、县（市、区）政府应当根据本办法结合实际制订当地的政务信息资源共享管理办法。

文件编号：杭政办函〔2015〕11 号
发布时间：2015 年 2 月 15 日
发布机关：杭州市人民政府办公厅

杭州市政务数据资源共享管理暂行办法

一、适用范围

本市行政区域内政务数据资源采集、归集和共享活动适用本办法。

二、概念定义

（一）本办法所称政务数据资源，是指我市各级行政机关或其他依法经授权、受委托行使行政职能的组织（以下统称行政机关），在履行职责过程中产生、采集的非涉密数据。

（二）本办法所称杭州市政务数据服务平台（以下简称政务数据服务平台），是指在浙江政务服务网杭州平台上，为行政机关之间数据共享提供支撑的信息技术平台，包括政务数据资源运行平台、共享目录体系和交换体系等，通过市电子政务外网，同省、区（县、市）互联互通。

政务数据资源运行平台是行政机关归集、共享、管理政务数据资源的技术平台，共享目录体系是行政机关之间数据共享的依据，交换体系是行政机关之间数据交换的枢纽。

（三）本办法所称数据共享类别，是指按数据共享程度对政务数据资源的划分方式，分为三类：可供行政机关无条件共享的，为非受限共享类数据；只能按照特定方式或提供给指定对象共享的，为受限共享类数据；依照法律、法规、规章规定不能共享的，为非共享类数据。

与跨部门并联审批、协同办公、综合管理相关的政务数据资源，行政机关应当提供共享。

（四）本办法所称数据共享模式，是指在政务数据服务平台归集的政务数据资源提供给行政机关共享使用的方式，分为三类：通过调用验证服务接口进行比对，获取验证结果的比对验证模式；通过调用查询服务接口，获取或引用查询对象相关数据的查询引用模式；直接下载或通过政务数据服务平台获取批量数据的批量复制模式。

三、共享原则

（一）规范采集。行政机关按照一数一源、多元校核、动态更新的要求和统一的标准规范，采集和处理数据。可以通过共享方式确认或获取的数据，不得另行重复采集，不得擅自超范围采集数据。

（二）无偿提供。行政机关在履行职责过程中获取、产生的数据资源，是政务数据资源的组成部分。行政机关应当无偿为政务数据服务平台及其他行政机关提供政务数据共享，及时响应其他单位提出的共享需求，配合向政务数据服务平台提供行政权力事项办件、批文、证照、数据报表、决策分析等共享数据。

（三）平台归集。共享数据通过全市统一的浙江政务服务网杭州交换平台归集到政务数据服务平台的基础数据库和专业数据库，统一向行政机关提供数据共享服务。

（四）按需共享。行政机关共享使用其他部门的政务数据资源，应当符合部门职能和履职需求，不得超越职能获取和使用其他部门的政务数据资源，不得用于任何其他目的。未经数据提供单位同意，行政机关不得擅自向社会发布和公开所获取的共享信息，属于政府信息公开范围内的信息除外。

（五）安全可控。行政机关应当加强政务数据资源安全管理，不得滥用、非授权使用、未经许可扩散所获取的政务数据资源，因使用不当造成安全问题的，依法追究使用单位及相关责任人的责任。市政府电子政务办应当加强对数据归集、共享过程的安全管理，切实做好数据安全保障工作。

法律、法规、规章对政务数据资源共享管理工作另有规定的，从其规定。

四、职责分工

（一）市政府负责全市政务数据资源共享工作的组织领导，协调解决和数据共享有关的重大问题。

（二）市政府办公厅负责政务数据资源共享工作的统筹规划，负责《政务数据资源目录》（以下简称《数据目录》）、《政务数据资源共享和开放目录》的编制，政务数据服务平台的建设，以及全市政务数据资源共享管理，定期对政务数据资源工作进行检查评估，并会同市质监部门制订相关标准规范。具体工作由市政府电子政务办承担。

（三）各区、县（市）政府按照统一规划，负责建设和维护本级共享平台，并与省、市共享平台互联互通，充分利用全省统一数据共享平台开展政务数据资源共享和交换工作。

（四）其他行政机关负责数据采集、提供和更新工作，并按照有关法律、法规和政策要求，使用所获取的共享数据。

五、数据目录

（一）市政府电子政务办根据行政机关的法定职责，编制市级《数据目录》，包括数据名称、数据格式、共享类别、共享范围、更新频度、时效要求、提供方式、提供单位、可否向社会开放等内容，并在政务数据服务平台上公布实施。

（二）各行政机关要建立《数据目录》管理制度，明确各行政机关《数据目录》的登记、审核、发布、更新等具体工作。

（三）行政机关在政务数据服务平台上开通、维护本单位的目录系统，按照相关标准及时逐条登记、审核政务数据资源，确保目录内容的完整性、逻辑的一致性、命名的规范性。

（四）行政机关每年对本单位《数据目录》内容进行一次维护和整理，可供共享的数据或共享需求发生变化时，要及时更新，经市政府电子政务办审核后予以发布。

（五）行政机关应当根据《数据目录》，加强政务数据资源管理，规划本单位智慧电子政务应用，开展政务服务协同应用。

六、数据采集

（一）行政机关应当根据《数据目录》和本单位工作要求，在职能范围内采集数据，明确数据采集、发布和维护的规范和程序，建立健全数据更新机制，及时维护相关数据，确保共享数据的真实性、完整性、时效性。

（二）行政机关使用数据，应当优先从政务数据服务平台共享；需要下级单位采集或提供数据的，要与下级对口部门衔接，不得直接部署下级对口部门重复采集可以从其他部门共享的、依《数据目录》采集的数据。

（三）行政机关在数据采集过程中，应当主动通过政务数据服务平台与其他单位的相关数据进行比对，发现数据不一致时，要及时修改；部门间有分歧的，由市政府电子政务办协调核实。

（四）行政机关应当以数字化方式采集、记录和存储数据，同时将具备条件的数据进行结构化处理，并通过数据库进行管理。非数字化数据应按照相关技术标准开展数字化改造。

行政机关应当对文书类、证照类数据加盖全市统一的电子印章，以保证数据不可更改。

（五）行政机关采集、办理并提供共享的网上审批类、文书类及证照类电子材料，应当依据有关规定及时归档。具有永久保存价值的电子材料，归档时应同时保存电子和纸质版本。

七、数据归集

（一）利用省政府统建的人口、法人单位、自然资源和空间地理、宏观经济、电子证照库、权力事项库、办件库等基础数据库，通过省交换平台将数据同步到浙江政务服务网杭州平台，形成市级基础数据库，由市政府电子政务办负责管理维护工作。专业数据库由业务部门负责在政务数据服务平台上建设和维护，统一为行政机关提供政务数据资源共享服务。

（二）行政机关应当将共享数据所对应的原始数据库或副本，物理集中部署托管在政务数据服务平台，通过统一的数据访问接口向其他行政机关提供服务。同时，政务数据服务平台内的共享数据统一交换到省、区县（市）共享平台上，为各级行政机关履行公共管理和服务职能提供支持。

暂时无法集中部署的数据库，必须按统一标准，向政务数据平台提供数据访问接口。

（三）行政机关向政务数据服务平台归集的共享数据，事先应经过本单位的保密审查，不得涉及国家秘密。其中自然人数据应当以法定身份证件作为标识提供，法人及其他机构数据应当以组织机构代码作为标识提供，没有组织机构代码的市场经营主体应当以营业执照作为标识提供。

（四）行政机关对所提供的政务数据资源进行实时动态管理，其中电子证照、文书类数据应当进行实时更新，其他业务数据应当在产生后 2 个工作日内进行更新。

情况特殊的，行政机关应当经市政府电子政务办审核后，每季度首月上旬进行更新。

八、数据共享应用

（一）行政机关应主动通过政务数据服务平台获取履行职能所需要的数据，以联机方式实现与其他行政机关的数据共享与业务协同，实现精细化服务和管理，提升公共服务、社会治理和联合监管能力。

（二）行政机关应当通过政务数据服务平台的前置交换系统发布共享数据，并在目录系统中注册受限或非受限共享数据目录。

（三）行政机关通过政务数据服务平台的目录系统检索、发现、定位和申请履行职能所需要的数据，受理其他行政机关使用本单位受限共享数据的申请。

（四）行政机关使用非受限共享类数据时，通过政务数据服务平台选取，即时完成共享实施。

（五）行政机关使用受限共享类数据，需通过政务数据服务平台向数据提供单位提出申请。数据提供单位以履行职责需要为主要依据，审核共享需求，确定使用对象、所需数据项、数据共享模式等要素，并经市保密主管部门审核，确保按需、安全共享。

审核工作应在 5 个工作日内完成，审核通过的，在政务数据服务平台开放相应的访问权限给申请单位；审核不通过的，审核单位应说明理由；如审核单位和申请单位不能取得一致意见，由市政府电子政务办进行协调。

（六）行政机关应当利用共享的基础数据库或专业数据库，清洗、比对本部门业务数据库。对不一致的数据或错误的数据，进行核查或纠错，并在 5 个工作日内向对方反馈数据。

（七）行政机关通过政务数据服务平台获得的加盖电子印章文书类、证照类政务数据，与纸质文书具有同等效力。法律、法规另有规定的，从其规定。

行政机关可以将通过共享方式获得的文书类、证照类等政务数据作为办事和执法依据。法律、法规规定不适用电子文书的除外。

行政机关可以通过电子方式确认的事项和获取的材料，不得要求行政管理相对人自行确认并提交。法律、法规另有规定的，从其规定。

九、安全管理

（一）行政机关应当制定本单位政务数据资源共享内部工作程序、管理制度以及相应的行政责任追究制度，并指定专人负责政务数据资源共享工作。

（二）行政机关要建立健全政务数据资源安全管理规章制度，指定专人负责本单位的共享数据的保密审查和风险防范工作，切实完善安全技术保障体系，确保共享数据的安全。出现安全问题时，应及时向信息安全行政主管部门报告，并配合相关职能部门处置。

（三）政务数据服务平台应当严格执行信息网络安全和保密等有关法律、法规和政策规定，并按国家技术规范和标准，定期对政务数据服务平台进行信息安全风险评估，排查安全风险和隐患，建立身份认证、存取访问控制、审计跟踪等机制，确保共享数据可用、完整、安全、保密。

（四）市政府电子政务办应当制定完善政务数据服务平台运行管理维护制度、灾备恢复机制和应急处置预案，定期开展应急演练，确保平台安全、稳定、可靠运行。

十、监督考核

（一）政务数据资源共享工作纳入全市智慧电子政务建设目标管理。市政府电子政务办负责政务数据服务平台的日常监控，定期对各部门提供的数据数量、质量及更新、使用等情况进行综合评估，并公布评估结果、提出改进意见。

（二）政务数据资源共享情况作为安排智慧电子政务建设资金的重要依据；对不响应数据共享的行政机关，暂停安排其相关新建项目和运维费用。

　　本办法自发布之日起 30 日后施行，由市政府电子政务办负责牵头组织实施，各区、县（市）政府应当根据本办法，结合实际制定当地的政务数据资源共享管理办法。

文件编号：温政办〔2016〕138 号
发布时间：2016 年 12 月 28 日
发布机关：温州市人民政府办公室

温州市政务数据资源共享
管理办法（试行）

第一章　总　则

第一条　为规范和促进政务数据资源共享与应用，充分发挥政务数据资源在深化改革、转变职能、创新管理中的重要作用，依据《国务院关于印发促进大数据发展行动纲要的通知》（国发〔2015〕50 号）、《国务院关于印发政务信息资源共享管理暂行办法的通知》（国发〔2016〕51 号）等规定，结合本市实际，制定本办法。

第二条　本办法所称政务数据资源，是指政府部门及法律法规授权具有行政职能的事业单位和社会组织（以下统称"政务部门"）在依法履行职能的过程中采集和获取的各类非涉密数据。

第三条　本市区域内政务部门之间的政务数据资源共享行为及其相关管理活动，适用本办法。

第四条　市政府办公室是全市政务数据资源共享工作的主管部门，负责指导、推进、协调、监督全市政务数据资源共享工作，会同相关部门制定、发布政务数据资源共享管理的具体实施制度。市大数据管理中心具体承担政务数据资源共享平台的建设、运行和维护，负责政务数据资源维护管理、安全运行管理等工作。

各县（市、区）政府应加强对政务数据资源共享工作的组织领导，明确政务数据资源共享工作主管部门，按照本办法要求，组织做好本区域内的政务数据资源共享工作。

各级政务部门是政务数据资源共享的责任主体，应当在各自职责范围内，做好本部门政务数据资源的采集获取、目录编制、共享提供和更新维护工作，并合理使用获得的共享政务数据资源。

第五条 政务数据资源以共享为原则、不共享为例外，除法律、法规、规章明确规定不能共享外，政务部门掌握的数据资源应当无偿共享。

第六条 政务部门应当加强基于数据共享的业务流程再造和优化，创新社会管理和服务模式，提高行政效率，降低行政成本，提升信息化条件下社会治理能力和公共服务水平。

第二章 数据资源共享平台

第七条 市大数据管理中心负责统筹建设满足全市政务数据资源共享和业务协同需求的统一政务数据资源共享平台（以下简称"共享平台"）。共享平台主要包括数据资源目录管理系统、数据交换系统、数据管理系统、数据安全系统等，是政务数据资源共享的主要载体。共享平台部署在市政务云平台上，依托电子政务外网向全市各级政务部门提供数据资源共享服务。各县（市、区）原则上不再单独建设本级共享平台。

第八条 政务部门之间的政务数据资源共享交换和业务协同应当通过共享平台进行，不得重复建设跨层级、跨部门使用的数据资源目录管理和数据交换系统，已有的应逐步向共享平台迁移。

第九条 政务部门应当按照共享平台的技术规范，做好本部门信息系统与共享平台的对接，确保提供的可共享政务数据资源完整准确和及时更新。

第三章　数据资源目录

第十条　数据资源目录是指按照一定格式和标准，对政务数据资源的基本要素（包括数据名称、数据内容、编码格式、提供单位、共享类型、共享方式、更新频度等）进行描述和组织管理的条目，是实现数据资源共享的基础。数据资源目录编制规范由市大数据管理中心负责制定。

第十一条　政务数据资源按共享类型分为无条件共享、有条件共享、不予共享三种：

（一）可提供给所有政务部门共享使用的政务数据资源属于无条件共享类。凡不涉及国家秘密、商业秘密、个人隐私的政务数据资源，应当列入无条件共享类。

（二）可提供给相关政务部门共享使用或仅能够部分提供给所有政务部门共享使用的政务数据资源属于有条件共享类。

（三）不宜提供给其他政务部门共享使用的政务数据资源属于不予共享类。凡列入不予共享类的政务数据资源，必须有法律、法规、规章的明确依据。

第十二条　政务部门可根据政务数据资源的性质和特点，选择采用以下共享方式：

（一）通过调用验证服务接口进行比对，获取验证结果的比对验证模式。

（二）通过调用查询服务接口，获取或者引用查询对象相关数据的查询引用模式。

（三）通过共享平台获取批量数据的批量复制模式。

第十三条　政务部门应当对本部门掌握的数据资源进行梳理，明确数据资源的共享类型和共享方式，按照统一标准规范，编制本部门的数据资源目录，经本级政务数据资源共享主管部门审核通过后，在共享平台上发布。

第十四条　政务部门应当建立数据资源目录管理制度，指定专人负责本部门数据资源目录的编制、审核、发布、更新等工作。如数据资源的要素内容发生变化，应在 5 个工作日内，对数据资源目录进行更新。

第四章　数据资源共享

第十五条　政务数据资源遵循按需共享、无偿使用的原则，因履行职责需要使用共享数据的政务部门（以下简称"使用部门"）提出明确的共享需求和数据使用用途，掌握数据的政务部门（以下简称"提供部门"）应及时响应并无偿提供共享服务。

第十六条　人口、法人单位、自然资源和空间地理、电子证照等基础数据资源的基础数据项是政务部门履行职责的共同需要，必须在政务部门间实现无条件共享。

第十七条　属于无条件共享类的数据资源，使用部门通过共享平台直接获取。属于有条件共享类的数据资源，使用部门应以书面形式向提供部门提出申请，说明共享范围、共享用途和申请数据项内容等，提供部门应在 7 个工作日内予以答复，不同意共享的，应当说明理由。属于不予共享类的数据资源，使用部门因履行职责确需使用的，由使用部门与提供部门协商解决。

使用部门与提供部门在数据共享上意见不一致的，可以申请协调处理，由本级政务数据资源共享主管部门会同相关部门对该事项进行研究并作出结论，必要时报请本级政府决定。

涉及商业秘密、个人隐私的政务数据资源，提供部门和使用部门应当签订政务数据资源共享安全保密协议。

第十八条　提供部门应及时维护和更新共享数据，保障数据的完整性、准确性、时效性和可用性，确保所提供的共享数据与本部门所掌握数据的一致性。

第十九条　使用部门获取的共享数据，只能用于本部门履行职责需要，未经提供部门授权，不得将共享数据对外提供或发布，不得以任何方式或形式用于社会有偿服务或其他商业用途，并对共享数据的滥用、非授权使用、未经许可的扩散以及泄露等行为负责。提供部门不对其提供的共享数据在其他部门使用中的安全问题负责。

第二十条　建立疑义、错误数据快速校核机制，使用部门对获取的共享数据有疑义或发现有明显错误的，应及时反馈提供部门予以校核。校核期间，办理业务涉及自然人、法人或其他组织的，如已提供合法有效证明材料，受理单位应直接办理，不得拒绝、推诿或要求办事人办理数据更正手续。

第二十一条　政务部门应充分利用共享数据，凡属于共享平台可以获取的数据，原则上不得要求自然人、法人或其他组织重复提交。

第五章 安全管理

第二十二条　市大数据管理中心应当按照国家信息安全等级保护相关要求，建立健全政务数据资源安全管理制度和工作规范，加强共享平台安全体系建设和管理，完善身份认证、访问控制、数据审计追踪等技术防控措施，建立安全应急处理和灾难恢复机制，确保共享平台安全运行。

第二十三条　政务部门应当按照"谁建设、谁维护，谁使用、谁负责"的原则，在各自职责范围内，做好政务数据资源安全保密的监督和管理工作。

第二十四条　政务部门提供的共享数据资源，应当事先经过本部门的保密审查。

第六章　监督和保障

第二十五条　政务数据资源共享主管部门负责建立政务数据资源共享工作评价机制，每年对各政务部门提供和使用共享数据情况进行评估，并公布评估报告和改进意见。评估结果纳入年度考核考绩范围。

第二十六条　政务数据资源共享主管部门会同发改、财政等部门建立政务信息化项目建设投资和运维经费协商机制，对各政务部门落实政务数据资源共享要求的情况进行考核，凡不符合政务数据资源共享要求的，不予审批新建项目，不予安排运维经费。

政务信息化项目立项申请前应编制项目数据资源目录，作为项目审批要件。项目建成后应将项目数据资源目录纳入共享平台，作为项目验收要求。

政务数据资源共享相关工作经费纳入部门财政预算，并给予优先安排。

政务数据资源共享工作相关人员编制由机构编制部门优化配置。

第二十七条 政务部门应当建立健全政务数据资源共享工作管理制度，明确目标、责任和实施机构。各政务部门主要负责人是本部门政务数据资源共享工作的第一责任人。

第二十八条 政务部门有下列情形之一的，由政务数据资源共享主管部门责令其限期改正；逾期不改正的，提请本级政府予以通报批评：

（一）未按要求编制或更新政务数据资源目录；

（二）未向共享平台及时提供共享数据；

（三）向共享平台提供的数据和本部门所掌握数据不一致，未及时更新数据或提供的数据不符合有关规范、无法使用；

（四）将共享数据用于履行本单位职责需要以外的目的；

（五）违反本办法规定的其他行为。

第二十九条 政务部门违规使用涉及商业秘密、个人隐私的共享数据，或者造成商业秘密、个人隐私泄漏的，按照国家有关法律、法规规定处理。

第七章 附 则

第三十条 本办法由市政府办公室负责解释。

第三十一条 本办法自印发之日起施行。